Library of Marxism Studies, Volume 1

马克思主义研究论库

第一辑

雄关漫道：马克思主义中国化的历史进程及其理论成果

Study on the Historical Process of Sinicization of Marxism and Its Theoretical Results

王向明 著

中国人民大学出版社

·北京·

马克思主义研究论库

编委会名单

出版说明

马克思主义是我们立党立国的根本指导思想，是我们认识世界、改造世界的强大理论武器，加强和推进马克思主义理论研究和建设，具有十分重要的意义。当前，随着中国特色社会主义伟大实践深入推进，新情况、新问题层出不穷，迫切需要我们紧密结合我国国情和时代特征大力推进理论创新，在实践中检验真理、发展真理，研究新情况，分析新矛盾，解决新问题，用发展着的马克思主义指导新的实践。时代变迁呼唤理论创新，实践发展推动理论创新。当代中国的学者，特别是马克思主义学者，要想适应时代要求乃至引领思想潮流，就必须始终以高度的理论自觉与理论自信，不断推进马克思主义中国化、时代化、大众化，不断赋予马克思主义新的生机和活力，使马克思主义焕发出强大的生命力、创造力、感召力，放射出更加灿烂的真理光芒。

为深入推进马克思主义理论研究、马克思主义中国化研究，中国人民大学出版社组织策划了“马克思主义研究论库”丛书。作为一个开放性的论库，该套丛书计划在若干年内集中推出一批国内外有影响的马克思主义研究高端学术著作，通过大批马克思主义研究性著作的出版，回应时代变化提出的新挑战，抓住实践发展提出的新课题，推进国内马克思主义研究，促进国内哲学社会科学的繁荣发展。

我们希望“马克思主义研究论库”的出版，能够受到广大读者的欢迎，为推动国内马克思主义研究和教学作出更大贡献。

中国人民大学出版社

目　　录

第一章　马克思主义中国化的历史概述

第一节　中国革命为什么选择马克思主义

1840 年到 1842 年爆发了大英帝国为了肮脏的鸦片贸易而侵略中国的鸦片战争。这是古老的封建中国两千多年来从未遇到的大变局，中国从此开始逐渐沦为半殖民地半封建的社会。到 19 世纪末 20 世纪初，全世界大大小小的几乎所有的帝国主义国家都侵略过中国，都欺负过中国。在帝国主义和封建统治的双重压迫下，灾难深重的中国，各种社会矛盾空前激化，争取国家独立和民族解放的两大历史任务刻不容缓。

为了挽救民族危机，实现救亡图存，不同阶层的中国人进行了各种尝试。历时 14 年的农民阶级的太平天国运动，在内部分裂、清政府联合洋人合力剿杀下终遭失败。以林则徐、魏源等为代表的第一批睁眼看世界的人，将西方的书籍翻译成中文，主张“师夷长技以制夷”，但却没有从根本上看到封建制度的腐朽。19 世纪 60 年代到 90 年代，以李鸿章为代表的洋务派以“自强”、“求富”为口号，学习西方的军事技术，后期也在经济方面进行效仿，但甲午战争的失败宣告了洋务运动的破产。康有为、梁启超等资产阶级改良派提倡变法，试图从政治制度上学习西方建立君主立宪政体，却因根本不敢触动封建制度的根基而不可避免地走向失败。伟大的革命先行者孙中山经历了艰苦卓绝的革命历程，终于通过辛亥革命推翻了清政府，结束了中国两千多年的封建帝制，但革命的胜利果实最终还是被袁世凯窃取，并没有从根本上改变中国半殖民地半封建的社会性质。

但不可否认的是，辛亥革命毕竟极大地拓宽了中国先进知识分子救亡图存的视野，开启了中国历史进步的闸门。以辛亥革命的最终失败为标志，旧式的资产阶级民主革命也走到了尽头。民族民主革命失败后，中国先进知识分子将目光投向西方，各种政治社会思潮的研究和引进掀起了思想解放与启蒙运动的高潮。改良主义、无政府主义、空想社会主义、马克思主义等思潮交会涌入中国。而正是在历尽艰辛的实践探索中，经过反复的学习、比较和鉴别，最终，马克思主义成为指导中国人民实现国家独立和民族解放的思想武器。1915 年开始的新文化运动，特别是 1919 年的五四运动，极大地促进了马克思主义在中国的传播。

一、仰望星空话理论

在古希腊时代，曾出现了一大批伟大的思想家，如亚里士多德、苏格拉底、柏拉图、赫拉克利特、毕达哥拉斯……他们以自己高远而深邃的思考，提出了一系列人文的、哲学的理论论述，其本意是注重理论的研究与创新。由于那时人类还处在一个生产力水平总体低下的时代，一般的人对这些思想家还不是十分理解，认为他们的所思所想过于缥缈，称他们为“仰望星空的人”。这在当时其实是一个带有嘲讽意味的称谓。无独有偶，与古希腊时代大致同时，在古老的东方中国，也同样出现了一大批伟大的思想家，如老子、孔子、庄子、荀子、孟子……这些伟大的思想家，同样以他们“仰望星空”的远见卓识，为悠久的中华文明奠定了坚实的基础。

今天，当我们站在新的历史地平线上回望历史的苍穹，一个无可置疑的历史结论摆在我们面前，这就是，正是这些伟大思想家的创造，极大地推动了人类文明的进步，并且时至今日依然是人类不可或缺的最宝贵的精神财富。所以，18 世纪德国古典哲学的创始人康德才会意味深长地说：“有两种东西，我对它们的思考越是深沉和持久，它们在我心灵中唤起的惊奇和敬畏就会日新月异，不断增长，这就是我头上的星空和心中的道德定律。”康德充分表达了对“仰望星空”的敬意。另一位伟大的德国古典哲学家黑格尔也由衷地赞叹，如果没有这些仰望星空的思想家以他们高远的思想光芒照亮人类两千多年的发展历程，我们就可能还在黑暗中徘徊。20 世纪著名的历史哲学家雅斯贝尔斯则把公元前 800 年到公元 200 年这一千年的历史发展，称为人类文明发展的“轴心期”。这些评价，其实都是说明深刻的理论思考和理论创造是推动人类进步的巨大力量。

或许有人会提出疑问，难道马克思主义不是因为强调生产力才成为推动人类社会进步的根本力量吗？仰望星空的理论真有如此伟大吗？问题提得很好，这里确实涉及一个重要的问题，就是如何完整、准确地学习和理解马克思主义。对此，马克思主义的创始人之一恩格斯有过一段十分精彩的论述。恩格斯在 1890 年致约瑟夫·布洛赫的信中指出：“根据唯物史观，历史过程中的决定性因素**归根到底**是现实生活的生产和再生产。无论马克思或我都从来没有肯定过比这更多的东西。”[①] 恩格斯在这里从唯物主义的基本立场出发，充分肯定了生产力的状况是历史过程中的决定性因素，但同时请注意，恩格斯使用了一个特别重要的词汇——“归根到底”，并且以黑体加以突出。这是大有深意的。就经济基础和上层建筑的关系、生产实践与理论创造的关系而言，当然是经济基础和生产实践是本源的、决定性的。人类只有首先满足了吃、穿、住等最基本的生存需求，才可能有政治、宗教、文化等的发展需要。即使是这些仰望星空的思想家也是要在解决了这些基本需求后才可能进行理论的思考和创造。但这的确是归根到底而言的，就是说，就整个人类历史发展的长河来考察，人类从旧石器时代到新石器时代，再到农业文明时代，直至工业文明时代（工业文明又是从机械工业到机电工业，再到核工业，直至信息产业逐渐发展的），生产力的进步的确是本源的决定性因素。但这绝不是说对每一个具体的历史时期或历史事件的考察，都只有生产力这一个答案，如果试图用这唯一的答案去回答历史的每一个进步，分析每一个具体的历史事件，那就毫无意义了。所以恩格斯接着说：“如果有人在这里加以歪曲，说经济因素是**唯一**决定性的因素，那么他就是把这个命题变成毫无内容的、抽象的、荒诞无稽的空话。经济

---

① 《马克思恩格斯文集》，第 10 卷，591 页，北京，人民出版社，2009。

状况是基础，但是对历史斗争的进程发生影响并且在许多情况下主要是决定着这一斗争的**形式**的，还有上层建筑的各种因素……政治的、法律的和哲学的理论，宗教的观点以及它们向教义体系的进一步发展。”①这才是真正深刻和完整的马克思主义。恩格斯这段话也清楚地表明，人类社会始终是一个由生产力和生产关系、经济基础与上层建筑既矛盾运动又互为依存的有机整体，而思想意识形态作为社会上层建筑中居于核心地位的部分，对整个社会的价值取向、文化选择、精神面貌等起着至关重要的引导作用。

历史发展的事实，充分证明了马克思主义关于哲学社会科学的重要性，特别是思想意识形态理论重要性的论述。古往今来，任何一个社会都必须有一个占主导地位的符合统治阶级利益的思想体系作为支撑社会稳定与进步的精神支柱，作为构筑整个社会上层建筑的思想基础。一个成熟的社会体系，不论具有何种社会经济形态，都需要经济、政治、思想、文化等各方面的全面进步和发展，都有着亘古不变的对精神与理性的追求。

在中国历史上，先秦诸子百家的思想繁荣成为中国历史上理论创新的一个重要标尺。后来，汉代董仲舒提出“罢黜百家，独尊儒术”并被当时及以后的封建统治阶级所采纳，以孔孟学说为核心的儒家思想体系就逐渐成为中国封建社会的正统思想。在漫长的历史过程中，儒家思想经由从孔子到宋明理学的不断丰富和积淀，最终形成了维系整个中国封建社会两千多年发展的不可或缺的社会意识形态，并由此创造出了世界历史上空前繁荣的封建文化。当这种思想体系在进入近现代以后无法解决中国面临的种种现实问题，无法继续推动中国历史前进的车轮时，中国的封建文明也就无可挽救地走向衰败。

而从世界范围来看，不可否认，从 14 世纪欧洲文艺复兴运动开始发端，以 18 世纪法国启蒙思想家卢梭、伏尔泰、孟德斯鸠等以及 19 世纪的黑格尔和费尔巴哈等为代表的西方资产阶级学者所创立的资产阶级思想体系，在资产阶级建立政治统治以后的数百年间成为推动资产阶级革命、维护资本主义统治的思想及政治基础，成为资本主义社会占主导地位的社会意识形态。在资本主义取代封建主义的历史变革中，以及在

---

① 《马克思恩格斯文集》，第 10 卷，591 页。

资本主义发生、发展的早期，资产阶级思想体系确实发挥了非常革命的作用。甚至从一定意义上讲，人类近代以来在自然科学领域的重大突破也往往是以思想意识形态的突破为先导的。如果没有文艺复兴运动和资产阶级启蒙运动对封建神学的批判，18世纪以来人类自然科学的突飞猛进是不可想象的。不要说难以发现真理，甚至真理就在面前也会失之交臂。哥白尼提出的“日心说”，在今天只不过是基本常识，但在思想意识形态没有重大突破以前，在宗教神学占据统治地位的当时，“日心说”却被视为异端邪说。为了宣传和捍卫这一科学真理，布鲁诺甚至付出了生命的代价。思想意识形态对于社会进步的巨大推动作用可见一斑。

产生于19世纪40年代的马克思主义思想体系，是马克思和恩格斯在深入研究了资本主义社会的基本矛盾以及当时自然科学的最新成果，总结欧洲工人运动的经验，并批判地吸收了人类优秀思想文化的基础上创立的。马克思“用德国古典哲学的成果，特别是用黑格尔体系（它又导致了费尔巴哈的唯物主义）的成果丰富了哲学”①，从而创立了辩证唯物主义和历史唯物主义；马克思和恩格斯继承了当时资本主义最发达的英国所产生的古典政治经济学的成果，并进一步严密地论证和透彻地发展了这一理论，提出了全新的劳动价值理论（其中最重要的是剩余价值学说），从而创立了马克思主义的政治经济学；马克思和恩格斯从欧文、傅立叶等人的理论和实践中，对空想社会主义进行了根本的改造，第一次揭示了在阶级社会中，阶级斗争是推动经济社会全部发展进程的基础和动力。他们不仅正确指出了社会发展的方向，还指出了如何走向这一方向的正确道路——社会主义革命，指出了实现这一革命的具体力量——无产阶级，从而把社会主义的理论由空想变为科学。马克思主义的诞生，揭开了人类思想史的新篇章。马克思主义为工人阶级政党领导工人运动和变革社会的革命斗争、为工人阶级政党改造客观世界和主观世界，提供了强大的思想武器。如同列宁所指出的：“马克思的观点极其彻底而严整，这是马克思的对手也承认的，这些观点总起来就构成作为世界各文明国家工人运动的理论和纲领的现代唯物主义和现代科学社会主义。”② 马克思主义思想体系的诞生，是在人类思想史上第一次真正关注亿万被剥削、被压迫者的命运，同时马克思主义思想体系也是第

① 《列宁专题文集·论马克思主义》，68页，北京，人民出版社，2009。

② 同上书，7页。

一次由被压迫者向压迫者公开宣战的崭新的思想意识形态，更是第一次对人类先进思想已经提出的种种问题作出了科学回答和理论阐述的思想意识形态。

也正因为如此，马克思主义才从最初无数的社会主义派别和思潮中的一种，发展成为在世界社会主义运动中占主导地位的思想意识形态，发展成为对世界历史进程产生重大影响的科学理论。

从1848年马克思和恩格斯写下第一个全世界无产阶级政党的党纲——《共产党宣言》——到现在，马克思主义已经走过了160多年的发展历程。160多年来，在马克思主义旗帜的引领下，全世界的无产阶级为了推翻资产阶级的统治，建立社会主义制度，前赴后继，英勇斗争，谱写了人类历史进步的不朽篇章。当人类进入21世纪，面对历史的复杂变迁，不管你愿不愿意承认，一个无可置疑的铁的事实是：在人类近千年来的历史中，没有任何一个人能够像马克思那样深刻地改变了人类社会，也还没有任何一种思想能够像马克思主义那样“仍然是我们时代的哲学：它是不可超越的”①。难怪在2000年来临时，英国广播公司（BBC）通过互联网评选“千年思想家”，马克思超越爱因斯坦名列第一。

1920年，列宁在回顾布尔什维克党领导俄国工人阶级夺取十月革命胜利的光辉历程时，曾经就俄国革命党如何艰难地寻找能够指引革命胜利的真理，说过一段饱含感情的话：马克思主义理论的正确性，“不仅为整个19世纪全世界的经验所证实，尤其为俄国革命思想界的徘徊和动摇、错误和失望的经验所证实。在将近半个世纪里，大约从上一世纪40年代至90年代，俄国进步的思想界在空前野蛮和反动的沙皇制度的压迫之下，曾如饥如渴地寻求正确的革命理论，专心致志地、密切地注视着欧美在这方面的每一种‘最新成就’。俄国在半个世纪里，经受了闻所未闻的痛苦和牺牲，表现了空前未有的革命英雄气概，以难以置信的毅力和舍身忘我的精神去探索、学习和实验，经受了失望，进行了验证，参照了欧洲的经验，真是**饱经苦难才找到了**马克思主义这个唯一正确的革命理论”②。“没有革命的理论，就不会有革命的运动。”③

① ［法］萨特：《辩证理性批判》（上），28页，合肥，安徽文艺出版社，1998。

② 《列宁专题文集·论无产阶级政党》，246页，北京，人民出版社，2009。

③ 同上书，70页。

对照中国革命的历程，与俄国革命又是何等的相似。马克思主义理论对中国革命的影响是如此的深刻、如此的巨大！以马克思主义指导中国革命，是我国近代一百多年来历史选择的必然结果。自 1840 年鸦片战争以来，中国陷入了帝国主义、封建主义和官僚资本主义重重压迫的空前残酷和黑暗之中。为了救亡图存，中国进步的知识分子曾以极大的热情学习和引进了包括改良主义、社会达尔文主义、唯意志论、无政府主义、实用主义、民粹主义等各种思潮，它们也都在不同的历史阶段扮演过流行的主角，但最终都失败了，都被历史淘汰了。在无数的失败和教训中，中国人民同样是“饱经苦难”才最终选择了马克思主义，中国共产党从成立之日起，就把马克思主义写到了自己的旗帜上，并以马克思主义理论为指导，领导中国人民赢得了中国革命的最终胜利。

二、感受马克思主义真理的力量

马克思主义从创立主体来看，是由马克思和恩格斯创立的，为他们在各个时代、各个民族的后继者所发展的观点和学说的体系。所以从狭义上说，马克思主义就是马克思和恩格斯创立的学说，它们主要通过马克思和恩格斯的一系列著作和文献体现。它是在总结无产阶级斗争经验和人类自然科学、社会科学优秀成果的基础上产生的，它深刻揭示了客观世界特别是人类社会发展的普遍规律，揭示了社会主义必然代替资本主义并最终实现共产主义的普遍规律，是无产阶级进行革命和建设的科学思想体系。而从广义上说，马克思主义也包括了马克思和恩格斯的后继者们继承和坚持马克思主义的基本立场、观点、原则和方法，又根据时代发展和各国的具体实际在实践中不断创新的学说体系，它包括了列宁主义、毛泽东思想和中国特色社会主义理论体系。

中国共产党选择马克思主义作为指导思想，经过艰苦卓绝的奋斗最终取得了新民主主义革命的胜利，进而又坚持马克思主义指导地位不动摇，取得了社会主义革命和建设以及改革开放的伟大胜利，这样一个历史过程当然不是偶然的，它首先是源于马克思主义具有的一系列体现自身本质的基本特征：马克思主义是实践基础上科学性与革命性的高度统一，表现为科学的世界观和方法论、鲜明的政治立场和崇高的社会理想；马克思主义是与时俱进的科学理论，表现为其所具有的实践性、开放性和发展性。

第一，马克思主义的科学性和真理性。马克思主义坚持辩证唯物主义和历史唯物主义的世界观和方法论，用生产力和生产关系、经济基础和上层建筑的矛盾运动来解释人类历史的发展变化，把生产力作为推动社会前进最活跃、最革命、最根本的力量，科学分析了资本主义社会的内在矛盾，深刻揭示了历史发展的客观规律，创立了科学社会主义，为人类社会发展进步指明了正确方向。马克思主义的科学性和真理性，还在于它是开放的、与时俱进的理论体系。马克思主义不是故步自封的学说，而是随着实践发展不断丰富和完善的科学体系。马克思和恩格斯强调，他们的学说不是教条，而是行动的指南。马克思曾说，正确的理论必须结合具体情况并根据现存条件加以阐明和发挥。恩格斯说："我们的理论是发展着的理论，而不是必须背得烂熟并机械地加以重复的教条。"① 马克思主义是革命的、批判的、发展的，是随着时代和实践的进步而不断丰富的。这正是马克思主义能够始终反映时代和实践的要求、始终保持蓬勃生机和活力、始终具有科学性和真理性的根本原因。

说马克思主义具有科学性和真理性，绝不是一种抽象的溢美之词。对于这一问题的理解，我们不妨来看一看列宁的一段论述。1913 年，列宁在为纪念马克思逝世 30 周年而作的《马克思学说的历史命运》一文中，把马克思主义诞生以来的发展分为三个主要时期，其中第一个时期就是从 1848 年《共产党宣言》发表到 1871 年巴黎公社革命。列宁特别指出："在第一个时期的开头，马克思学说决不是占统治地位的。它不过是无数社会主义派别或思潮中的一个而已。"② 但当到了"第一个时期（1848—1871 年）即风暴和革命时期的末尾，马克思以前的社会主义已奄奄一息"③。也就是说，这一时期，马克思的学说已经成为工人运动中占统治地位的主导意识形态。认真领会列宁的这段论述，会让我们更深切地意识到马克思主义的科学价值。大家想一想，在 1848 年《共产党宣言》发表之初，马克思和恩格斯不过是两位不满 30 岁的青年学者，而在当时，已经有了不少颇有影响的社会主义者或流派，如杜林、巴枯宁、蒲鲁东、拉萨尔等等。那为什么在短短的 20 多年间，马

① 《马克思恩格斯文集》，第 10 卷，562 页。

② 《列宁专题文集·论马克思主义》，61～62 页。

③ 同上书，62 页。

克思主义就能够战胜形形色色的“社会主义”，而使科学社会主义的思想和理论被广大工人阶级接受呢？显然，在当时，马克思主义不是靠行政权力，不是靠任何别的手段，而是仅仅凭借着它内在的科学性，在聚集和团结无产阶级的力量、创建社会主义政党、指导社会主义运动的发展方向等各个方面，“获得了完全的胜利，并且**广泛传播开来**”[①]，充分体现了真理的感召力。

马克思主义的诞生并不是偶然的，它是人类社会实践发展到一定阶段上的思想结晶。马克思主义的一个重要的贡献就是对人类实践本身的正确认识。马克思把实践称为客观的物质活动或人的感性活动，并以此作为自己创立的新唯物主义的逻辑基点。但马克思并没有简单地把实践仅仅停留在“人的感性活动”的层面，而是进一步提出要把“实践”纳入人类生产和发展的历史过程中。正是以这样一种实践观来认识历史，马克思主义发现了人类社会实践的三种主要形式——阶级斗争、生产斗争和科学实验。马克思主义正是在以这三种人类社会实践形式为主的基础上发展起来的革命学说。

马克思主义孕育、形成和成熟于自由资本主义时代，是伴随着工业无产阶级的产生和社会化的大生产而出现的，它从一开始就代表着先进生产力的发展要求，同时也反映着科学技术进步的最新成就。作为马克思主义最重要的直接来源的近代唯物主义和辩证法，正是在生产力的进步和自然科学的新发现中找到了有力的证据。在16—18世纪，托里拆利发现了水流定律，列文虎克用显微镜发现了细胞，哈维发现了血液循环，而以康德的星云假说为代表的天文学、物理学以及为它们提供理论论证工具的数学等更是得到了迅速发展：耐普尔发明了对数；笛卡儿创立了解析几何；牛顿和莱布尼茨创立了微积分；开普勒发现了行星三大定律；牛顿在进一步总结以往力学、天文学成就的基础上，提出了力学运动的三大定律和万有引力学说；等等。这些科学成就提示人们，世界是一个可以被人们认识和改造的世界，从而为拓展人类的思维空间乃至新思想的诞生创造了客观的物质条件。恩格斯在他的重要著作《反杜林论》中，对马克思主义的唯物辩证法在创立过程中是如何吸收工业革命和自然科学的成果作了很详尽的论述。恩格斯指出：“现代唯物主义概

---

① 《列宁专题文集·论马克思主义》，63页。

括了自然科学的新近的进步，从这些进步来看，自然界同样也有自己的时间上的历史，天体和在适宜条件下生存在天体上的有机物种都是有生有灭的；至于循环，即使能够存在，其规模也要大得无比。在这两种情况下，现代唯物主义本质上都是辩证的，而且不再需要任何凌驾于其他科学之上的哲学了。”① 从19世纪到21世纪，人类的生产力水平和科学技术水平有了飞跃性的发展，尤其是第二次世界大战以来兴起的新的科学技术革命，更是深刻地改变了人类的面貌。但几乎是每一个重大的科学发现，都更加有力地证明了而不是消解了马克思主义最基本的哲学基础——辩证唯物主义——的科学性。不是吗？无论是像哈勃空间望远镜这样的人类探寻无限空间的伟大的工具发明，还是在微观世界中对“最小物质构成”的一再突破的新发现，都不仅证明了我们所处的世界从无限广阔的宇宙空间到由夸克、粒子等组成的细微空间的物质性，而且正在证明着它们所具有的无限的可分性和联系性。马克思主义的理论之树正是根植于人类生产实践和科学实践的土壤，并随着生产力和科学的进步而不断获取新的养分，从而郁郁葱葱、枝繁叶茂的。

在马克思主义诞生以来的160多年间，其理论的发展尽管也经历了种种坎坷，但始终在变幻的时代风云中屹立不倒，傲立于理论之林。20世纪末以来，西方资本主义社会出现了一波又一波的“马克思热”。1998年，当马克思和恩格斯的《共产党宣言》发表150周年之际，全世界的人仍然在马克思学说那里寻找思想的武器，以期应对诸多的当代社会问题和全球性问题，出现了一股“回归马克思”的热潮。法国《人道报》在报道1998年巴黎“第二届国际马克思大会”时有一段生动的描述：“今年（1998年），从纽约到东京，从圣保罗到耶路撒冷，从新德里到伦敦，到处都奏起了《共产党宣言》的乐章……《宣言》对21世纪仍将发生重要影响。”“马克思主义没有死，马克思仍然活着。”②

2008年爆发的国际金融危机，实质上是由于资本的本性及其扩张，驱使资本不断追求财富所形成的资本危机。以至于在后危机时代，许多

① 《马克思恩格斯文集》，第9卷，28页，北京，人民出版社，2009。

② 转引自靳辉明：《千年伟人马克思》，见余征主编：《真理的追求·十年文萃》，833页，北京，金城出版社，2000。

西方学者和政要都去重读《资本论》，试图找出解决危机的方法。而也正是在对资本主义金融危机的认识不断深化的过程中，越来越多的人包括一些西方学者中的有识之士，都清晰地认识到了马克思主义的当代价值。美国学者詹姆逊在《论现实存在的马克思主义》一文中说："庆贺马克思主义死亡，正像庆贺资本主义取得最终胜利一样是不能自圆其说的。因为马克思主义是关于资本主义的唯一的科学，其认识论方面的使命在于它具有描述资本主义历史起源的无限能力。"① 英国历史学家埃里克·霍布斯鲍姆说："即使马克思提供的解决问题的方式可能不再适用了，但是关于资本主义的本质，他所提的问题是对的，而且过去 20 年中资本主义暴露出来的问题和马克思在 19 世纪 40 年代所思考的差不多。""在现在这个资本主义危机时期重新发现马克思，是因为他在 1848 年对现代世界所作的预言远远超过其他任何人。"② 确实，尽管时代发生了巨大的变化，但人类至今仍处于马克思主义的问题域中，仍未摆脱资本统治的时代。资本主义虽然经历多次变化和危机，但并未从本质上发生变化。2008 年爆发的国际金融危机再次验证了马克思主义对资本主义批判的有效性。英国学者伊格尔顿在《马克思为什么是对的》一书中指出："资本主义制度的逻辑就是：只要有利可图，即便反社会也在所不惜，而这就意味着将有许许多多人死于非命。曾经耸人听闻的世界末日传言，如今看来不过是对现实的清醒认识。传统左翼党派的口号'进入社会主义，还是退回到野蛮社会'，如今看起来不再是花里胡哨的表面文章，而是振聋发聩的警世箴言。"③ 在全球化时代，资本主义呈现出了比自由竞争资本主义更多的深层次危机，人的异化加剧，人与人、人与自然的关系更加紧张，人类的前途命运面临更多挑战。法国哲学家萨特指出："马克思主义非但没有衰竭，而且还十分年轻，几乎是处在童年时代：它才刚刚开始发展。因此，它仍然是我们时代的哲学：它是不可超越的，因为产生它的情势没有被超越。我们的思想不管怎样，都只能在这种土壤上形成……"④ 马克思主义之所以能这样长盛

① ［美］弗里德里克·詹姆逊：《论现实存在的马克思主义》，见俞可平主编：《全球化时代的"马克思主义"》，85 页，北京，中央编译出版社，1998。

② ［英］埃里克·霍布斯鲍姆：《马克思如何改变世界》，载《卫报》（英国），2011-01-16。

③ ［英］特里·伊格尔顿：《马克思为什么是对的》，13 页，北京，新星出版社，2011。

④ ［法］萨特：《辩证理性批判》（上），28 页。

不衰，是因为人们从资本主义发展的弊端中认识到，马克思主义依然是指引人类解放的思想武器，是剖析当代世界矛盾的思想方法。这或许就是当2000年人类进入新世纪时，经由英国广播公司等西方媒体通过互联网评选“千年思想家”，马克思最终名列第一的现实原因吧。历史和现实，为我们勾勒出了一幅清晰的画面，在一百多年的历史沧桑中，马克思主义始终是一棵常青的理论之树，虽历经风雨，却愈加苍翠。

第二，马克思主义的革命性。马克思主义之所以成为工人阶级革命的指导思想，还在于它的革命性，即马克思主义代表了最广大人民的利益。它的全部理论都立足于实现和维护最广大人民的根本利益，把全人类解放和人的全面发展作为最高价值追求，不谋求任何私利，不抱有任何偏见，是科学性、阶级性和实践性相统一的理论。恩格斯说过：科学越是毫无顾忌和大公无私，它就越符合工人的利益和愿望。历史上，也曾经有过种种同情、关注人民群众的思潮和学说，但从来没有一种理论像马克思主义那样，与各国工人阶级和广大劳动人民的命运如此紧密地联系在一起。正是以马克思主义为指导，1917年，伟大的十月革命获得了成功，社会主义的理想和理论第一次成为活生生的社会现实。而后，马克思主义又从俄国传入东方古老的大国——中国，并在32年后的1949年结出了革命胜利的硕果。马克思主义在一个半世纪里保持着旺盛的生命力，以摧枯拉朽的力量改变着世界的面貌，深刻影响了世界历史的进程。

马克思主义传入中国以来，中国人民在中国共产党领导下彻底推翻帝国主义、封建主义和官僚资本主义三座大山，从而使民族觉醒，工农奋起，国家独立，人民解放，走上富强民主文明和谐的现代化发展之路。这个无可辩驳的事实充分说明，马克思主义是和一切被压迫、被剥削人民的命运天然联系在一起的。马克思主义所具有的强大的改造世界和改造社会的威力，不是在书斋里，也不是在讲台上，而是实实在在地存在于现实的人类实践中。马克思主义的出现，深刻地改变了世界上被压迫人民和民族的命运。一位德国作家在谈到19世纪以来的历史巨变时说，没有工人运动，没有社会主义者，没有马克思，当今世界六分之五的人口还生活在半奴隶制的阴郁状态之中。正因为马克思主义鲜明代表广大劳动人民的利益，所以它一产生，就具有磁石般的吸引力，在德国和欧洲以外，在世界的一切文明语言中都找到了拥护者。同时，马克思主义者以实现物质财富极大丰富、人民精神境界极大提高、每个人自由而全面发展的共产主义社会为社会理想，这体现了推翻资本主义旧世界、建设共产主义新世界的坚决革命性。

马克思主义的诞生，甚至也改变了资本主义的命运轨迹。法国大革命以后，当人类进入19世纪，资本主义取得了世界性的发展。当时的资产阶级政治家们迫不及待地宣称，人类已经进入了一个“永恒理性”的社会。但这其实不过是资产者的梦幻罢了。随着社会的发展，资本主义剥削的罪恶本质日益凸显出来，千百万遭受剥削压迫的无产阶级，陷入了灾难的深渊。不甘于资本剥削和压迫的无产阶级，为了挣脱身上的镣铐，进行了一次又一次英勇的反抗和斗争。1831年和1834年的两次里昂工人起义，1844年的德国西里西亚纺织工人起义，都是无产阶级革命史册上伟大的壮举。但由于缺乏正确的政治思想作指导，这些起义都失败了。历史总是在回答它所提出的重大问题的过程中前进的，正是由于18世纪、19世纪人类进入资本主义时代以后所面临的种种特征和需要，代表着无产阶级先进思想的马克思主义才应运而生。而正是无产阶级的革命斗争，迫使资本主义不得不进行一系列的自我改良和调整，这在一定程度上延长了资本主义的寿命。

马克思主义的革命性，也表现为它具有与时俱进的理论品质。正是一代又一代真正的马克思主义者，敢于把握时代脉搏，以坚持真理的巨大勇气和创造精神，在不断变化发展的时代风云中，以新的探索不断推动马克思主义向前发展。

三、马克思主义在中国的传播

作为马克思主义诞生标志的《共产党宣言》在20世纪初传入中国，其传播过程颇为复杂和曲折。马克思主义传入中国并成为中国革命指导思想的理论基础与近代以来中国国情和中国革命的发展密切相关，是近代以来先进的中国人寻找救国出路而做出的必然选择，是被历史证明了的正确选择。

有意思的是，马克思主义最初，却是由西方传教士和资产阶级改良派介绍到中国来的。“西方传教士是为了向中国人民兜售西方的宗教教义，而资产阶级改良派则是为了鼓吹西方资产阶级改良主义学说。”①

① 王列平：《20世纪初〈共产党宣言〉在中国的传播》，载《文史精华》，2007（6）。

他们在兜售和鼓吹的过程中，把马克思主义的相关内容介绍给了正处于空前黑暗之中而无限渴望"光明之路"能尽快被发掘的中国人民，尽管这一介绍带有那样不自觉、零星甚至是歪曲的色彩。

据相关研究显示，第一次提到马克思及其学说的中国史籍是英国传教士威廉士在上海创办的、并于1899年2月出版的《万国公报》。巴黎公社、第一国际日内瓦大会的消息以及欧美各派社会主义思想就很早见诸该报刊。英国传教士李提摩太于1899年3月在《万国公报》第121期上发表的《大同学》第一章《今世景象》一文，不仅标志着马克思之名第一次正式出现在中文报刊上，而且标志着《共产党宣言》中"资产者和无产者"一节的部分内容被意译到中国。有趣的是：李提摩太在这里对《共产党宣言》部分内容的介绍，其本意是想劝清政府顺应世界之大势，从而打开国门并接受新潮与改良，但其在无意之中却曲折地将马克思主义介绍到了中国。此后，在资产阶级改良派主办的《新民丛报》、《大公报》上也相继刊登了一些介绍马克思及其学说的译文，例如梁启超在《新民丛报》第18号上发表的《进化论革命者颉德之学说》等等。

事实上，在中国有意识、有目的地传播马克思主义学说，应当始于以孙中山为首的早期资产阶级革命派。他们在向西方学习、探索救国救民道路的过程中，真诚地同情欧洲社会主义运动并第一次以一种赞赏的态度来介绍马克思主义学说。例如，著名的资产阶级革命家朱执信、宋教仁等人都曾在《民报》上撰文介绍马克思主义学说，摘译《共产党宣言》中有关的章节内容，等等。他们由于历史的局限性还不能正确地理解马克思主义的内涵与真谛，还不可避免地在介绍过程中出现不少曲折和失误，但他们对马克思主义学说所进行的大量摘译与较系统的介绍，无疑给国内知识分子打开了眼界，提供了思想武器。这为十月革命后马克思主义学说能在中国迅速传播奠定了基础。

真正把马克思主义系统地、作为一种完整的理论和信仰介绍给中国人的，是早期的一批中国共产党的创始人。"十月革命帮助了全世界的也帮助了中国的先进分子，用无产阶级的宇宙观作为观察国家命运的工具，重新考虑自己的问题。"① 在此背景下，以陈独秀、李大钊为代表

① 《毛泽东选集》，2版，第4卷，1471页，北京，人民出版社，1991。

的先进知识分子一方面在探求民族独立解放之路的过程中积极地学习马克思主义、运用马克思主义学说剖析国家命运，另一方面在学习的同时开展较为广泛的宣传活动，使马克思主义学说在中国传播的规模和速度较之以前都进入一个新阶段。陈独秀于1919年4月在其主编的《每周评论》第16期上发表的以“舍”署名的介绍《共产党宣言》的文章虽仍有许多不准确之处，但其突出《宣言》中关于阶级斗争、无产阶级专政以及无产阶级在夺取政权后大力发展生产力等观点使思想界产生了不小的震动，甚至对五四运动的爆发都具有一定的促进作用。

李大钊于1919年5月在《新青年》“马克思主义研究专号”中发表的《我的马克思主义观》一文，不仅充分表达了他对马克思主义的信仰，而且是当时系统、全面、深刻、简明阐述马克思主义基本原理的代表。文中对马克思主义的三个组成部分——唯物史观、政治经济学和科学社会主义进行了系统介绍。这标志着中国在社会主义学说的介绍方面进入了一个崭新的阶段——马克思主义在中国广泛传播阶段。所以，李大钊也被公认为“中国的第一个马克思主义者”。

1920年4月，中国早期共产主义者陈望道翻译了作为马克思主义第一部经典著作《共产党宣言》的第一个中文全译本，并在同年8月由上海社会主义研究会公开出版发行。这本薄薄的小册子一经面世，就引起了当时中国进步知识分子的极大关注。首版不到一个月便被抢售一空，成为我国早期流传最广、影响最大的马克思主义著作，也成为无数革命先驱走向信仰共产主义的启蒙读本。毛泽东在1936年曾对斯诺说过：“有三本书特别深刻地铭记在我的心中，使我树立起对马克思主义的信仰……这三本书是：陈望道译的《共产党宣言》，这是中文版的第一本马克思主义的书……”① 《共产党宣言》中译本的面世几经曲折。熟练掌握多国语言的陈望道应邀来进行这一伟大事业。他根据戴季陶提供的日译本、陈独秀提供的英译本，于1920年2月下旬回到义乌城着手翻译。《共产党宣言》是一本很重要的书，但同时也是一本很难译的书。第一句话便使他绞尽脑汁。在书译成后，陈望道被邀请到上海《星期评论》编辑部工作。他把《共产党宣言》的译文连同日文版、英文版转交李汉俊校阅。李汉俊校对后又由陈独秀校对，陈望道作最后修订。

---

① 李锐：《毛泽东早年读书生活》，269页，沈阳，辽宁人民出版社，1992。

但出版时又遇到危机。几经辗转，《共产党宣言》全译本小册子才得以出版发行。从此，《共产党宣言》的星星之火，照亮了中国。它促进了中国早期共产主义者的成长，促使先进青年逐渐树立马克思主义的信仰，为中国共产党的创建奠定了思想基础。

1921 年，在马克思列宁主义同中国工人运动相结合的进程中，中国共产党应运而生。而我党在成立之时就将国名“中国”一词与全世界第一个无产阶级政党党纲《共产党宣言》中的“共产党”一词结合起来作为党的名称，无不鲜明地标示了其与马克思主义的直接的渊源。从此，中国革命有了正确的前进方向。中国人民有了强大的精神力量，中国命运有了光明发展的前景。

理论指导的重要性和迫切性、马克思主义的科学性和革命性、中国革命的阶级性和现实性，使得马克思主义得以在纷繁复杂的思潮中脱颖而出，成为亿万中国人民的选择。而这一选择经过了历史的洗涤和现实的考验，正带领中国人民沿着中国特色社会主义道路，走在全面建成小康社会、实现中华民族伟大复兴中国梦的康庄大道上。

第二节　马克思主义中国化的历史进程

马克思主义认为，各种因素相互作用的历史合力是社会发展的终极原因。马克思主义中国化的历史也是合力的结果。离开中国共产党的领导，离开先进知识分子的创造，离开广大中国人民的奋斗，就不会有马克思主义在中国的传播应用，不会有中国化马克思主义的理论成果，更不会有当今屹立于世界民族之林的中华人民共和国。马克思主义中国化的历史就是中国共产党建立、发展、成熟的历史，就是先进知识分子投身理论研究和创造的历史，就是勇敢的中国人民在党的带领下努力以血肉之躯书写传奇的历史。

一、马克思主义中国化是中国共产党全部历史的本质

1941 年，在中国共产党成立 20 周年前夕，毛泽东在延安干部会议上作了一个题为《改造我们的学习》的重要报告。在报告的开篇，毛泽东写了这样一段意味深长的话：“中国共产党的二十年，就是马克思列

宁主义的普遍真理和中国革命的具体实践日益结合的二十年。”① 这里所说的“马克思列宁主义的普遍真理和中国革命的具体实践日益结合”，其实就是马克思主义的中国化。而这段简练的语言，实际上是高度概括了中国共产党历史的本质。就是说，中国共产党的全部历史的本质，就是一部提出和探索马克思主义中国化，并在实践中不断推进马克思主义中国化的历史。

1917 年十月革命的胜利，给中国人民树立了一个活生生的榜样，那就是在马克思主义的指导下，俄国革命获得了成功。并且，俄国的国情与中国又颇为相似，都是经济文化比较落后、人民深受压迫的国家。因而，以马克思主义为指导，走俄国人的路，成为当时进步的中国人为救国救民作出的历史选择。但是，马克思主义进入中国以后，其在具体的革命实践中的应用，却必须是由中国人自己去实现的，这是历史提出的必须解决的重大课题。事实上，在五四运动前后，西学东渐，各种西方学说包括马克思主义大量传入中国时，思想界在学习和效仿过程中渐渐感悟到，任何外来文化如果不能和中国的本土文化相融合，都是难以站稳脚跟的，外来文化必须与中国的实际相结合。尽管当时还没有使用“马克思主义中国化”这样明确的概念，但一些基本思路已经开始出现。

李大钊是最早具有马克思主义中国化思路的先驱。在他的《我的马克思主义观》一文中就明确提出：“一个学说的成立，与其时代环境有莫大的关系。马克思主义实在是一个时代的产物。中国的马克思主义者必须认真研究马克思主义的理论及其怎样应用于中国今日的政治经济情形。否则，若思之不慎，辨之不明，则误解相承，十而八九，毫厘之谬，相去日遥。”李大钊的这段话，实际上已经十分清晰地提出了关于把马克思主义中国化的基本思路。在 1923 年的《社会主义与社会运动》一文中，李大钊进一步指出，社会主义理想“因各地、各时之情形不同，务求其适合者行之”。其他一些早期中国共产党的领导人如蔡和森、瞿秋白、恽代英等也有关于把马克思主义和中国实际相结合的论述。这是马克思主义中国化最早的思想源头。

但是，马克思主义中国化作为一个具体的历史过程并不是一帆风顺

① 《毛泽东选集》，2 版，第 3 卷，795 页，北京，人民出版社，1991。

的。在党的幼年时期（指从 1921 年 7 月中国共产党成立到 1935 年 1 月遵义会议召开以前这一段时间），由于理论准备和实践经验不足，党还不善于将马克思列宁主义的理论与中国革命的实践相结合，对于这个问题也没有形成深刻的、完整的、统一的认识，把马克思主义教条化，把共产国际决议和苏联经验神圣化，使中国革命遭受严重挫折，几乎陷入绝境。

1927 年 9 月 9 日，毛泽东在湖南发动了秋收起义。但当时的中共中央却命令起义部队攻打长沙。这显然是片面教条地将俄国十月革命城市武装暴动夺取政权的经验照搬到中国。而由于大革命的失败，当时全国的革命形势处于低潮，反革命的军事力量大大强于革命力量，要让一支刚刚放下镰刀锄头拿起简陋武器的部队去攻打国民党重兵把守的省会城市长沙，无疑是不切实际的。当部队打到浏阳城下时，已由原来的 5 000 人锐减到 1 500 余人。毛泽东看到这种情况，当机立断，立即停止进攻，将部队带到浏阳文家市休整。毛泽东清醒地对革命形势作出了判断，果断决定改变计划，将起义部队向南转移到反革命力量比较薄弱的农村地区。但毛泽东的这一决定在当时却受到了中央的严厉斥责，认为这是“对抗中央”、“右倾逃跑”。今天来看，毛泽东将进攻方向由城市转向农村，进而创建了井冈山革命根据地，是中国革命历史上一个具有决定意义的新起点。表面上看，这是一种退却，其实是一个突破性的进展。它既符合当时中国的实际情况，也符合马克思列宁主义的基本原则。邓小平在 1978 年谈到这段历史时，曾深有感触地说，列宁领导的十月革命是在资本主义力量薄弱的俄国首先取得胜利的，中国则是利用军阀割据，先到敌人控制薄弱的地区搞革命，“这在原则上是相同的”①，不过，我们不是先搞城市而是先搞农村。这也充分说明了毛泽东在实现马克思主义中国化方面的卓越能力。

1931 年到 1934 年末的王明路线统治时期，是中国共产党历史上教条主义错误最严重的一段时间。王明等人完全不顾具体的历史条件和客观实际，只满足于主观地引用和背诵马克思和列宁的语录，以马克思主义的只言片语，以“本本”作为指导实践和检验真理的标准。其不但有着完备的理论形态，而且在党内持续的时间长、危害大，把对待马列

① 《邓小平文选》，2 版，第 2 卷，127 页，北京，人民出版社，1994。

主义的教条主义倾向发展到了极端，极大地阻碍了马克思主义中国化的发展，使马克思主义中国化的历史进程不得不以反面的形式表现和展开。王明路线的错误，导致了中央苏区第五次反“围剿”的失败，中央革命根据地完全丧失，红军被迫长征。而在长征初期，王明一伙继续瞎指挥，又导致了湘江战役的重大损失，到 1934 年 12 月战役结束时，中央红军由 10 月出发时的 8.7 万多人锐减到 3 万多人，给中国革命几乎造成灭顶之灾。正如毛泽东所说，“我党在幼年时期，我们对于马克思列宁主义的认识和对于中国革命的认识是何等肤浅，何等贫乏”①。

历史常常是在悲剧性的二律背反中前进的。恩格斯说得好：“要获取明确的理论认识，最好的道路就是从本身的错误中学习，‘吃一堑，长一智’。”② 错误和挫折极大地教育了我们党。1935 年 1 月，红军在长征途中召开了具有重要历史意义的遵义会议，调整了党和军队的组织领导，重新恢复了毛泽东在党和红军中的领导地位。毛泽东回到领导岗位后，不负众望，终于以一系列的神来之笔如四渡赤水、巧渡金沙江、兵临贵阳、强渡乌江、直逼昆明……摆脱了国民党军队的围追堵截，于危难之中挽救了党和红军。从此，中国共产党能够在以毛泽东为代表的马克思主义正确路线指导下，克服重重困难，一步步地引领中国革命走向胜利。遵义会议是党的历史上一个生死攸关的转折点，它标志着中国共产党在政治上开始走向成熟。以遵义会议为标志，在此后形成的毛泽东思想成为马克思主义中国化的第一次历史飞跃和第一个中国化的马克思主义的理论成果。

二、马克思主义中国化的提出及内涵

遵义会议事实上确立了毛泽东在全党的核心地位。红军胜利到达陕北后，毛泽东开始从理论上系统地总结中国革命的历史经验，为中国革命提供合乎实际的完整的理论、路线、方针和政策。毛泽东并不是中国共产党内唯一具有马克思主义中国化思想的领导人，但他确实是对中国国情认识得最全面、最深刻，把马克思主义同中国实际相结合运用得最有成效的。

① 《毛泽东选集》，2 版，第 3 卷，795～796 页。

② 《马克思恩格斯文集》，第 10 卷，560 页。

如果通俗地理解，马克思主义中国化就是既要遵循马克思主义的基本原则，又必须紧密结合中国实际。而这一点，毛泽东是最早创造性地将之运用于实际的。譬如，关于“农村包围城市、武装夺取政权”思想的提出，就是马克思主义中国化最成功的范例。为解决 1927 年大革命失败后中国革命的道路问题，毛泽东进行了艰辛的探索和深刻的思考。他不仅在实践上首先把武装斗争的立足点放在农村，领导开创井冈山革命根据地，创造性地解决了为坚持和发展农村革命根据地所必须解决的一系列根本问题，而且从理论上对中国革命的道路问题作了初步说明。在 1930 年毛泽东所写的《星星之火，可以燎原》中，毛泽东把红军和农村革命根据地的建立称为无产阶级领导之下的农民斗争的最高形式，初步形成了以乡村为中心，先在农村建立和发展红色政权，待条件成熟时再夺取全国政权的思想，并在后来成为中国新民主主义革命的道路。分析起来，这 12 个字中“武装夺取政权”就是马克思列宁主义的基本原则，从马克思到列宁，都非常明确地指出了无产阶级和被压迫人民要想摆脱压迫和剥削，在现实的斗争形式上只能通过阶级斗争，以暴力革命的方式来推翻反动统治者。但是，具体怎样进行武装斗争，则必须根据各国的实际来设定。“农村包围城市”正是立足于中国国情和实际的唯一正确的方式。将二者结合起来，正是马克思主义中国化的完美体现。

从 1936 年冬至 1937 年秋，毛泽东在《中国革命战争的战略问题》和《实践论》、《矛盾论》中，通过总结中国革命的经验教训，着重阐明了反对理论脱离实际、反对照搬照抄书本和外国经验的教条主义，为论述马克思列宁主义与中国革命实践相结合的原则，即马克思主义中国化思想奠定了理论基础。1938 年，毛泽东在党的六届六中全会上作的题为《论新阶段》的政治报告中最先提出了“马克思主义中国化”这个命题。他指出：“没有抽象的马克思主义，只有具体的马克思主义。所谓具体的马克思主义，就是通过民族形式的马克思主义，就是把马克思主义应用到中国具体环境的具体斗争中去，而不是抽象地应用它。”①

经过延安整风，马克思主义中国化的思想成为全党的共识。党的七大通过的《中国共产党章程》在总纲中确定，以马克思列宁主义的理论与中国革命的实践之统一的思想——毛泽东思想，作为我们党一切工作

① 《中共中央文件选集》，第 11 册，658 页，北京，中共中央党校出版社，1991。

的指导方针。毛泽东思想，就是马克思主义中国化的第一个重大理论成果，是“中国化的马克思主义”。

实现马克思主义中国化，是解决中国问题的需要。将马克思列宁主义运用于中国，中国共产党人面对着特殊的国情，在旧中国这样的半殖民地半封建的东方大国，不仅中国革命的条件与马克思、恩格斯、列宁所分析的西方资本主义国家很不一样，而且中国社会历史发展的具体道路同西方资本主义各国社会历史发展的道路也不可能相同；同样，在新中国进行社会主义建设，进行社会主义改革，也不会同于其他社会主义国家。

实现马克思主义中国化，也是马克思主义理论的内在要求。马克思主义的创始人之一恩格斯曾明确指出：“马克思的整个世界观不是教义，而是方法。它提供的不是现成的教条，而是进一步研究的出发点和**供**这种研究**使用**的方法。”[①] 马克思主义要在中国发挥指导作用，就必须将其同中国的具体实际相结合，实现马克思主义的中国化；同时，中国化的马克思主义又为马克思主义理论宝库增添了新的内容。

马克思主义中国化，就是将马克思主义的基本原理同中国的具体实际相结合。具体地说，“就是要使得马克思列宁主义这一革命科学更进一步地和中国革命实践、中国历史、中国文化深相结合起来”，使马克思主义在其每一个表现中都带有中国的特性，带有新鲜活泼的、为中国老百姓所喜闻乐见的中国作风和中国气派，使其在中国进一步实现民族化和具体化。

第一，马克思主义中国化就是运用马克思主义解决中国革命、建设和改革的实际问题。旧中国是一个半殖民地半封建的东方大国，农民占人口的绝大多数，经济和文化都比较落后。在这样的条件下，要真正运用马克思列宁主义来指导中国革命、建设和改革，必须紧密结合中国国情和时代条件，寻找适合中国实际的革命道路，制定正确的革命方略并且创造出一些新的东西。在这里，“解决中国问题”和“创造些新的东西”，是马克思主义中国化的两个相互关联的目标。

第二，马克思主义中国化就是把中国革命、建设和改革的实践经验与历史经验提升为理论。马克思主义中国化的基础是中国人民的实践。

---

① 《马克思恩格斯文集》，第10卷，691页。

马克思主义中国化还包括运用马克思主义的立场、观点和方法去总结中国的历史经验。毛泽东曾经指出：今天的中国是历史的中国的一个发展；我们是马克思主义的历史主义者，我们不应当割断历史。从孔子到孙中山，我们应当加以总结，继承这份珍贵的遗产。要实现马克思主义中国化，应该了解和懂得中国的历史状况和社会状况、中国的特点、中国社会的发展规律，达到对于马克思主义的理论和中国的实践之完整的、统一的、深入的理解和把握。

第三，马克思主义中国化就是把马克思主义同植根于中华民族的历史传统、优秀文化相结合。马克思主义作为一种外来思想文化传入中国，要使它能为中国人民所广泛接受，并在实践中发挥指导作用，必须寻找到一种为中国人民所能理解和接受的民族形式。马克思主义在中国与中国传统文化的碰撞过程中，摩擦出火花。也正是这种火花照耀了马克思主义中国化的光明大道。马克思主义理论本身与中国传统文化的切合是马克思主义得以中国化的文化基础。

概括地说，马克思主义中国化就是用马克思主义来解决中国的问题，同时又使中国丰富的实践经验上升为理论，并且同中国的历史传统、中华民族的优秀文化相结合，以形成具有中国特色、中国作风和中国气派的中国化的马克思主义理论。

三、马克思主义中国化的理论成果

在马克思主义在中国传播和发展的历史进程中，中国共产党人立足中国具体的革命和建设实践，坚持以马克思主义基本理论为指导，以巨大的理论创新勇气不断推进马克思主义与中国实际相结合，实现了马克思主义中国化的发展，完成了两次历史性的飞跃：一次是发生在新民主主义革命时期，形成了毛泽东思想；一次是发生在党的十一届三中全会以后，形成了包括邓小平理论、“三个代表”重要思想和科学发展观在内的中国特色社会主义理论体系。

遵义会议以后，在领导中国革命和建设的过程中，以毛泽东为代表的中国共产党人，把马克思列宁主义的基本原理同中国革命和建设的具体实践结合起来，创立了毛泽东思想，第一次实现了马克思主义的中国化。在毛泽东思想指引下，中国共产党领导全国各族人民，取得了新民主主义革命的胜利，建立了中华人民共和国；进行了社会主义改造，确立了社会主义基本制度；发展了社会主义的经济、政治和文化，初步探索了社会主义建设的道路。

党的十一届三中全会以来，以邓小平为代表的中国共产党人，在总结国内外社会主义建设胜利与挫折的历史经验教训特别是改革开放以来的新鲜经验的基础上，以搞清楚什么是社会主义、怎样建设社会主义为首要的基本理论问题，逐步形成了建设中国特色社会主义的路线、方针、政策，阐明了在中国建设社会主义、巩固和发展社会主义的基本问题，创立了邓小平理论，开辟了建设中国特色社会主义的正确道路，推进了马克思主义的中国化。

党的十三届四中全会以来，以江泽民同志为代表的中国共产党人，根据国内外形势和党的历史方位的新变化，进一步回答了什么是社会主义、怎样建设社会主义的问题，创造性地回答了建设什么样的党、怎样建设党的问题，深化了对中国特色社会主义的认识，创立了“三个代表”重要思想，实现了我们党的指导思想的又一次与时俱进，从而进一步推进了马克思主义的中国化。

党的十六大以来，以胡锦涛同志为总书记的党中央紧密结合新世纪新阶段国际国内形势的发展变化，提出了构建社会主义和谐社会、建设社会主义新农村、建设创新型国家、树立社会主义荣辱观、推动建设和谐世界、加强党的先进性建设等重大战略思想和重大战略任务，创立了科学发展观，继续推进着马克思主义中国化的发展进程。

以习近平同志为总书记的党中央继往开来，担当起实现中华民族伟大复兴中国梦的历史重任。立足于“五位一体”的总体布局，在经济发展的同时注重建设美丽中国，在促进国内发展的同时加强国际合作，在坚持和发展中国特色社会主义中全面深化改革。带领中国人民坚持中国道路，弘扬中国精神，凝聚中国力量，努力实现国家富强、民族振兴、人民幸福的中国梦。

邓小平理论、“三个代表”重要思想和科学发展观统一构成了中国特色社会主义理论体系，这是马克思主义中国化的最新成果。习近平总书记系列重要讲话则体现了党的十八大以来中国特色社会主义的新发展，是对中国特色社会主义理论体系的丰富和发展。

中国共产党成立 90 多年来主要完成了“三件大事”：第一件大事是，我们党依靠人民完成了新民主主义革命，实现了民族独立、人民解放。第二件大事是，我们党紧紧依靠人民完成了社会主义革命，确立了社会主义基本制度。第三件大事是，紧紧依靠人民进行了改革开放新的伟大革命，开创、坚持、发展了中国特色社会主义。这三件大事的完成，都是马克思主义中国化的硕果。在近代以来中国社会发展进步的进程中，历史和人民选择了中国共产党，选择了马克思主义，选择了社会主义道路，选择了改革开放。中国共产党不愧为伟大、光荣、正确的马克思主义政党，不愧为领导中国人民不断开创事业、发展新局面的核心力量。正是沿着马克思主义中国化的道路，在党的一代代中央集体的领导下，我们的革命建设和改革事业不断发展，马克思主义中国化的理论创新也不断发展。从毛泽东思想到邓小平理论，从“三个代表”重要思想到科学发展观，再到党的十八大以来习近平总书记的系列重要讲话，我们在不断探索实践马克思主义中国化的道路上阔步前进，并不断丰富着马克思主义中国化的理论成果。

第三节　在继续推进马克思主义中国化的进程中坚定理论自信

中国共产党 90 多年的历史就是一部提出和不断探索马克思主义中国化，推进中国革命建设、改革发展的“艰难困苦，玉汝于成”的历史。在这个历史进程中，我们经历了两次历史性的飞跃：一次是以遵义会议为标志，我们形成了毛泽东思想这一中国化马克思主义的理论成果。一次是以党的十一届三中全会为标志，我们形成了包括邓小平理论、“三个代表”重要思想以及科学发展观在内的中国特色社会主义理论体系，这是当代中国的马克思主义。在今天，我们说继续坚持马克思主义，首要的就是坚持中国特色社会主义理论体系。这一理论体系与中国特色社会主义道路、中国特色社会主义制度统一于中国特色社会主义的伟大实践，是中国特色社会主义最鲜明的特色。全面、系统、深刻地理解这一理论体系，自觉地不断坚定理论自信，对于我们夺取全面建设小康社会新胜利，谱写人民美好生活新篇章，实现中华民族伟大复兴的中国梦，具有重大而深远的意义。

一、科学理论内在的真理性是建立理论自信的根基

历史是最好的教科书。马克思主义的历史发展，深刻揭示了这样一个规律，树立坚定的理论信仰，培育坚定的理论自信，必须依赖于理论自身的科学性和真理性，这是理论发展的必然逻辑。坚定对中国特色社会主义的理论自信，首先就要深刻认识中国特色社会主义理论体系的科学内涵，把握其内在的科学逻辑。

中国特色社会主义理论体系的科学性，首先体现为它是对马克思主义科学社会主义基本原则的全面继承和发展。它以辩证唯物主义与历史唯物主义为理论基石，以实现共产主义为最高理想，以工人阶级政党为领导核心，以解放、发展生产力为社会主义根本任务，以生产资料公有制和按劳分配为社会主义制度的经济基础，以人民当家作主为社会主义民主政治的本质特征，坚持社会主义意识形态的思想指导，坚持无产阶级专政，坚持改革和完善社会主义制度、体制和机制……充分体现了科学社会主义的基本原则。同时，这一理论体系又在创造性的运用中赋予其鲜明的中国特色，提出了一系列独创性新思想、新观点，比如关于社会主义初级阶段的观点，关于建立社会主义市场经济体制的观点，关于实现社会主义科学发展的观点，关于构建社会主义和谐社会的观点等，进一步丰富和发展了马克思主义。这一理论体系深深扎根于中国大地，具有鲜明的实践特色和民族特色；这一理论体系坚持用宽广的眼界观察世界，对当今时代特征和总体国际形势，作出了新的科学判断，体现了鲜明的时代精神，是一个内涵丰富、思想深刻、系统科学的理论体系。

中国特色社会主义理论体系所具有的这些内在的真理性成为我们树立理论自信的根基。我们必须在全党全国人民中进行广泛深入的、坚持不懈的、形式多样的学习和宣传，从而使之深入人心。在中国共产党的历史上，我们曾经经历过以延安整风为标志的全党马克思主义教育运动，迎来了中国革命高歌猛进的辉煌；经历过党的十一届三中全会前后以解放思想为标志的又一次全党的马克思主义理论学习，迎来了改革开放的伟大变革。今天，历史将迎来又一次以学习宣传中国特色社会主义理论体系为主要内容的全党学习运动。毫无疑问，绚丽的理论之花，必将再次结出丰硕的实践之果。事实上，近年来，从中央到地方各级党组

织都大大加强了对党员和干部的学习培训，中央马克思主义理论研究和建设工程的开展，取得了丰硕的成果。《理论热点面对面》等一大批理论读物的推出，都极大地推动了以科学理论武装全党的进程。我们要按照党的十八大的部署，始终坚持以思想理论建设为根本，以建设学习型马克思主义政党为契机，以加强党员干部的理论教育培训为抓手，利用多种生动活泼、群众喜闻乐见的形式和鲜活的语言，开展中国特色社会主义理论体系的宣传、宣讲活动，掀起学习宣传中国特色社会主义理论体系的新高潮。特别要建立起长期有效的团队集体学习制度，在由组织团队所营造出的学习氛围和环境中，对学习的组织形式、学习内容、学习方法、学习机制等进行全面规划，永远保持与时俱进的进取精神和创新精神。

二、中国特色社会主义的实践是建立理论自信的力量源泉

理论自信是在实践中形成的。赋予一个理论体系什么样的历史地位，归根结底是由实践来决定的。科学的理论来源于实践，被实践所检验，在实践中发展；科学的理论又引领实践，指导实践沿着正确的方向前进。正如习近平同志所指出的："中国特色社会主义特就特在其道路、理论体系、制度上，特就特在其实现途径、行动指南、根本保障的内在联系上，特就特在这三者统一于中国特色社会主义伟大实践上。"①

这一伟大实践的历史起点首先是对毛泽东思想的继承和发展。我国基本完成社会主义改造后，毛泽东对中国如何走出一条具有自身特色的社会主义建设道路问题，进行了艰辛的探索。邓小平曾经深刻阐明了党的十一届三中全会以来我们党所从事的事业与毛泽东的关系。他指出："从许多方面来说，现在我们还是把毛泽东同志已经提出、但是没有做的事情做起来，把他反对错了的改正过来，把他没有做好的事情做好。今后相当长的时期，还是做这件事。当然，我们也有发展，而且还要继续发展。"② 诚如党的十八大报告指出的："在探索过程中，虽然经历了严重曲折，但党在社会主义建设中取得的独创性理论成果和巨大成就，为新的历史时期开创中国特色社会主义提供了宝贵经验、理论准备、物

---

① 习近平：《紧紧围绕坚持和发展中国特色社会主义　学习宣传贯彻党的十八大精神——在十八届中共中央政治局第一次集体学习时的讲话》，4页，北京，人民出版社，2012。

② 《邓小平文选》，2版，第2卷，300页。

质基础。”①

而中国特色社会主义理论体系的正式形成则是源自改革开放。正是改革开放，才使中国真正地活跃起来、发展起来、繁荣起来。所以，改革开放既是形成中国特色社会主义理论体系的逻辑起点，又是推动这一理论体系不断丰富完善的强大动力，是党和人民事业大踏步赶上时代的重要法宝。正是在改革开放所面临的复杂的国际国内背景和各种复杂挑战的形势下，中国特色社会主义理论体系在与形形色色的各种思潮、各种理论的比较鉴别和斗争中凸显出了鲜明的理论和实践特色：这一理论把坚持和发展马克思主义结合起来，在坚持中发展，在发展中坚持，与苏联东欧社会主义放弃马克思主义具有根本区别；这一理论坚持指导思想的一元性和思想文化的多样性相结合，与民主社会主义鼓吹的指导思想的多元化具有根本区别；这一理论强调发展方向的坚定性和发展途径的灵活性的统一，把本国的发展同世界的发展联系起来，同人类文明的进步联系在一起，在借鉴其他社会制度和发展模式中发展，与曾经僵化的社会主义有根本区别；这一理论体系，在制度设计上，强调社会主义共性与个性的统一、普遍性与特殊性的统一，在所有制、分配制度、政治制度、文化体制等方面，既遵循科学社会主义的基本原则，又注重从本国实际出发，具有鲜明的中国特色，与传统社会主义有很大区别。这一理论强调发展目的的人民性，以维护和实现最广大人民的根本利益为前提，以实现人的自由全面发展为目标，这与资本主义把个人利益的实现和个人价值的追求放在首位具有根本区别。

回顾改革开放30多年来的历史发展，正是在中国特色社会主义理论体系指导下，中国经济社会发展取得了举世瞩目的伟大成就。自1978年以来，中国经济长期保持了高达两位数的年均增长速度，远高于世界经济年均增速，属于全球经济增长最快的国家。中国的国内生产总值（GDP）从1978年的3 645亿元提高到2013年的57万亿元左右；人均GDP则由230美元左右提高到已经突破6 000美元，跻身世界中等收入国家行列，正在实现从总体小康向全面小康的历史性跨越。2002年到2010年短短数年间，我国的经济总量从全球排名第六位一跃提升到全球第二位。我国人民的政治权益、文化权益和社会权益也得到进一

① 胡锦涛：《坚定不移沿着中国特色社会主义道路前进　为全面建成小康社会而奋斗——在中国共产党第十八次全国代表大会上的报告》，10页，北京，人民出版社，2012。

步发展和保障，是新中国历史上最好的发展阶段。在短短 30 年里取得如此巨大的成就，堪称“中国奇迹”。

中国改革开放取得了举世瞩目的成就，使得西方社会也不得不对中国的经济和政治持重新审视的态度。随着对中国关注度的增长，对中国特色社会主义理论的关注度也大大增加。中共中央编译局中国现实问题研究中心统计表明，国际社会对中国的关注是迅速增长的，而且绝对数量巨大。其中，对中国特色社会主义理论的关注约占关注中国的论文和著作总量的 5%，西方看待中国的主流观念开始逐渐转变，在西方理论界出现大量关于中国问题的研究和讨论。2004 年 5 月，英国著名思想库伦敦外交政策中心发表了乔舒亚·库珀的一篇论文《北京共识：提供新模式》。该文指出，中国通过艰苦努力、主动创新和大胆实践，摸索出一个适合本国国情的发展模式。他认为，中国的经济发展模式不仅适合中国，也是适于追求经济增长和改善人民生活的发展中国家效仿的榜样。此后，美国著名经济学家、诺贝尔经济学奖获得者斯蒂格利茨、前联合国秘书长科菲·安南、法国前总理拉法兰、俄罗斯共产党主席久加诺夫、联合国贸发会议官员德特勒夫·科特、法国总统雅克·希拉克、印度国大党主席索尼娅·甘地、约旦国王阿卜杜拉二世等在不同场合，均对中国发展成就给予了高度评价。我们要深刻认识中国特色社会主义理论体系所取得的现实成果，在政策加强、人民满意、海外关注的氛围中把中国特色社会主义理论自信不断推向前进。①

第一，要以开阔的国际比较视野认识中国特色社会主义理论的成就和力量。我们不仅要与今天的发达国家作比较，还应该将今天的中国与发达国家历史上处于我国今天相近水平时的发展轨迹作比较，将中国与当今世界其他发展中国家的发展情况进行比较，只有这样才能更全面地认识中国特色社会主义理论的成效。

第二，要加强研究中国特色社会主义理论在国外的影响力，对国外各界关于中国特色社会主义理论的认识和评价进行全面的调查。我们应该拥抱世界，和世界人民共享人类思想的硕果，并用中国特色社会主义的成就和理论赢得更多的认同和赞赏。

第三，加强对中国特色社会主义理论指导下的社会主义建设和发展

---

① 参见王向明：《论“中国梦”的内涵特征》，载《前线》，2014 (9)。

成果的宣传。中国特色社会主义理论来自改革开放的伟大实践，又反过来指导我们在新的历史条件下进一步改革开放和进行社会主义建设的事业。实践的成果和成就令人信服地证明中国特色社会主义理论体系的开放性、进步性和有效性，通过深入总结、广泛宣传我国社会主义现代化建设的成就，能够进一步提高中国特色社会主义理论体系的影响力，提升我们的理论自信。

理论自信在实践中进一步深化。理论之树之所以常青，是因为有实践沃土的不断滋养孕育。中国特色社会主义的伟大事业，需要亿万人民群众的共同奋斗，需要形成一个能够凝聚和团结最广大人民的思想武器，"中国梦"的提出，为中国特色社会主义理论体系赋予了新内涵。习近平同志当选总书记以来在国内外多个场合深刻阐述，中国梦就是要实现中华民族的伟大复兴，实现国家富强、民族振兴、人民幸福。习近平同志指出，中国梦是国家的梦、民族的梦，归根到底是人民的梦，必须紧紧依靠人民来实现，必须不断为人民造福。他强调实现中国梦必须坚持中国道路、弘扬中国精神、凝聚中国力量。中国梦用最简洁、最生动的语言通俗地表达了中国特色社会主义的共同理想，把民族复兴、实现现代化与社会主义的振兴联系在一起，把党的最高纲领和最低纲领统一起来，把党在社会主义初级阶段的目标、国家的发展、民族的振兴与个人的幸福紧密联系在一起，把各个阶层、各个群体的共同愿望有机结合在一起，有着广泛的社会共识，具有强大的感召力、亲和力和凝聚力，是引领、激励我们团结奋斗的巨大精神力量，是对中国特色社会主义理论体系科学内涵的丰富和发展。

三、敏锐的问题意识是强化理论自信的内在动力

在马克思的墓碑上铭刻着他在《关于费尔巴哈的提纲》中的一段名言："哲学家们只是用不同的方式**解释**世界，而问题在于**改变**世界。"①它反映了马克思主义最根本的哲学价值观，那就是把正确地解释并解决人类社会面临的现实问题作为理论研究的起点和归宿。马克思认为："一个时代的迫切问题，有着和任何在内容上有根据的因而也是合理的问题共同的命运：主要的困难不是**答案**，而是**问题**。因此，真正的批判

① 《马克思恩格斯文集》，第1卷，506页，北京，人民出版社，2009。

要分析的不是答案，而是问题。”[①] 马克思主义的历史发展就是一个以问题为导向实现理论与实践相结合的过程。

在哲学语境中，问题就是矛盾。问题不是纯概念的演绎，不是无病呻吟式的主观臆造。“**问题**就是公开的、无畏的、左右一切个人的时代声音。问题就是时代的口号，是它表现自己精神状态的**最实际**的呼声。”[②] 只有充分体现“时代的口号”与“自己精神状态的**最实际**的呼声”相统一的问题，才是真问题。真问题是事实之真和价值之真的统一。这里的事实之“真”，是指它能够在深层次上揭示事物内在本质联系，客观反映事物的整体状况，并能准确预见事物未来发展变化的趋势；价值之“真”，则是指必须从人民的立场提出问题，以人民的利益作为认识、分析和解决一切问题的出发点和落脚点。

坚定对中国特色社会主义理论体系的理论自信，也是因为这一理论体系从来都是在解决中国社会发展存在的现实问题中形成和发展起来的。它的突出贡献就表现在围绕经济文化落后国家如何建设、巩固和发展社会主义这一理论主题，解决了马克思主义发展史上的三大新问题。

第一，解决了经济文化落后国家如何建设、巩固和发展社会主义的问题。中国特色社会主义理论体系紧紧抓住建设什么样的社会主义、怎样建设社会主义这个首要的基本理论问题，继承马克思、恩格斯晚年探索东方社会发展道路的理论遗产，总结列宁、毛泽东探索社会主义发展道路的历史经验和国内外社会主义建设的经验教训，将人民群众在社会主义建设实践中积累的经验上升为理论，形成了一系列独创性的重大理论观点，系统回答了在中国这样一个十几亿人口的发展中大国如何摆脱贫困、加快实现现代化、巩固和发展社会主义的一系列重大问题，深化和丰富了对社会主义建设规律的认识，把我们党对社会主义的认识不断提高到新的科学水平。

第二，探索和回答了无产阶级政党在夺取政权之后应该建设什么样的党、怎样建设党这个基本问题。无产阶级政党夺取政权之后，党的历史方位发生了根本性的变化。党执政以后如何加强自身建设，如何认识、把握和运用共产党执政规律，提高党的执政能力，巩固党的执政地

---

① 《马克思恩格斯全集》，中文2版，第1卷，203页，北京，人民出版社，1995。

② 《马克思恩格斯全集》，中文1版，第40卷，289页，北京，人民出版社，1982。

位，完成党的执政使命，是生死攸关、必须下大气力解决好的重大问题。在新时期，我们党始终坚持马克思主义政党理论，全面提高党的建设科学化水平，以改革的精神不断推进党的建设新的伟大工程，提出了一系列加强和改进党的建设的创新理论观点，深化和丰富了对共产党执政规律的认识，发展了马克思主义党的建设理论。

第三，探索和回答了在和平与发展时代背景下，实现什么样的发展、怎样发展这个基本问题。发展是当今时代的主题，更是当代中国的主题。我国作为一个社会主义国家和世界上最大的发展中国家，长期面临着西方国家的巨大政治压力和经济压力，面对着解放和发展社会生产力、增强综合国力、改善人民生活的繁重任务，解决好发展问题尤为紧迫。中国特色社会主义理论体系对什么是发展、为什么发展、怎样发展、发展为了谁、发展依靠谁、发展成果由谁享有等重大问题进行的富有创造性的探索，取得了以科学发展观为代表的丰硕理论成果，深化和丰富了对人类社会发展规律的认识，使我们党对发展问题的认识达到了新的高度。

要进一步强化对中国特色社会主义理论体系的理论自信，就要引导广大党员特别是党员干部，以解决中国面临的各种现实问题为目的，把坚持马克思主义基本原理同推进马克思主义中国化结合起来，在研究新情况、解决新问题的过程中进行锲而不舍的理论探索，推动理论和实践的发展。由党的十八届三中全会审议通过的《中共中央关于全面深化改革若干重大问题的决定》，正是秉承着这样一种深刻的问题意识，针对中国经济社会发展的一系列重大问题，从经济建设、政治建设、文化建设、社会建设、生态文明建设和党的建设等方面全面论证和部署了进一步深化改革的思路和措施，并实现了若干理论观点的重大突破。譬如，首次定义了市场在资源配置中的“决定性作用”，首次提出了“发挥经济体制改革牵引作用”，首次在“解放思想”、“解放和发展社会生产力”之外加上了“解放和增强社会活力”，首次强调了“推进国家治理体系和治理能力现代化”。党的十八届四中全会审议通过的《中共中央关于全面推进依法治国若干重大问题的决定》，坚持以邓小平理论、“三个代表”重要思想、科学发展观为指导，深入贯彻习近平总书记系列重要讲话精神，注重从思想上、制度上谋划涉及改革发展稳定、内政外交国防、治党治国治军的战略性、全局性、长远性问题，提出了建设社会主义法治体系和社会主义法治国家的总目标，全面推进“依法治国、依法执政、依法行政”和建设“法治国家、法治政府、法治社会”一体化，从而实现科学立法、严格执法、公正司法、全民守法的具体目标。特别是提出了“党规党纪严于国家法律”的主张，对执政党成员提出了更高要求。这些理论上的重大突破，是对中国特色社会主义理论的不断丰富和发展，并必将对未来中国的政治经济社会发展产生重大的影响。我们有充分的理由相信，只要我们能够树立敏锐的问题意识，善于发现问题，敢于直面问题，勇于解决问题，我们就一定能够更加自觉自信地接受科学的理论并始终坚持正确的方向。

资料小链接

20世纪初《共产党宣言》在中国的传播

王列平

1848年2月，一部划时代的巨著《共产党宣言》公布于世，它标志着国际共产主义运动的正式开始。由于《共产党宣言》完整、系统、严密地阐述了马克思主义的主要思想，因而它的诞生就像一盏灿烂的明灯，照亮了全世界无产阶级和劳动人民的解放道路。《共产党宣言》在20世纪初传入中国，其传播过程颇为复杂和曲折。

资产阶级革命派与《共产党宣言》的早期传播

马克思主义最早传入中国，不是通过工人阶级自己的知识分子，而是由西方传教士和资产阶级改良派介绍过来的。西方传教士是为了向中国人民兜售西方的宗教教义，而资产阶级改良派则是为了鼓吹西方资产阶级改良主义学说。然而就在他们兜售和鼓吹的过程中，却先后不自觉地、零星地甚至是歪曲地把马克思主义的有关内容介绍给了中国人民。

在中国史籍中，第一次提到马克思及其学说，是1899年2月出版的《万国公报》。这是英国传教士威廉士于1887年在上海创办的一个刊物。该报刊很早就登载过巴黎公社和第一国际日内瓦大会的消息。随后，又介绍欧美各派社会主义，并把它们通称为“大同学”和“安民新学”。

1899年3月，英国传教士李提摩太在《万国公报》第121期上发表了《大同学》第一章《今世景象》一文。该文写道：“其以百工领袖著名者，英人马克思也。马克思之言曰：纠股办事之人，其权笼罩五洲，突过于君相之范围一国。吾侪若不早为之所，任其蔓延日广，诚恐遍地球之财币，必将尽入其手。然万一到此时势，当即系富家权尽之时。何也？……”这是马克思的名字第一次出现在中文报刊上。而文中关于“马克思之言曰”后的文字，则是对《共产党宣言》中的“资产者与无产者”一节的内容意译（今译“资产阶级”）。按李提摩太的本意是想通过这一介绍，告知清政府全世界资本主义发展的趋势，闭关锁国是不行的，同时还规劝清廷当权者接受新潮和改良。但他万万没有想到，却在无意之中曲折地将马克思主义介绍到了中国。

此后，在资产阶级改良派主办的《新民丛报》、《大公报》上也相继刊登了一些介绍马克思及其学说的译文。1902 年 10 月，梁启超在《新民丛报》第 18 号上发表了《进化论革命者颉德之学说》一文，对马克思及其学说作了简要的介绍。然而这些介绍都是在所谓“更研哲理牖新知”的旗号下，作为西方政治学派中的一派加以介绍而已，其目的是借此向清政府施加压力，逼迫清廷施行君主立宪政体。

以孙中山为首的早期资产阶级革命派在中国开始有意识、有目的地传播马克思主义学说。他们在向西方学习、探索救国救民道路的同时，还十分真挚地同情欧洲的社会主义运动。他们与资产阶级改良派的不同之处在于，是用一种赞赏的态度来介绍马克思主义学说。

1896 年孙中山旅居伦敦时，就开始了探讨社会主义理论，并知道了马克思。宋庆龄回忆说：那时“他知道马克思和恩格斯，他也听到了关于列宁和俄国工人革命活动的消息。早在那个时候，社会主义就对他发生了吸引力，他敦促留学生研究马克思的《资本论》和《共产党宣言》，并阅读了当时的社会主义书刊”，开始萌发了社会主义思想。

虽然此时的孙中山并不十分了解马克思的科学社会主义与欧洲资产阶级改良主义理论家的社会主义之间的区别，但由于他对社会主义有了朦胧的认识，因而他自信地以社会主义者自诩，并怀着虔诚和热情四处寻找社会革命党。1905 年初，孙中山访问了设在比利时布鲁塞尔的第二国际书记处，会见了当时第二国际主席王德威尔德及书记处书记胡斯曼。在会见中，孙中山自称是社会主义者，并说明了中国社会主义者的目标和纲领，他表示：“中国社会主义者要采用欧洲的生产方式，使用机器，但是要避免其种种弊病”，“我们要在将来建立一个没有任何过渡的新社会……中世纪的生产方式将直接过渡到社会主义的生产阶段，而工人不必经受资本家剥削的痛苦”。为此，孙中山还请求第二国际书记处接纳他为“党的成员”。但由于种种原因，孙中山这个愿望没能实现。

尽管早期资产阶级革命派由于受到历史的局限，还不能正确地理解马克思主义，但他们对马克思主义学说还是进行了大量的摘译，较系统地进行了介绍。著名资产阶级革命家朱执信、宋教仁等都曾在《民报》上著文介绍马克思主义学说，摘译《共产党宣言》中有关的章节内容。

1906年1月，朱执信以笔名“蛰伸”在《民报》第2号上发表了《德意志社会革命家小传》，较为系统地介绍了马克思的生平、学说，以及马克思、恩格斯为创立科学社会主义而从事的一系列革命活动。与此同时，他还对《共产党宣言》进行了评述。他说，“马尔克（即马克思）起草《共产主义宣言》，万国共产同盟会（第一国际）奉以为金科玉律”，“德意志之劳动者亦感于马尔克之说，起而与富豪抗”。又说：“前乎马尔克言社会主义而攻击资本者亦大有人，然能言其毒害之所由来，与谋所以去之道何自者，盖未有闻也。故空言无所裨。……夫马尔克之为《共产主义宣言》也，异于是。”他为此还专门摘译了《共产党宣言》中的4段内容介绍其要点。如第一章开头译文是：“自草昧混沌而降，至于吾今有生，所谓史者，何一非阶级争斗之陈迹乎。”（今译“至今一切社会的历史都是阶级斗争的历史”）结束语的译文是：“凡共产主义学者知隐其目的与意思之事，为不衷而可耻，公言其去社会上一切不平组织而更新之行为，则其目的，自不久达。……噫，来，各地之平民，其安可以不奋也！”

在同年6月出版的《民报》第5号上，宋教仁也以“犟斋”的笔名译著了《万国社会党大会略史》，第一次向国民介绍了国际共产主义运动发展史，并摘译了《共产党宣言》的结束语，其曰：“盖平民所决者，惟铁锁耳，而所得者，则全世界也。”“万国劳动者，其团结！”他所译的比朱执信译的更贴切于原文。叶夏声也以“梦蝶生”为笔名，在《民报》第7号上发表了《无政府党与革命党之说明》一文，也在文中介绍了《共产党宣言》第二章的10条纲领。

1908年1月，在同盟会成员刘师培、何震等人创办的以宣扬无政府主义为主的《天义报》第15号上，刊登了民鸣所译恩格斯为《共产党宣言》写就的《1888 年英文版序言》的一部分，并加了编者按语："按《共产党宣言》，发明阶级斗争说，最有裨于历史。此序文所言，亦可考究当时思想之变迁，欲研究社会主义之历史者，均当从此入门。"随后，又在 3 月出版的《天义报》第 16～19 期合刊上，发表了《共产党宣言》第一章的部分译文。

上述《共产党宣言》各种版本的摘译主要来自日文，而日文《共产党宣言》全文本，则是 1904 年首刊于幸德秋水主编的《平民新闻》上。由此可见，资产阶级革命派虽说在介绍马克思主义学说上，出现了不少曲解和误解，但毕竟给国内的知识分子打开了眼界，提供了思想武器，为十月革命后马克思主义学说能在中国迅速传播奠定了基础。

五四运动推动了《共产党宣言》的翻译传播

"十月革命一声炮响，给我们送来了马克思列宁主义。"在十月革命的影响下，以陈独秀、李大钊为代表的一批先进知识分子在向海外积极寻求革命理论时，一方面热情地学习马克思主义的著作，运用其学说观察、剖析国家命运，谋求民族独立解放；另一方面又在其自身学习的基础上广泛地开展宣传，将马克思主义在中国的传播推向了一个新的历史阶段。

1919 年 4 月，在陈独秀主编的《每周评论》第 16 期上发表了以"舍"署名的介绍《共产党宣言》的文章。文章在序言中指出："这个宣言是 Marx 和 Engles 最先、最重大的意见"，"其要旨在主张阶级战争，要求各地劳工的联合，是表示新时代的文书"。在介绍《共产党宣言》第二章"无产者与共产党人"的基本内容时，作者明确指出："劳工革命的第一步，我们所最希望的就是把无产阶级高举起来，放他们在统治的地位，以图 Democracy 的战争的胜利。这些无产阶级的平民，将行使他们政治上的特权，打破一切的阶级，没收中产阶级的资本，把一切的生产关系都收归政府掌管，由这些人去组织一个统治的机关。并且要增加生产的能力，愈速愈妙。"文章还着重翻译了《共产党宣言》的十大政纲，较之《民报》的译文水平有了显著提高。虽然该文对《共产党宣言》的介绍仍有许多不准确之处，但却突出了《共产党宣言》中有关阶级斗争和无产阶级专政的基本思想，强调了无产阶级夺取政权后的主要任务"要增加生产的能力，愈速愈妙"等。该文的发表在思想界引起了不小的震动，对即将到来的五四运动有一定的促进和影响。

五四运动的兴起，将马克思主义在中国的传播大大地向前推进了一步。1919 年 5 月《新青年》出版了“马克思主义研究专号”。在这期专号上，李大钊发表了《我的马克思主义观》一文，对马克思主义的一些基本原理作了系统而简明的介绍，认为“自马氏与昂格思合布《共产党宣言》，大声疾呼，檄告举世劳工阶级，促他们联合起来，推倒资本主义，大家才知道社会主义的实现，离开人民本身，是万万做不到的，这是马克思主义一个绝大的功绩”。不仅如此，李大钊在介绍唯物史观时，还专门引用了《共产党宣言》第一章的部分内容。而他在担任北京《晨报》副刊编辑时，开辟了“马克思研究”专栏，连续登载渊泉所译的《马克思唯物史观》一文。该文从《共产党宣言》的产生谈起，并对《共产党宣言》的结束语进行了较准确的翻译：“共产党以隐蔽主义、政见为卑劣的行为。所以我们公然向世人宣言曰，我们能够推倒现时一切的社会组织，我们的目的就可以达到。使他们的权利阶级，在共产革命的面前要发抖的。劳动者所丧失的东西，是一条铁链。劳动者所得的东西，是全世界。愿我万国劳动者，团结毋懈！”

在五四运动期间，一些国民党人也由过去介绍各派社会主义学说，转为主要介绍马克思主义的唯物史观、经济学说、阶级斗争理论以及十月革命方面。当时由国民党人主办的《建设》杂志、《星期评论》和《民国日报》副刊《觉悟》，便是他们研究、介绍马克思主义的主要阵地。据统计，1919 年 8 月至次年 4 月，《建设》杂志就刊载了关于马克思主义的文章（包括译文）20 余篇，成为当时国内介绍马克思主义学说比较突出的刊物之一。而《星期评论》则是与《新青年》齐名的介绍马克思主义的刊物，“在全国学生群众中很有影响，学生和工人经常有很多人投稿”，就连陈望道所翻译出版的《共产党宣言》也是由《星期评论》相约的。《觉悟》副刊也是如此。自 1919 年 6 月以后的 3 年内，刊载了马列主义原著及介绍苏俄政治制度的文章多达 50 余篇，其数量超过了《新青年》。由此可见，这 3 个刊物在中国早期介绍和传播马克思主义学说方面是功不可没的。虽然此时在国内涉及马克思主义学说的中文摘译比较多，但还没有一本完整的全译本。

1920 年春，陈望道由于在浙江第一师范受到守旧派的攻击，便离开此地，回到故乡义乌分水塘，因受《星期评论》主编人戴季陶、沈玄庐、李汉俊的委托，开始潜心研究新思潮，着手翻译《共产党宣言》。

戴季陶早年在日本留学时思想颇为激进，曾买到一本日文版《共产党宣言》，亦深知此书的分量，打算译成中文。可阅读之后，他放弃了自译的打算。因为，翻译此书绝非易事，译者不仅要谙熟马克思主义理论，而且还要有相当高的中文文学修养。比如，该著作的第一句话（今译“一个幽灵，共产主义的幽灵，在欧洲游荡。”）要想贴切地译成中文就不容易。此后，当他回到上海主编《星期评论》时，便四处物色合适的人选翻译《共产党宣言》，准备在该刊连载。《民国日报》主笔邵力子得知此事向他举荐一人，杭州的陈望道可胜此任。于是，戴季陶提供了日文本《共产党宣言》，陈独秀又通过李大钊从北京大学图书馆借出英文本（原著为德文本），供陈望道对照翻译。（据云，周恩来在50年代曾问陈望道，《共产党宣言》最初是依据什么版本译的，陈望道说主要是据日文本译，同时参考英文本。）

陈望道回到家乡后，在一间柴房里，开始专心翻译这部伟大的著作。由于柴房年久失修，破烂不堪，而山区早春的天气还相当寒冷，常常冻得他手足发麻。可他硬是只凭借着柴房里的一块铺板、两条长凳、一盏油灯，以及老母亲送来的三餐菜饭，夜以继日，孜孜不倦，终于在1920年4月把马克思主义的第一部经典著作，国际共产主义运动的第一个纲领性文件《共产党宣言》译成了中文本，为马克思主义在中国的传播作出了杰出的贡献。

《共产党宣言》全译本正式出版

陈望道把中译本《共产党宣言》连同日文版、英文版交给李汉俊，请他校阅。当李汉俊校毕，又送陈独秀再校，经陈望道改定，正准备交《星期评论》连载时，却发生了一个意外事件。由于《星期评论》的进步倾向受到当局注意，被迫于1920年6月6日停刊。而此时，陈独秀正在筹备建立中国共产党，印行《共产党宣言》则是当务之急。虽因《星期评论》停刊而无法公开发表陈望道的译作，但陈独秀仍尽全力设法使它问世。

陈独秀与来华的共产国际代表维经斯基商议后，通过多种途径筹措到一笔经费，在上海辣斐德路（今复兴中路）成裕里12号，租了一间房子，建立了一个小型印刷厂承印《共产党宣言》。1920年8月，一本封面印有马克思肖像和上端印着“社会主义研究小丛书第一种”，由“马格斯、安格斯合著，陈望道译”的《共产党宣言》在上海公开出版，这也是马克思的著作在中国的第一个全译本。该书刚一问世，就在思想界引起了很大反响，广大知识分子竞相争购，一时间“洛阳纸贵”。

《共产党宣言》初版时印了1 000册，很快售罄。一个月后，再版，又印了1 000册，仍然被抢购一空。当时出版发行是借用了“社会主义研究社”的名义，而很多读者渴望得到此书，但又苦于寻找不到“社会主义研究社”的地址，于是纷纷投书给《星期评论》杂志主编沈玄庐，询问发行处在何处，怎样才能购买到此书。1920年9月30日，沈玄庐在上海《民国日报》副刊《觉悟》上，以“答人问《共产党宣言》底发行所”为题，复信广大读者说：“你们来信问陈译马格斯《共产党宣言》的买处，因为问的人多，没工夫一一回信，所以借本栏答复你们问的话”，“社会主义研究社，我不知道在哪里。我看的一本，是陈独秀先生给我的，独秀先生是到‘新青年社’拿来的，新青年社在法大马路自鸣钟对面”。就这样巧妙地回答了读者提出的问题。

应广大读者的一再要求，到1926年5月止，陈望道中译本《共产党宣言》已重印达17版之多。而从1920年8月第一次印刷发行起，到1938年上海新文化书房印最后一版时，该书三易书名，四改译名，六换出版单位，冲破了反动当局的一次次查禁封锁，终于使之成为我国早期流传最广、影响最深的马克思主义著作，也成为无数革命先驱走向信仰共产主义的启蒙读本。

《共产党宣言》在中国的早期传播，影响和培育了当时整个一代革命者，促使他们由激进的民主主义者转变成为共产主义战士。1936年11月，毛泽东在陕北窑洞里对美国记者埃德加·斯诺讲述了自己是如何成为一个坚定的马克思主义者的转变历程时说道：“我第二次到北京期间，读了许多关于俄国所发生的事情的文章。我热切地搜寻当时所能找到的极少数的共产主义文献的中文本。有三本书特别深刻地铭记在我的心中，使我树立起对马克思主义的信仰……这三本书是：陈望道译的《共产党宣言》，这是中文版的第一本马克思主义的书；考茨基的《阶级斗争》；以及柯卡普著的《社会主义史》。”[1]周恩来在谈个人和革命的历史时也说道：“这一时期（1920年），在国内曾看到《共产党宣言》，在法国又开始读到《阶级斗争》与《共产党宣言》，这些著作对我影响很大。”由此可见，20世纪初，《共产党宣言》虽然在中国经历了万分艰难的传播过程，但最终结出了丰硕的果实，催生了共产主义运动在古老的中国大地上蓬勃发展。

[1] 李锐：《毛泽东早年读书生活》，269 页。

资料来源：《文史精华》，2007（6）。

第二章　毛泽东思想概述

第一节　新民主主义革命理论

毛泽东思想有两个最重要的部分，一是新民主主义革命的理论，一是社会主义改造的理论。它们都是毛泽东把马克思主义普遍真理同中国革命的具体实际相结合，创造性地运用于中国并经实践证明是正确的关于中国革命和建设的理论结晶与经验总结，是马克思主义中国化的第一个里程碑。这里，我们先来讨论毛泽东关于新民主主义革命的理论。

新民主主义革命是指在帝国主义和无产阶级革命时代，殖民地半殖民地国家中的无产阶级领导的资产阶级民主革命。也许有人会问：新民主主义革命究竟新在何处呢？事实上，其所谓“新”，是相对于以辛亥革命为代表的由中国民族资产阶级领导的，旨在推翻封建专制主义压迫，确立资产阶级政治统治的旧民主主义革命。中国的新民主主义革命是从 1919 年五四运动开始的，它是无产阶级领导的，人民大众的，反对帝国主义、封建主义、官僚资本主义的革命。它的目标是无产阶级（通过中国共产党）掌握革命领导权，完成革命的任务，并及时实现由新民主主义向社会主义的过渡。

一、中国的新民主主义革命为什么必然发生

德国军事理论家克劳塞维茨在其名著《战争论》中曾提出“战争无非是政治通过另一种手段的继续……总是在某种政治形势下产生的”著名观点。马克思、恩格斯、列宁后来都对克劳塞维茨的这一观点大加赞赏，认为克劳塞维茨对战争或革命的理解并没有仅仅止步于其表面现象，而是看到了隐藏在战争或革命行为背后的动机和形势，看到了各种战争和革命爆发的必然性。显然，作为有着巨大进步意义的中国新民主主义革命的爆发不是少数英雄人物的主观想法，更不是上帝的神圣旨意，而是有其深刻的历史必然性。这种历史必然性深深地蕴藏在近代中国的基本国情和革命所面临的时代特征中。

1. 近代中国的国情

国情，简言之，是指一个国家在某一时期的基本情况和特点。我们要深刻地理解中国新民主主义革命爆发的必然性，就不能不准确地把握近代中国的基本国情。毛泽东在《中国革命和中国共产党》一文中强调：“认清中国社会的性质，就是说，认清中国的国情，乃是认清一切革命问题的基本的根据。”① 那么，近代中国的基本国情到底是什么呢？1840 年鸦片战争以来，帝国主义的不断入侵改变了中国社会的发展轨迹，使中国国情发生了两个根本性的变化：独立的中国逐渐沦为半殖民地的中国，封建的中国逐渐变为半封建的中国。因此，近代中国最基本的国情无疑是中国处于半殖民地半封建社会。

既然半殖民地半封建社会是近代中国最基本的国情，那么中国近代社会主要矛盾的演进以及中国近代革命主要任务的确定都必须紧紧围绕着它而不是脱离它，都必须以它为依据而不是以别的什么为依据，必须以它为前提而不是以别的什么为前提。具体而言，半殖民地半封建社会的基本国情决定了近代中国社会的主要矛盾是“帝国主义和中华民族的矛盾，封建主义和人民大众的矛盾……而帝国主义和中华民族的矛盾，乃是各种矛盾中的最主要的矛盾”②。半殖民地半封建社会的基本国情在决定近代中国社会主要矛盾的同时，又从根本上决定了近代中国革命的根本任务是推翻帝国主义、封建主义和官僚资本主义在中国的统治。

① 《毛泽东选集》，2 版，第 2 卷，633 页，北京，人民出版社，1991。

② 同上书，631 页。

有人或许会问：由近代中国基本国情所决定的主要矛盾中并没有包括官僚资本主义和人民群众之间的矛盾，那为什么推翻官僚资本主义却成为中国近代革命的根本任务之一呢？问题的答案恰恰又在于近代中国的基本国情。在半殖民地半封建社会，官僚资本主义因与帝国主义、封建主义在利益方面“共结连理”而不可避免地具有买办性、封建性、垄断性。反对官僚资本主义在很大程度上也就是反对帝国主义和封建主义本身。近代中国只有推翻帝国主义、封建主义和官僚资本主义的统治，才能从根本上推翻反动腐朽的政治上层建筑，从而变革阻碍生产力发展的生产关系，才能为建设繁荣、富强、民主的新中国扫清障碍，才能为确立并提高人民当家作主的政治地位创造必要的前提，才能为切实改善人民群众的生活条件提供有力的保障。

2. 中国近代革命的时代特征

伟大的无产阶级革命家列宁曾经指出：“只有了解了某一时代的基本特征，才能在这一基础上去考虑这个国家或那个国家的更具体的特点。”① 中国新民主主义革命之所以具有历史必然性，除了与近代中国所面临的基本国情密不可分以外，还与中国近代革命所面临的时代特征的变迁息息相关。

从鸦片战争到辛亥革命，中国人民在不同时期和不同程度上进行的反帝反封建的斗争仍只是属于旧民主主义革命的范畴。在旧民主主义革命时期，中国人民曾经进行过多次不屈不挠的英勇斗争，无数仁人志士苦苦探索救国救民的道路。这些斗争和探索，每一次都对推动中国社会进步产生了一定的影响，但每一次又都摆脱不了失败的命运。这些不触动封建根基的自强运动和改良主义、旧式的农民战争、资产阶级革命派领导的民主革命以及照搬西方资本主义的其他种种方案都不能完成反帝反封建的革命任务，都不能为中国找到真正的出路。黑夜漫漫，路在何方？

中国近代革命随着 1914 年第一次世界大战的爆发特别是 1917 年俄国十月社会主义革命的胜利发生了重大转折。俄国十月革命不仅促进了西方资本主义国家无产阶级的觉醒，而且促进了东方殖民地半殖民地国家被压迫民族和被压迫人民的觉醒，并且建立了一条从西方无产阶级经过俄国革命到东方被压迫民族的新的反对世界帝国主义的革命战线，使

① 《列宁全集》，中文 2 版，第 26 卷，143 页，北京，人民出版社，1988。

中国近代民主革命越来越成为世界无产阶级社会主义革命不可分割的重要组成部分。“十月革命帮助了全世界的也帮助了中国的先进分子，用无产阶级的宇宙观作为观察国家命运的工具，重新考虑自己的问题。走俄国人的路——这就是结论。”① 他们激情满怀地在中国大地上宣传马克思主义，并促进其与工人运动相结合。中国无产阶级的觉悟因此不断提高，逐渐由自在阶级变为自为阶级，并成为革命的领导阶级；马克思主义也战胜了形形色色的思潮，逐渐成为中国革命的指导思想。近代中国革命以五四运动为开端，进入了新民主主义革命阶段。

“没有革命的理论，就不会有革命的运动”②。随着新民主主义革命阶段的到来，新的革命理论的出现犹如划破黎明前黑夜的晨曦，不仅势不可当，而且将把象征着一切陈旧事物的幽灵无情地驱散。

二、新民主主义革命的性质和特点

关于新民主主义革命的性质和特点是什么的问题实质上就是对于新民主主义革命到底是什么样的革命的深入追问。这一问题的答案深刻地体现于毛泽东对新民主主义革命总路线，新民主主义革命的对象、动力、领导力量等问题的探索历程及其理论阐述中。

1. 新民主主义革命的总路线

总路线是相对于具体路线而言的根本指导路线。毛泽东对新民主主义革命总路线的完整把握和精确阐述，经历了一个不懈探索的过程。他在大革命时期就不仅对新民主主义革命的基本思想进行过比较系统的论证，而且对这个思想初步做出过概括性的表述。例如，他在 1925 年 11 月答复“对于目前内忧外患交迫的中国究竟抱何种主义”这个问题时指出：要“用无产阶级、小资产阶级及中产阶级左翼合作的国民革命，实行中国国民党之三民主义，以打倒帝国主义，打倒军阀，打倒买办、地主阶级（即与帝国主义、军阀有密切关系之中国大资产阶级及中产阶级右翼），实现无产阶级、小资产阶级及中产阶级左翼的联合统治，即革命民众的统治”③。抗日战争时期，他在《中国革命和中国共产党》一文中不仅第一次提出了“新民主主义革命”这个概念，而且把新民主主

① 《毛泽东选集》，2 版，第 4 卷，1471 页。

② 《列宁选集》，3 版，第 1 卷，153 页，北京，人民出版社，1995。

③ 《毛泽东文集》，第 1 卷，18～19 页，北京，人民出版社，1993。

义革命更简洁、更准确地概括为“在无产阶级领导之下的人民大众的反帝反封建的革命”[①]。解放战争时期，他在《在晋绥干部会议上的讲话》中对新民主主义革命总路线做出了最完整、最准确的阐述，即“无产阶级领导的，人民大众的，反对帝国主义、封建主义和官僚资本主义的革命，这就是中国的新民主主义的革命，这就是中国共产党在当前历史阶段的总路线和总政策”[②]。

中国共产党在新民主主义革命时期的总路线，是在总结新民主主义革命实践经验的基础上制定的，是对中国革命的对象、动力、领导力量、依靠力量和发展前途的科学指明，是对中国革命基本规律的集中体现和一般概括。

2. 新民主主义革命的对象、动力和领导力量

新民主主义革命的对象、动力和领导力量是新民主主义革命总路线的重要内容，是新民主主义革命本身不可或缺的基本要素，也是在很大程度上决定新民主主义革命走向和进程的重要条件。

(1) 新民主主义革命的对象。

分清革命的敌人和朋友是革命的基本前提。毛泽东在《中国社会各阶级的分析》一文的开篇就明确指出：“谁是我们的敌人？谁是我们的朋友？这个问题是革命的首要问题。中国过去一切革命斗争成效甚少，其基本原因就是因为不能团结真正的朋友，以攻击真正的敌人。”[③] 那么，近代中国革命的敌人到底是谁呢？这个问题在中国近代史上因为先进分子没有认清中国的国情或社会性质而成为一个长期都没有解决好的问题。“只有认清中国社会的性质，才能认清中国革命的对象”[④]。以毛泽东为代表的中国共产党人在正确把握中国国情或社会性质以及由此决定的中国社会的主要矛盾的基础上，使“谁是我们的敌人”这一问题真正得以解决，即近代中国革命的主要敌人不是别的，应该是而且只能是帝国主义、封建主义和官僚资本主义。

帝国主义是中国革命的首要对象，是中国人民第一个和最凶恶的敌人。第一，帝国主义的压迫直接阻碍了中国社会的进步。以 1927—

① 《毛泽东选集》，2 版，第 2 卷，647 页。

② 《毛泽东选集》，2 版，第 4 卷，1316～1317 页。

③ 《毛泽东选集》，2 版，第 1 卷，3 页，北京，人民出版社，1991。

④ 《毛泽东选集》，2 版，第 2 卷，633 页。

1937年为例，帝国主义在华除直接倾销商品以外，还通过掠夺性商业资本的输出控制了中国的经济命脉。在重工业方面，外国资本控制着煤产量的55.2%，新法采煤量的77.4%（1936年），冶铁工业的95%（1937年），石油工业的99%（1936年），发电量的77.1%（1936年），铁路总长度的88%（1936年），外洋航运和国内航运吨位的81.2%（1930年），航空的几乎全部，纱锭的48.2%（1936年及其前后），烟厂产值的63%以上（1935年）。抗战前夕，在中国的现代工业和运输业中，外国资本占到了71.6%。在银行方面，外国银行的资产也比华商银行多1/3。① 帝国主义对中国经济命脉的控制不仅威胁到中国经济的安全，而且造成了国民财富的急剧流失和民族工业的举步维艰。它是阻碍中国社会进步和发展的首要因素，是近代中国贫困落后和一切灾祸的总根源。第二，帝国主义是中国封建势力的靠山和支柱，阻碍中国民主革命的完成。党的六大明确指出："农村的封建关系之余孽，还有帝国主义压迫半殖民地的制度维系它。帝国主义维持中国军阀封建式的割据，利用官僚的收刮及政府的苛捐杂税的掠夺，外国商品便可以排斥'国货'，帝国主义并且更可以取得中国经济的最高权（关税管理，银行垄断，一切重工业，大商号等）。"帝国主义势力的干预更是中国近代封建军阀混战、社会动荡、民不聊生的罪魁祸首。推翻帝国主义的压迫无疑是中国走向独立和富强的前提。

封建主义是中国人民第二个和主要敌人。第一，封建主义是阻碍中国经济现代化的主要障碍。刘少奇在1950年6月所作的《关于土地改革问题的报告》中指出，旧中国的一般情况是：占乡村人口不到10%的地主和富农，占有70%～80%的土地，而占乡村人口90%以上的贫农、雇农、中农以及其他人民，却总共只占有20%～30%的土地。"这就是说，乡村中百分之九十的土地是中农、贫农及一部分雇农耕种的，但他们只对一部分土地有所有权，对大部分土地则没有所有权。"② 地主及富农在将土地租给农民后向后者征收沉重的地租。封建主义重压下的中国农村发展极为缓慢，占人口绝大多数的农民生活极端贫困，无力为中国经济的现代化提供必要的原料、购买力和市场。第二，封建主义是阻碍中国政治民主化的主要障碍。在近代中国，封建剥削制度是中国

① 参见沙健孙：《毛泽东思想通论》，127页，北京，人民出版社，2013。

② 《刘少奇选集》，下卷，33页，北京，人民出版社，1985。

官僚军阀推行专制政治的社会基础。无论是北洋军阀统治时期还是国民党统治时期，地主几乎完全控制着广大农村的基层政权，许多地主充当着各级政府的官吏，许多官吏在搜刮民脂民膏后购置田地，成为新兴地主。他们在各自的管辖区域实行着中世纪式的黑暗统治。毛泽东曾经深刻地指出："宗法封建性的土豪劣绅，不法地主阶级，是几千年专制政治的基础，帝国主义、军阀、贪官污吏的墙脚。打翻这个封建势力，乃是国民革命的真正目标。"① 第三，封建势力是帝国主义在华实行反动政策的"代言人"。为了既达到在华推行各种反动政策的目的，又取得掩人耳目的效果，帝国主义往往在华扶持军阀、地主等作为"代言人"。为了迎合帝国主义，也为了满足自身的贪欲，这些"代言人"利用封建剥削制度和国家专制机器变本加厉地剥削和压迫广大人民群众，在经济上、政治上、文化上极大地阻碍着中国社会的前进步伐。反对封建主义，从根本上说，就是要在经济上消灭封建剥削制度，在政治上消灭军阀的专制统治，消灭地主阶级，从而解放生产力，为中国的经济现代化和政治民主化创造条件。

官僚资本主义是中国人民第三个和重要敌人。什么是官僚资本主义呢？简言之，官僚资本主义是依靠帝国主义、勾结封建势力、利用国家政权力量而发展起来的买办的、封建的国家垄断资本主义。它为什么是革命的对象呢？这是因为它从事着一系列对经济和社会有危害的事情：第一，直接操纵着国民经济。例如，它利用已形成的金融垄断体系无限制地发行货币，造成恶性通货膨胀。"人民手中持有的货币也就由此一天比一天贬值，而且币值下跌的速度又远远地超过了通货膨胀的速度。"② 第二，从事大规模的商业投机活动。例如，官僚资本集团凭借贸易统治政策和专卖制度以低价甚至低于生产成本的价格进行收购，又以垄断价格加以出售，从而获取超额利润。第三，利用政权力量对工业实行垄断性掠夺。例如，1935 年，官僚资本在总资本中还只占 12%，民族资本仍占 88%，而到 1942 年，官僚资本在总资本中就已占到 69.58%，民族资本仅占到 30.42%。③ 毛泽东后来对官僚资本特点的总结性阐述也体现出官僚资本主义对经济和社会的巨大危害，即"蒋宋孔

---

① 《毛泽东选集》，2 版，第 1 卷，15 页。

② 沙健孙：《毛泽东思想通论》，137 页。

③ 参见上书，138 页。

陈四大家族，在他们当权的二十年中，已经集中了价值达一百万万至二百万万美元的巨大财产，垄断了全国的经济命脉。这个垄断资本，和国家政权结合在一起，成为国家垄断资本主义。这个垄断资本主义，同外国帝国主义、本国地主阶级和旧式富农密切地结合着，成为买办的封建的国家垄断资本主义。这就是蒋介石反动政权的经济基础"①。当然，新民主主义革命反对官僚资本主义并非因为它是资本主义，也并非反对一般资本主义，而是因为这种资本主义同外国帝国主义、本国地主阶级和旧式富农密切地结合着，具有买办性、封建性和垄断性等特点。官僚资本主义对广大劳动人民的残酷剥削和对民族工商业的巧取豪夺，严重地束缚了中国社会生产力的发展，因此也是中国革命的对象。

帝国主义、封建主义和官僚资本主义是压在中国人民头上的三座大山，是中国新民主主义革命的对象，那么它们在新民主主义整个阶段上是不是始终都是革命的对象呢？当然不是。历史的辩证法在承认历史发展的总体趋势或整体过程时，丝毫也不否认具体阶段因具体条件的改变而产生的差异性，反而是以此为前提。帝国主义、封建主义和官僚资本主义在总体上是中国新民主主义革命的对象，但在不同的具体的历史阶段可能只有其中一个或两个是革命的对象。例如，随着主要矛盾的变化，在国共合作的大革命时期，革命的主要对象是帝国主义支持下的北洋军阀；在土地革命战争时期，革命的主要对象是国民党新军阀；在抗日战争时期，革命的主要对象是日本帝国主义；在解放战争时期，革命的主要对象是美帝国主义支持下的国民党反动派。

（2）新民主主义革命的动力。

有革命的对象就必然有革命的主体或动力。新民主主义革命的主体或动力是谁呢？是广大的人民群众。是不是真正地相信人民群众、依靠人民群众，敢不敢充分发动人民群众，这是无产阶级领导的新民主主义革命和资产阶级领导的旧民主主义革命的主要区别之一。尽管人民群众的范围会随着客观条件的变化而在不同阶段有所差异，但其总体范围具有相对的稳定性，主要包括：工人阶级、农民阶级、城市小资产阶级和民族资产阶级。正如毛泽东所说的那样，"中国无产阶级、农民、知识

① 《毛泽东选集》，2版，第4卷，1253页。

分子和其他小资产阶级，乃是决定国家命运的基本势力”①。

无产阶级是中国在沦为半殖民地半封建社会的过程中，最早出现的一个新的社会阶级。它不但是伴随着中国民族工业的产生、发展而产生，而且是伴随着外国资本主义在中国直接经营企业而产生。早期的无产阶级主要为铁路、矿山、海运、纺织、造船五种产业的工人，虽然只有 200 万人，但因其分布集中、经济地位极端低下而最具革命性，是中国新民主主义革命最基本的动力。毛泽东在《中国社会各阶级的分析》一文中曾郑重强调：“工业无产阶级人数虽不多，却是中国新的生产力的代表者，是近代中国最进步的阶级，做了革命运动的领导力量。”②

在半殖民地半封建的中国，农民在革命中具有异常特殊的重要性。中国是一个农业大国，农业是国民经济的基础，农民占全国总人口的80%以上。农民既是帝国主义掠夺的对象，也是帝国主义统治中国的社会支柱——封建地主阶级——的直接压榨对象。正因为如此，农民不仅是中国革命反对帝国主义、封建主义和官僚资本主义的主力军，而且是无产阶级最可靠的同盟军。甚至可以说，农民问题是中国革命的基本问题，新民主主义革命实质上就是中国共产党领导下的农民革命，中国革命战争实质上就是党领导下的农民战争。工人阶级也只有与农民结成巩固的联盟，才能形成强大的力量，才能完成反帝反封建的革命任务。工人阶级也只有实现对农民的领导，才能真正实现革命的领导权。

小资产阶级主要是指自耕农、手工业主以及小知识阶层。经济地位的细微差别决定其在政治上可以被划分为左、中、右三派。“对于革命的态度，在平时各不相同；但到战时，即到革命潮流高涨、可以看得见胜利的曙光时，不但小资产阶级的左派参加革命，中派亦可参加革命，即右派分子受了无产阶级和小资产阶级左派的革命大潮所裹挟，也只得附和着革命。”③ 总体而言，小资产阶级受帝国主义、封建主义和官僚资本主义的压迫而日益走向破产和没落，成为中国革命的动力之一。

民族资产阶级在经济上代表中国城乡资本主义生产关系，与外资和封建势力具有千丝万缕的联系，并由此决定其政治上的矛盾态度，即他们在受外资打击、军阀压迫而感到痛苦时赞成革命，但在革命有无产阶

---

① 《毛泽东选集》，2 版，第 2 卷，674 页。

② 《毛泽东选集》，2 版，第 1 卷，8 页。

③ 同上书，6 页。

级勇猛参加而感到"欲达到大资产阶级的地位"受到威胁时又怀疑革命。民族资产阶级的两面性决定了他们在一定时期中和一定程度上能够参加反帝反封建的革命，而在另一时期又会跟在官僚资产阶级后面反对革命。因此，他们虽然也是新民主主义革命的动力之一，但既不能充当革命的主要力量，更不可能是革命的领导力量。中国共产党对民族资产阶级的正确策略是：在经济上实行保护民族工商业的政策，在政治上争取他们，对其动摇性和妥协性进行批评和斗争，即采取既联合又斗争的政策。

（3）新民主主义革命的领导力量。

民主革命的领导权应由谁掌握？是由资产阶级掌握还是由无产阶级掌握？这是新旧民主主义革命的主要区别点。"这一点，直接决定着这个革命能否具有彻底性，能否具有广大的群众性的规模，决定着这个革命能否胜利，以及这个胜利能否成为人民的胜利。"①

显然，新民主主义革命的领导权应当是而且只能是属于无产阶级及其政党。为什么呢？第一，在帝国主义和无产阶级革命时代，由资产阶级领导中国走资本主义发展道路是帝国主义势力绝不允许的；第二，在半殖民地半封建的中国，异常软弱的民族资产阶级没有能力领导人民取得反帝反封建革命的胜利；第三，中国无产阶级由于自身的不断成长和俄国革命的影响已经迅速成为一支觉悟了的独立的政治力量，能够担当起领导民主革命的重任。毛泽东指出："离开了工人阶级的领导，要完成反帝反封建的民主革命是不可能的。"② 无产阶级及其政党的领导，是中国革命取得胜利的根本保证。新民主主义革命不能由任何别的阶级和任何别的政党充当领导者，只能和必须由无产阶级及其政党充当领导者。

当然，无产阶级及其政党对中国革命的领导权不是自然而然得来的，其实现是有条件的。第一，它是在与资产阶级争夺领导权的斗争中实现的。毛泽东指出："领导的阶级和政党，要实现自己对于被领导的阶级、阶层、政党和人民团体的领导，必须具备两个条件：（甲）率领被领导者（同盟者）向着共同敌人作坚决的斗争，并取得胜利；（乙）对被领导者给以物质福利，至少不损害其利益，同时对被领导者给以政

---

① 沙健孙：《毛泽东思想通论》，106 页。

② 《毛泽东选集》，2 版，第 2 卷，559 页。

治教育。没有这两个条件或两个条件缺一，就不能实现领导。”[①] 第二，它是在建立以工农联盟为基础的统一战线中实现的。无产阶级及其政党实现对各革命阶级的领导，必须建立以工农联盟为基础的广泛的统一战线，这是实现领导权的关键。中国的新民主主义革命，实质上就是无产阶级领导下的农民革命。没有农民参与革命和成为被领导者，无产阶级及其政党要实现领导权是不可想象的。第三，它是在建立强大的人民革命武装中实现的。建立一支无产阶级领导的以农民为主体的强大的革命武装，是保证和实现领导权的坚强支柱。

总之，无产阶级的领导权是中国革命的中心问题，也是新民主主义革命理论的核心问题。无产阶级革命领导权问题的解决是新民主主义革命最终取得胜利的重要保证。

3. 新民主主义革命的性质和前途

中国新民主主义革命是一种什么性质的革命呢？它是一种资产阶级民主主义革命，还是一种新的无产阶级社会主义革命？对此，毛泽东在《中国革命和中国共产党》一文中明确地指出：“显然地，不是后者，而是前者。”[②] 这一结论或者做出这一回答并不是毛泽东主观臆断的产物，而是他对近代中国半殖民地半封建社会的性质和中国革命的历史任务进行深入分析、准确把握后的结果。他在《中国革命和中国共产党》一文中接着指出：既然中国社会还是一个半殖民地半封建社会，既然中国革命的敌人还是帝国主义、封建主义和官僚资本主义，既然革命的任务就是推翻它们在中国的统治，有时还有资产阶级参加，即使大资产阶级背叛革命或成为革命的敌人，革命的锋芒也不是向着一般的资本主义和资本主义的私有财产，“既然如此，所以，现阶段中国革命的性质，不是无产阶级社会主义的，而是资产阶级民主主义的”[③]。现阶段的革命不是无产阶级社会主义革命，那它是不是还在原地踏步，仍然是旧民主主义革命呢？答案显然是否定的。“现时中国的资产阶级民主主义的革命，已不是旧式的一般的资产阶级民主主义的革命，这种革命已经过时了，而是新式的特殊的资产阶级民主主义的革命”[④]。这种新民主主义革命与旧民主主义革命在内容和特点方面有明显的区别，例如，中国新民主

① 《毛泽东选集》，2 版，第 4 卷，1273 页。

② 《毛泽东选集》，2 版，第 2 卷，646 页。

③④ 同上书，647 页。

主义革命已经属于世界无产阶级社会主义革命的时代，而不是像旧民主主义革命那样属于世界资产阶级革命时代；中国新民主主义革命的领导力量是中国无产阶级及其先锋队——中国共产党，而不是像旧民主主义革命那样是资产阶级；中国新民主主义革命的指导思想是马克思列宁主义，而是不像旧民主主义革命那样是三民主义或别的什么主义；等等。

新民主主义革命不属于旧民主主义革命，又区别于无产阶级社会主义革命，那它的前途是什么呢？答案显然是无产阶级社会主义革命。新民主主义革命与无产阶级社会主义革命是相互联系、紧密衔接的，中间不容横插一个资产阶级专政。“民主主义革命是社会主义革命的必要准备，社会主义革命是民主主义革命的必然趋势。”① 对此，毛泽东把新民主主义革命和社会主义革命形象地比喻为文章的上篇和下篇。他说：“两篇文章，上篇与下篇，只有上篇做好，下篇才能做好。坚决地领导民主革命，是争取社会主义胜利的条件。”② 在党的历史上，无论是“左”倾教条主义的“一次革命论”，还是右的“二次革命论”，都因只看到新民主主义革命与社会主义革命关系的一端——要么只看到二者的联系而忽略二者的区别，要么只看到二者的区别而忽略二者的联系——而使中国革命遭受了严重损失。事实一再证明：党只有认清新民主主义革命和社会主义革命的区别，同时又认清二者之间的联系，才能正确地认识和领导中国革命。

4. 新民主主义的政治纲领、经济纲领和文化纲领

一个政党的纲领，是一个政党公开宣示的它的基本目标和基本政策的总和，是党公开竖立起来的一面旗帜，是表明党的性质的重要标志。毛泽东在1940年所写的《新民主主义论》中对新民主主义的政治、经济和文化进行了较系统的阐述。1945年，他在党的七大所作的《论联合政府》的政治报告中，进一步把新民主主义的政治、经济和文化与党的基本纲领联系起来，进行了具体阐述。新民主主义基本纲领是新民主主义革命总路线的具体展开和体现，为新民主主义革命指明了具体奋斗目标。

（1）新民主主义的政治纲领。

列宁曾经指出：“一切革命的根本问题是国家政权问题。不弄清这

---

① 《毛泽东选集》，2版，第2卷，651页。

② 《毛泽东选集》，2版，第1卷，276页。

个问题，便谈不上自觉地参加革命，更不用说领导革命。”① 国家政权问题也一直是以毛泽东为代表的中国共产党人在新民主主义革命时期关注的焦点。那么，中国人民在推翻帝国主义、封建主义和官僚资本主义后应当建立一种什么样的国家政权呢？综观“全世界多种多样的国家体制中，按其政权的阶级性质来划分，基本地不外乎这三种：（甲）资产阶级专政的共和国；（乙）无产阶级专政的共和国；（丙）几个革命阶级联合专政的共和国”②。对于当时的中国来说，建立资产阶级共和国是不可能的，建立无产阶级共和国的条件还不够成熟，只能是“建立一个以全国绝对大多数人民为基础而在工人阶级领导之下的统一战线的民主联盟的国家制度，我们把这样的国家制度称之为新民主主义的国家制度”③。简言之，中国新民主主义革命在推翻帝国主义、封建主义和官僚资本主义后，将建立一个无产阶级领导的、以工农联盟为基础的、各革命阶级联合专政的新民主主义的共和国。这从根本上说是由中国社会的性质决定的。半殖民地半封建的社会性质决定了中国革命的历史进程必须分两步走，第一步是建立新民主主义共和国，无产阶级专政的共和国是将来才能实现的目标。新民主主义共和国所采取的国家政权形式（国体）是几个革命阶级的联合专政，与此相适应，新民主主义国家的政体是实行民主集中制的人民代表大会制度。新民主主义国家的国体决定了人民当家作主，由人民行使管理国家的一切权力，这是新民主主义国家制度的核心内容和基本准则，而人民代表大会制度能够最直接、最全面地体现这一核心内容和基本准则。

（2）新民主主义的经济纲领。

新民主主义的经济纲领是新民主主义国家在其内部经济关系上的具体表现，是实现新民主主义政治目标的必要基础。在继《新民主主义论》之后，毛泽东在《目前形势和我们的任务》一文中对新民主主义的经济纲领进一步做了完整、准确、简洁的概括，即“没收封建阶级的土地归农民所有，没收蒋介石、宋子文、孔祥熙、陈立夫为首的垄断资本归新民主主义的国家所有，保护民族工商业”④。

---

① 《列宁选集》，3版，第3卷，19页，北京，人民出版社，1995。

② 《毛泽东选集》，2版，第2卷，675页。

③ 《毛泽东选集》，2版，第3卷，1056页。

④ 《毛泽东选集》，2版，第4卷，1253页。

“没收封建阶级的土地归农民所有”是新民主主义革命的中心内容。在半殖民地半封建社会中，占优势的封建地主阶级土地制度是中国封建式的军阀官僚专制统治得以形成的基础，是中国实现经济现代化和政治民主化的主要的和直接的障碍，是造成农村生产力发展缓慢和农民贫困的根本性因素。新民主主义革命实质上是一场土地革命。党在新民主主义革命时期，逐渐认识到土地革命的极端重要性，形成了土地革命路线，即依靠贫雇农，团结中农，有步骤、有分别地消灭封建剥削关系，发展农业生产。

“没收官僚资本归新民主主义国家所有”是新民主主义革命的题中应有之义。反对官僚资本主义并非因为它是资本主义，而是因为这种资本主义同帝国主义、封建势力联系紧密，是一种买办的、封建的国家垄断资本主义。它的存在给经济和社会的进步造成了严重的危害。没收官僚资本包含着新民主主义革命和社会主义革命的双重性质。具有社会主义性质的国营经济就是在没收官僚资本的基础上建立起来的。它在新民主主义社会的多种经济成分中居于领导地位，为建立新民主主义的国家政权，实现向社会主义的过渡奠定了经济基础。

“保护民族工商业”是新民主主义经济纲领中极具特色的一项内容。保护民族工商业归根到底是由新民主主义革命的性质和中国落后的生产力决定的。新民主主义反对官僚资本主义，而不是反对一般的资本主义和资产阶级。与官僚资产阶级相比，民族资产阶级与帝国主义、封建主义联系较少。民族资本主义经济是一种与新生产力相联系的先进的生产方式和经济成分，对发展现代技术、发展社会生产力具有积极作用。正如毛泽东所指出的那样：“拿资本主义的某种发展去代替外国帝国主义和本国封建主义的压迫，不但是一个进步，而且是一个不可避免的过程，它不但有利于资产阶级，同时也有利于无产阶级，或者说更有利于无产阶级。”①

（3）新民主主义的文化纲领。

毛泽东指出，“一定的文化（当作观念形态的文化）是一定社会的政治和经济的反映，又给予伟大影响和作用于一定社会的政治和经济”②。新民主主义的政治和经济必须要有与之相适应的新民主主义文

① 《毛泽东选集》，2版，第3卷，1060页。

② 《毛泽东选集》，2版，第2卷，663～664页。

化。新民主主义文化纲领是新民主主义理论的重要组成部分，是新民主主义政治和经济在观念上的反映。新民主主义的革命任务和经济状况从根本上决定了新民主主义文化不是别的什么文化，而是无产阶级领导的人民大众的反帝反封建的文化，即民族的科学的大众的文化。

新民主主义文化是民族的。在内容方面，“它是反对帝国主义压迫，主张中华民族的尊严和独立的”①，是“反帝、反抗民族压迫，主张民族独立与解放，提倡民族的自信心”② 的文化。中国人民正在进行反帝的民族革命，新文化应当弘扬爱国主义，帮助人民形成反帝斗争的自觉性和坚定性；由于中国是一个经济文化落后的半殖民地国家，长期受帝国主义列强的政治压迫、经济剥削和精神奴役，新文化应当弘扬民族精神，帮助中国人民增强民族自尊心和自信心。在形式方面，它具有鲜明的民族风格、民族形式和民族特色。事实上，只有采取适合中国民族的实际和特点的形式，才能使新文化的内容为中国人民所理解和接受，才能使新文化扎根于中国的土地而得以生长和繁荣起来。

新民主主义文化是科学的。“它是反对一切封建思想和迷信思想，主张实事求是，主张客观真理，主张理论和实践一致的”③，是一种“反对武断、迷信、愚昧、无知，拥护科学真理，把真理当做自己实践的指南，提倡真能把握真理的科学与科学思想，养成科学的生活与科学的工作方法的文化”④。中国两千多年的封建文化使等级观念、宗教迷信等现象在人民群众中的影响根深蒂固。新文化只有提倡科学，反对封建思想和迷信思想，才能启发人民的觉悟，才能使他们获得个性解放，才能使他们逐步摆脱愚昧状态，从而过上健康向上的生活。

新民主主义文化是大众的。它是“为全民族中百分之九十以上的工农劳苦民众服务”⑤ 的文化，是一种“反对拥护少数特权者压迫剥削大多数人、愚弄欺骗大多数人、使大多数人永远陷于黑暗与痛苦的贵族的特权者的文化，而主张代表大多数人民利益的、大众的、平民的文化”⑥。毛泽东指出：“最广大的人民，占全人口百分之九十以上的人

---

① 《毛泽东选集》，2 版，第 2 卷，706 页。

② 《张闻天选集》，252 页，北京，人民出版社，1985。

③ 《毛泽东选集》，2 版，第 2 卷，707 页。

④ 《张闻天选集》，252 页。

⑤ 《毛泽东选集》，2 版，第 2 卷，708 页。

⑥ 《张闻天选集》，253 页。

民，是工人、农民、兵士和城市小资产阶级。”① 那么，新民主主义文化就应该是这四类人的文化，就应该是为这四类人服务的文化。

三、新民主主义革命的基本规律

规律是指事物现象之间的内在的必然联系。它决定着事物发展的必然趋势。新民主主义革命的基本规律是指导新民主主义革命走向胜利的内在的必然联系，其主要包括革命道路理论和三大法宝。

1. 中国革命道路理论的主要内容及意义

在一个以农民为主体的半殖民地半封建的国度里进行革命，应该选择什么样的道路，这是中国共产党在领导中国革命的过程中面对的和必须回答的重大问题。以毛泽东为主要代表的中国共产党人把马克思主义基本原理与中国革命的具体实际相结合，走出了一条不同于俄国十月革命的道路，即农村包围城市、武装夺取政权的革命道路。

（1）对中国革命道路的艰难探索。

道路决定命运，而一条正确的革命道路往往来之不易，是革命者持续探索和反复验证的结晶。在半殖民地半封建社会背景下开辟的新民主主义革命道路更是来之艰辛，弥足珍贵。

马克思主义历来认为，“随着当前社会局势的变化，**必然**会出现新的、为这个时期的活动家所不知道的斗争形式”②。中国共产党在成立初期还不够成熟，还不能很好地将马列主义普遍真理同中国革命的具体实际相结合。这在革命道路的选择上就表现为：首先把工作重心放在城市，领导工人阶级开展工人运动，扩大党的阶级基础，而对于发动农民参加革命、建立农村革命根据地的重要性缺乏足够的认识。1927 年，轰轰烈烈的大革命失败后，党的工作重心开始向农村转移，特别是毛泽东在进攻长沙的计划受挫的情况下毅然命令队伍向敌人统治力量薄弱的农村地区进发并在随后创立的中国革命第一块根据地——井冈山革命根据地——正式拉开了党在农村工作的序幕。毛泽东一面领导队伍建立井冈山革命根据地，一面潜心研究中国革命道路的理论。1928 年 10 月和 11 月，毛泽东在《中国的红色政权为什么能够存在?》和《井冈山的斗争》等文章中，科学分析了处于白色政权包围下的农村革命根据地政权

① 《毛泽东选集》，2 版，第 3 卷，855 页。

② 《列宁选集》，3 版，第 1 卷，689 页。

发生、发展的原因和条件，提出了“工农武装割据”的思想，即以武装斗争为主要斗争形式，以土地革命为中心内容，以农村革命根据地为依托的、密不可分的、统一的整体。这一思想的提出，为农村包围城市道路理论的形成奠定了坚实的基础。1930年1月，毛泽东在《星星之火，可以燎原》一文中回答当时党内因对时局估量过于悲观而提出的“红旗到底打得多久”的疑问时，初步形成了以乡村为中心、先在农村建立和发展红色政权，待条件成熟时再夺取全国政权的思想。红军长征后，毛泽东在深入分析近代中国国情的基础上，进一步丰富了农村包围城市的整体战略思想。他在1938年11月写成的《战争和战略问题》一文中明确指出：“共产党的任务，基本地不是经过长期合法斗争以进入起义和战争，也不是先占城市后取乡村，而是走相反的道路。”[①] 这是毛泽东对新民主主义革命道路最完整也是最简洁的表述。从此，党把“经过长期武装斗争，先占乡村，后取城市，最后夺取全国政权”作为新民主主义革命道路正式确立下来。

（2）农村包围城市、武装夺取政权道路的依据及内容。

农村包围城市、武装夺取政权的革命道路的开辟绝不是毛泽东教条式地践行马列主义的结果，也不是毛泽东对中国革命主观臆断的结果，而是他把马列主义普遍真理同中国革命的具体实践科学结合的结果，其产生具有坚实、充分的依据。

第一，中国革命必须走农村包围城市、武装夺取政权的道路是由中国基本国情决定的。首先，在半殖民地半封建社会里，中国内无民主制度而受封建主义压迫，外无民族独立而受帝国主义欺凌。这就决定了中国无产阶级根本不可能像资本主义国家的无产阶级那样，先在城市经过公开的、长期的合法斗争，然后在时机成熟时组织武装起义以夺取政权，而只能是在面临各类敌人势力之强大、思想之顽固、手段之残忍以及人民群众权利之缺乏的情况下采取武装斗争，以革命的武装消灭反革命的武装。其次，中国是个半殖民地半封建的农业大国，农村人口长期占总人口的80%以上。这一特点决定了无产阶级及其政党必须将工作重心放在农村，实行土地革命，解决农民的土地问题，在农村长期积蓄和锻炼自己的力量，把农村建设成先进的、巩固的革命根据地，不仅以

① 《毛泽东选集》，2版，第2卷，542页。

此与占据着中心城市的敌人进行长期有效的斗争，而且最终以农村包围城市，逐步夺取城市，取得革命的最后胜利。

第二，中国革命必须走农村包围城市、武装夺取政权的道路是由中国政治、经济、文化发展极不平衡的大国现状决定的。毛泽东曾经指出："中国是一个大国——'东方不亮西方亮，黑了南方有北方'，不愁没有回旋的余地。"[①] 同时，近代中国又是一个政治、经济、文化发展极不平衡的大国。这使得中国不存在统一的资本主义经济，广泛存在的只是自然经济。自给自足的自然经济为无产阶级及其政党在农村建立革命根据地提供了坚实的物质基础。政治、经济、文化发展极不平衡的现状使广大农村成为反革命统治的薄弱环节，再加上军阀割据的局面和连年不断的军阀混战的影响，红色政权就获得存在和发展的诸多"缝隙"。这无疑是农村革命根据地能够在中国存在和发展的根本原因。加之全国革命形势继续向前发展的有利客观条件以及有相当力量正式红军的存在、党的领导及其正确的政策等有利的主观条件，红色政权不仅能在农村生存，还能在农村发展壮大。

当然，农村包围城市、武装夺取政权的道路得以开辟是一回事，而真正在这一道路上取得革命最终胜利又是另一回事。要想在这一道路上取得革命最终胜利还需要无产阶级及其政党采取一系列正确的措施，处理好各类关系。无产阶级及其政党尤其要处理好土地革命、武装斗争、根据地建设三者之间的关系，因为土地革命是民主革命的中心内容；武装斗争是中国革命的主要形式，是农村革命根据地建设和土地革命的强有力保证；农村革命根据地是中国革命的战略阵地，是进行武装斗争和开展土地革命的依托。

（3）中国革命道路理论的意义。

农村包围城市、武装夺取政权的道路无疑是适合中国新民主主义革命的最好的道路，是被实践所证明的唯一正确的道路，其成功开辟无疑具有伟大的意义。

第一，中国革命道路理论，解决了在一个以农民为主体的、落后的半殖民地半封建的东方大国里进行革命的一系列理论问题，指导新民主主义革命取得了伟大胜利，为实现由新民主主义向社会主义的转变、建

① 《毛泽东选集》，2版，第1卷，189页。

立社会主义制度创造了条件，为实现国家繁荣富强和人民共同富裕扫清了障碍，创造了必要的前提。

第二，中国革命道路理论，丰富和发展了马克思主义的学说，为殖民地半殖民地国家的人民革命斗争提供了重要经验。马克思主义认为，无产阶级革命的中心任务和最高形式是武装夺取政权。如何把马克思主义的普遍真理与中国的具体实际相结合是摆在中国共产党人面前的一项艰巨而紧迫的任务。以毛泽东为代表的中国共产党人勇敢地接受了这一挑战，并且做出了正确的判断，揭示了中国革命发展的规律，并用其指导中国革命取得了最后的胜利。

第三，中国革命道路理论，是马克思主义普遍真理与中国革命具体实际相结合的光辉典范，是毛泽东思想形成的重要标志。毛泽东说："我们要把马、恩、列、斯的方法用到中国来，在中国创造出一些新的东西。只有一般的理论，不用于中国的实际，打不得敌人。但如果把理论用到实际上去，用马克思主义的立场、方法来解决中国问题，创造些新的东西，这样就用得了。"① 邓小平后来也指出，"马克思、列宁从来没有说过农村包围城市，这个原理在当时世界上还是没有的。但是毛泽东同志根据中国的具体条件指明了革命的具体道路"②。革命道路理论是毛泽东对马克思主义革命道路理论和世界革命道路理论的全新创造，是毛泽东思想中带有根本性的重大理论之一。

2. 新民主主义革命的三大法宝及其相互关系

毛泽东在《〈共产党人〉发刊词》一文中基于对中国革命两次胜利和两次失败的经验教训的认真总结，科学地揭示了中国革命发展的另一客观规律，即"统一战线，武装斗争，党的建设，是中国共产党在中国革命中战胜敌人的三个法宝，三个主要的法宝"③。

（1）革命统一战线的建立及其主要经验。

"中国社会是一个两头小中间大的社会，无产阶级和地主大资产阶级都只占少数，最广大的人民是农民、城市小资产阶级以及其他的中间阶级。"④ 无产阶级尽管革命性很强，是一个最有觉悟最有组织的阶级，

① 《毛泽东文集》，第2卷，408页，北京，人民出版社，1993。
② 《邓小平文选》，2版，第2卷，126页。
③ 《毛泽东选集》，2版，第2卷，606页。
④ 《毛泽东选集》，2版，第3卷，808页。

但它的人数毕竟较少；地主大资产阶级虽然人数也不多，但它毕竟有全国性的政权，有帝国主义的支持，因而仍然是比较强大的。无产阶级要战胜强大的地主大资产阶级，就必须同农民、城市小资产阶级以及其他中间阶级结成最广泛的统一战线。而且，中国是一个半殖民地半封建国家，广大人民群众长期处于帝国主义、封建主义压迫的深重灾难之中。这一历史条件决定了无产阶级拥有广泛的同盟军，可以把一切爱国的、不甘心受压迫的人团结在自己周围以形成最广泛的革命统一战线。

随着革命的形势以及革命主要敌人的变化，统一战线的内容和特点也有所不同。例如，土地革命时期形成的是“以反对国民党反动派的统治为目的，包括工人阶级、劳动农民和贫苦的城市小资产阶级在内的统一战线”；抗日战争时期形成的是“以打倒日本帝国主义为目的，包括工人阶级、农民阶级、城市小资产阶级、民族资产阶级、海外华侨以及除汉奸、投降派以外的地主家阶级和亲英美的官僚买办资产阶级在内的统一战线”；解放战争时期形成的是“以推翻国民党反动统治为目的，包括工人、农民、城市小资产阶级、民族资产阶级、开明绅士、其他爱国分子、少数民族和海外华侨在内的统一战线”。但总体而言，中国共产党建立并领导的革命统一战线主要包括两个联盟：一个是工人阶级同农民阶级、广大知识分子及其他劳动者的联盟，主要是工农联盟；另一个是工人阶级和非劳动人民的联盟，主要是与民族资产阶级的联盟。在这两个联盟中，第一个联盟是统一战线的基础和依靠，只有巩固的工农联盟，才能实现党对统一战线的领导权；第二个联盟也非常重要，只有联合一切可以联合的力量，壮大自己，孤立主要的敌人，才能巩固和发展统一战线。

那么，中国共产党在建立并巩固革命统一战线的过程中主要得出了哪些经验呢？概而言之，主要包括三点：第一，坚持党在统一战线中的领导权，这是建立和巩固统一战线的根本保证；第二，以工农联盟为基础，扩大非劳动人民的联盟；第三，对资产阶级实行又联合又斗争的政策。

（2）武装斗争是中国革命的主要斗争形式。

武装斗争是中国革命的特点和优点之一。与资本主义国家不同，在半殖民地半封建的旧中国，帝国主义和封建主义总是凭借着反革命暴力对革命人民实行残暴的镇压。无产阶级和广大人民群众无议会可以利用，无组织工人举行罢工的合法权利。革命人民只有武装起来，以武装的革命反对武装的反革命。中国革命的胜利也主要是依靠中国共产党所领导的与广大人民群众血肉相连的完全新型的人民军队通过长期人民战争战胜强大敌人取得的。正如毛泽东所指出的那样，“在中国，离开了武装斗争，就没有无产阶级的地位，就没有人民的地位，就没有共产党的地位，就没有革命的胜利”①。

那么，这支军队以及武装斗争有什么新的特征呢？一般而言，其新特征主要体现在军队的领导方式和军队的组织两个方面。第一，这支军队是在中国共产党的绝对领导下的人民军队。坚持党对军队的绝对领导，是建设新型人民军队的根本原则，是保持人民军队无产阶级性质和建军宗旨的根本前提，也是毛泽东建军思想的核心。第二，这支军队是以全心全意为人民服务为唯一宗旨的军队。坚持全心全意为人民服务的宗旨，是建设新型人民军队的基本前提，也是人民军队一切行动的根本准则和一切工作的出发点和归宿。它集中体现了人民军队的本质，是人民军队立于不败之地的根本所在。

（3）党的建设的主要内容和基本经验。

中国共产党作为中国无产阶级的先锋队，作为中国新民主主义革命的领导力量，其自身建设的重要性是不言而喻的，甚至可以说，中国共产党能否根据各革命阶段任务的变化与时俱进地增强对革命的领导能力将关乎新民主主义革命各阶段及最终的成败。

中国共产党在新民主主义革命不同时期从不同方面不断推动着自身的建设。总体而言，其主要内容或者说基本经验主要包括：第一，始终把党的思想建设放在首位。毛泽东针对各种非无产阶级思想在一段时间里盛行于党内明确指出：“有许多党员，在组织上入了党，思想上并没有完全入党，甚至完全没有入党。”② 这种长期存在的情况决定了要建设一个广大群众性的、马克思主义的无产阶级政党，是一项艰巨的任务，必须时刻重视党的思想建设。第二，重视以民主集中制为主要原则的组织建设。民主集中制是党的根本的组织原则，是党的领导干部同广大党员群众相结合的制度。“党内民主集中制的正确执行，是保障党内

---

① 《毛泽东文集》，第2卷，610页。

② 《毛泽东选集》，2版，第3卷，875页。

团结和统一最必要的条件。”① 第三，更加重视党的作风建设。党在领导新民主主义革命过程中，逐步形成了理论和实践相结合的作风、和人民群众紧密地联系在一起的作风以及自我批评的作风等。这些都是中国共产党区别于其他任何政党的显著标志。第四，注重把党的建设同党的政治路线紧密联系起来。党在新民主主义革命时期使党的建设与革命的政治任务紧密结合，以党的政治任务来推动党的建设，用党的建设来推动政治任务的完成，不仅使党越来越壮大、越来越成熟，而且使各革命阶段的任务都得以顺利完成。这些党建的主要内容和宝贵经验就是在今天也仍然具有极大的启示意义和借鉴价值。

毛泽东在 1949 年写的《论人民民主专政》一文中指出：“一个有纪律的，有马克思列宁主义的理论武装的，采取自我批评方法的，联系人民群众的党。一个由这样的党领导的军队。一个由这样的党领导的各革命阶级各革命派别的统一战线。这三件是我们战胜敌人的主要武器。这些都是我们区别于前人的。依靠这三件，使我们取得了基本的胜利。”② 统一战线、武装斗争、党的建设，这三大法宝不仅是新民主主义革命取得胜利的关键和新民主主义革命理论的重要组成，而且是马克思主义中国化的宝贵成果，更是对马克思主义的创造性发展、理论性丰富和实践性运用。

第二节 毛泽东建设中国社会主义的最初探索

毛泽东根据近代中国半殖民地半封建社会这一特殊国情，将中国革命过程形象地比喻为文章的“上篇”和“下篇”，也就是说中国革命要分两步走，第一步是进行新民主主义革命，终结半殖民地半封建社会形态，建立一个新民主主义国家（上篇）；第二步是进行社会主义革命，实现从新民主主义向社会主义的转变，建立一个社会主义国家（下篇）。文章的“上篇”已经做好，即在新民主主义革命理论的指导下，中国共产党领导中国人民取得了新民主主义革命的伟大胜利，建立了中华人民共和国，我们进入了一个新民主主义的社会。那么，“下篇”如何开始

① 《刘少奇论党的建设》，175 页，北京，中央文献出版社，1991。

② 《毛泽东选集》，2 版，第 4 卷，1480 页。

呢？新中国成立后我们进入的新民主主义社会到底是一个什么样的社会，它的性质和特点是什么呢？在此基础上我们又该如何“谋篇布局”呢？以毛泽东为代表的中国共产党人对这些问题进行了及时、持续的探索，取得了重大的成果。

一、新民主主义建设的巨大成就

1949年10月1日，中华人民共和国宣告成立，这标志着占世界人口四分之一的东方大国开始迈向社会主义社会，这是世界社会主义运动史上一个历史性的伟大胜利。但需要特别指出的是，它首先是新民主主义革命的胜利。从新中国成立到1956年社会主义改造完成的这一历史时期，实际上是我国由新民主主义社会向社会主义社会的“过渡时期”，我们也把这一时期称为“新民主主义社会”。但一定要特别注意的是，新民主主义社会虽然是一个过渡性质的社会，却不是一个独立的社会形态，它在本质上标志着我国社会主义革命的开始。在我国新民主主义社会中，社会主义的因素不论是在经济上还是在政治上都已经居于领导地位，但非社会主义因素仍有很大比重。在新民主主义社会中，存在着五种经济成分，即社会主义性质的国营经济、半社会主义性质的合作社经济、农民和手工业者的个体经济、私人资本主义经济和国家资本主义经济。新民主主义社会的发展前途必然是社会主义。因此，如果没有社会主义经济因素和政治因素的不断积累与壮大，就不可能实现由新民主主义向社会主义的转变。

新中国成立以后，我国积极恢复和发展国民经济，在新民主主义建设过程中取得了巨大成就，为新民主主义社会向社会主义社会转变准备了条件。

第一，马列主义、毛泽东思想在社会政治生活中的指导思想地位的确立，先进的无产阶级政党的领导作用和人民民主专政的国家政权，是中国向社会主义转变的思想政治保证。新中国成立后，党成为新民主主义事业的领导核心，党领导的工农联盟是新民主主义国家人民民主专政的基础。党较早地进行了思想文化方面的社会主义改造工作，把学习宣传马克思主义、毛泽东思想看作确立新民主主义及以后的社会主义意识形态的主导地位的中心环节，确保了马列主义、毛泽东思想在社会政治生活中的指导思想地位得到进一步巩固。毛泽东在总结中国革命的历史经验时指出："中国自有科学的共产主义以来，人们的眼界是提高了，中国革命也改变了面目。中国的民主革命，没有共产主义去指导是决不能成功的，更不必说革命的后一阶段了。"① 同时，作为一种过渡形式的各级人民代表会议的普遍召开，使人民民主的国家政权获得了日益巩固的群众基础，并为正式实行人民代表大会制度创造了条件。

第二，近代中国资本主义经济及现代工业的初步发展，是中国向社会主义转变的物质基础；社会主义国营经济逐渐壮大并掌握国家经济命脉是转变到社会主义的经济条件。新中国成立前后，通过对新民主主义三大经济纲领的实施，新民主主义的经济结构发生了变化。旧中国依附于帝国主义，占全国工业资本总额 2/3 左右，占工业、交通运输业固定资产总额 80％左右的官僚资本，经过民主改革和生产改革，成为具有社会主义性质的、起决定作用的国营资本，壮大了国营经济。与此同时，中国共产党严格执行对资本主义工商业的利用、限制政策，大力扶持有利于国计民生的私营工商业，私人资本主义经济在国营经济领导下，分工合作，各得其所。1951 年，全国私营工业总产值和私营商业零售额比 1950 年分别增加了 39％和 36.6％，民族资本主义经济得到了前所未有的发展。这些都为转变到社会主义创造了经济条件。

第三，第二次世界大战后世界社会主义运动的勃兴，苏联社会主义建设取得的伟大成就及其对新中国的热情支援，是影响中国向社会主义转变的有利的国际因素。第二次世界大战以后，一些落后的国家和民族通过艰苦斗争获得了民族独立和解放，陆续走上了社会主义道路。世界社会主义运动的蓬勃兴起，苏联社会主义建设取得的伟大成就及其表现出的社会主义制度的优越性，强烈地吸引着中国人民。新中国成立后，正处在社会主义和资本主义两大阵营的尖锐对立中，以美国为首的帝国主义国家纷纷对中国采取敌视政策，政治上不予承认，经济上封锁禁运，军事上进行挑衅，外交上实行恫吓，企图把新生的中国扼杀在摇篮之中。以苏联为首的社会主义国家则对中国革命给予了热情支援。在此情况下，中国必然选择社会主义，也只能选择社会主义。

总之，中国新民主主义革命的胜利和新民主主义社会的建立，客观上为资本主义的发展扫清了道路，也为社会主义的发展创造了条件。随

---

① 《毛泽东选集》，2 版，第 2 卷，686 页。

着国民经济的初步恢复，人民民主政权的巩固和发展，社会主义因素很快超过资本主义因素。这就使得中国新民主主义革命不会长时间地停留在新民主主义时期，而会较快地走向社会主义。新民主主义过程中的社会主义经济条件与政治条件的积累，是新民主主义向社会主义转变的内在驱动力，它从根本上决定了中国新民主主义革命向社会主义转变的历史必然性，而外在的国际因素是促使中国从新民主主义社会迅速转变为社会主义社会的重要条件。

二、从新民主主义向社会主义过渡的总路线

关于“过渡”问题，毛泽东早在抗日战争时期就进行过相关探索。他在1940年1月写成的《新民主主义论》中将中国革命分为新民主主义革命和社会主义革命两个阶段，并指出：“两个革命阶段中，第一个为第二个准备条件，而两个阶段必须衔接，不容横插一个资产阶级专政的阶段……如果说，民主革命没有自己的一定任务，没有自己的一定时间，而可以把只能在另一个时间去完成的另一个任务，例如社会主义的任务，合并在民主主义任务上面去完成，这个叫做‘毕其功于一役’，那就是空想，而为真正的革命者所不取的。”① 毛泽东依据“中国革命分两步走”的思想，在新中国成立初期主张先经过一个新民主主义社会的发展时期，待条件成熟后，再采取措施一举进入社会主义。他于1950年在全国政协一届二次会议上的讲话中强调：“我们的国家就是这样地稳步前进，经过战争，经过新民主主义的改革，而在将来，在国家经济事业和文化事业大为兴盛了以后，在各种条件具备了以后，在全国人民考虑成熟并在大家同意了以后，就可以从容地和妥善地走进社会主义的新时期。”②

然而，计划总是赶不上变化，形势到1952年发生了出人意料的变化：一是恢复国民经济的任务在朝鲜战争的刺激下提前完成；二是国营工商业和私营工商业的比重在三年经济恢复期间发生了根本性的变化；三是农村互助合作社在土地改革后普遍地发展起来；四是当时的国际形势也有利于中国向社会主义过渡。面对这些新变化，毛泽东敏锐地感觉到向社会主义过渡的时机已然来临，而不需要等到十年或十五年以后再

① 《毛泽东选集》，2版，第2卷，685页。
② 《毛泽东文集》，第6卷，80页，北京，人民出版社，1999。

向社会主义过渡。他对“过渡问题”采取了相当谨慎的态度，在听取斯大林建议并亲赴基层调研的基础上于1953年2月27日召开的中央政治局会议上初步阐述了过渡时期的总路线：“什么叫过渡时期？过渡时期的步骤是走向社会主义……在十年到十五年或者还多一些的时间内，基本上完成国家工业化及对农业、手工业、资本主义工商业的社会主义改造。要防止急躁情绪。”① 之后，毛泽东在全国财经会议、全国政协常务委员会扩大会议、中央人民政府委员会议、中共中央组织工作会议等重要会议对这一问题进行充分讨论的基础上于1953年12月由中宣部起草、他本人亲自审阅修改的提纲《为动员一切力量把我国建设成为一个伟大的社会主义国家而斗争》中对过渡时期总路线做了完整的表述：“从中华人民共和国成立，到社会主义改造基本完成，这是一个过渡时期。党在这个过渡时期的总路线和总任务，是要在一个相当长的时期内，逐步实现国家的社会主义工业化，并逐步实现国家对农业、对手工业和对资本主义工商业的社会主义改造。这条总路线是照耀我们各项工作的灯塔，各项工作离开它，就要犯右倾或‘左’倾的错误。”②

过渡时期总路线的完整提出也就明确了过渡时期的总任务，即我们通常所说的“一化三改造”。“一化”即社会主义工业化，这是党在过渡时期的总路线的主体，是国家独立和富强的必然要求与必要条件。“三改造”即对个体农业、手工业和资本主义工商业的社会主义改造。它们之间不是彼此孤立的关系，而是不可分离、相互促进、相辅相成的关系。

事实上，党在新中国成立后及时提出过渡时期总路线，除了考虑到国民经济恢复任务提前完成、国营工商业比重发生根本变化、农村互助合作社已普遍发展、国际形势发生有利变化等现实条件以外，也有其历史的必然性。首先，实现国家工业化，是国家独立和富强的物质基础和必要条件。其次，对资本主义工商业进行全面的社会主义改造，是迅速实现国家工业化和建立社会主义制度的迫切需要。最后，对个体农业和手工业进行社会主义改造，是发展农业和提高整个社会生产力的客观需要。历史已经向我们雄辩地证明：毛泽东对过渡时期总路线的不懈探索及过渡时期总路线及时地、完整地提出，实现了马克思主义过渡理论的创新和发展，为中国成功实现社会主义改造的目标、顺利完成“由新民

---

① 转引自《薄一波书信集》(下)，591页，北京，中共党史出版社，2009。

② 《毛泽东文集》，第6卷，316页。

主主义社会向社会主义社会转变”这一时代任务提供了科学的理论指南。

三、社会主义改造的基本内容

社会主义改造既是彻底实现“新民主主义向社会主义转变”的关键一环，也是社会主义革命的最重要内容。社会主义改造就是要对农业、手工业和资本主义工商业进行社会主义性质的改造。

1. 农业、手工业的社会主义改造

以毛泽东为主要代表的中国共产党人根据马克思列宁主义关于农业社会主义改造的基本原理，从我国农村实际出发，制定并实行了一整套适合中国特点的对农业进行社会主义改造的方针、政策和办法，开辟了一条适合我国情况的农业社会主义改造道路。

第一，积极引导农民组织起来，走互助合作道路。土地改革完成后，我国广大农民从封建剥削制度下解放出来，其农业生产的积极性大大提高。这种积极性表现在两个方面：一是个体经济的积极性；二是互助合作的积极性。党中央正确分析了农民这两方面的积极性，提出一方面不能挫伤个体经济的积极性，另一方面要提倡组织起来，发展互助合作的积极性，使农业能够由分散落后的个体经济变为合作经济。

第二，遵循自愿互利、典型示范和国家帮助的原则，以互助合作的优越性吸引农民走互助合作道路。个体农民既是私有者，又是劳动者，还是工人阶级最可靠的同盟军。党对他们不能像对待大地主和官僚资本那样采取剥夺的办法，只能通过引导、说服和教育，使其自愿地走合作化的道路，而且“大多数农民为了摆脱剥削和贫困，愿意走社会主义的道路”①。

第三，正确分析农村的阶级和阶层状况，制定正确的阶级政策。土地改革后，贫农、雇农由于分得了土地等生产资料，有半数人迅速上升为中农。根据中农在生产中的地位、生活状况和对社会主义的态度，毛泽东把中农分为上中农和下中农。党制定并贯彻执行了依靠贫农、下中农，团结其他中农，由逐步限制到最后消灭富农剥削的农村阶级政策。这无疑使农业合作化进程有了坚实的阶级基础和群众基础。

① 《建国以来重要文献选编》，第7册，287页，北京，中央文献出版社，1993。

第四，坚持积极领导、稳步前进的方针，采取循序渐进的步骤。在进行农业社会主义改造的过程中，各级领导机关主动加强领导，采取逐步过渡的办法，使农民容易接受。农业社会主义改造大体上经历了互助组、初级社和高级社三个发展阶段。其中，互助组是“仅仅带有某些社会主义萌芽的、几户为一起或者十几户为一起的”① 农业生产单位，初级社是“以土地入股和统一经营为特点的小型的带有半社会主义性质的农业生产合作社”②，高级社是“大型的完全社会主义性质的农业生产合作社”③。

党和政府在对农业进行社会主义改造的同时，也对个体手工业实行了社会主义改造。对个体手工业的社会主义改造，采取了类似改造个体农业的逐步过渡的方法。在对手工业进行社会主义改造的过程中，党和政府也采取了积极领导、稳步前进的方针，采取了从办手工业供销小组入手，到办手工业供销合作社，再到建立手工业生产合作社的渐进式步骤。

2. 资本主义工商业的社会主义改造

在推进农业合作化运动的同时，党和政府也有计划、有步骤地开展了对资本主义工商业的社会主义改造，创造性地开辟了一条适合中国情况的，对资本主义工商业进行社会主义改造的道路。

第一，用和平赎买的方法改造资本主义工商业。无产阶级掌握国家政权后，剥夺过去的“剥夺者”，使被资本家占有的生产资料变成人民的财产，这是社会主义革命的一条基本原则。根据马克思、恩格斯和列宁的设想，结合中国的具体情况，中国共产党提出了对资本主义工商业实行和平赎买的方针。所谓赎买，就是国家有偿地将私营企业改变为国营企业，将资本主义私有制改变为社会主义公有制。赎买的具体方式不是由国家支付一笔巨额补偿资金，而是让资本家在一定年限内从企业经营所得中获取一部分利润。

我国之所以能够采取赎买的方式对资本主义工商业进行和平改造，首先是因为民族资产阶级具有两面性。在社会主义革命阶段，民族资产阶级既有剥削工人取得利润的一面，又有拥护宪法、愿意接受社会主义改造的一面。其次，中国共产党与民族资产阶级长期保持着统一战线的关系，这就为将工人阶级和民族资产阶级之间的对抗性的矛盾转化为非

---

① 《毛泽东文集》，第6卷，434页。

② 同上书，434～435页。

③ 同上书，435页。

对抗性的矛盾并按照人民内部矛盾来处理提供了前提。最后，我国已经有了以工人阶级为领导、工农联盟为基础的人民民主专政的国家政权，建立了强大的社会主义国营经济并掌握了国家的经济命脉，这就造成了私人资本主义在政治上、经济上对社会主义的依赖。再加上当时国家对粮食和工业原料的统购统销以及资本主义企业中工人群众对资本家的监督等因素，私人资本主义企业也就只能接受社会主义改造。

第二，采取从低级到高级的国家资本主义的过渡形式。所谓国家资本主义，就是在社会主义国家直接控制和支配下的资本主义经济。“这种资本主义经济已经不是普通的资本主义经济，而是一种特殊的资本主义经济，即新式的国家资本主义经济。它主要地不是为了资本家的利润而存在，而是为了供应人民和国家的需要而存在。”① 国家资本主义有初级形式和高级形式之分。初级形式的国家资本主义是国家对私营工商业实行委托加工、计划订货、统购包销、经销代销等，高级形式的国家资本主义是个别企业的公私合营和全行业公私合营。

第三，把资本主义工商业者改造成为自食其力的社会主义劳动者。在资本主义工商业的社会主义改造中，国家对资方在职人员和资方代理人采取“包下来”的政策，以企业为基地，根据“量才使用，适当照顾”的原则，对他们在政治上适当安排、工作上发挥作用、生活上妥善照顾，通过改造阶级成分的方式达到从整体上消灭资产阶级的目的。对企业的改造和对人的改造相结合，既避免了激烈的阶级对抗，减少了改造的阻力，又促进了生产力发展和社会进步。

党和政府对资本主义工商业的社会主义改造也大致采取了三个步骤：第一步主要实行初级形式的国家资本主义；第二步主要实行个别企业的公私合营；第三步是实行全行业的公私合营。到 1956 年底，全国私营工业户数的 99%、私营商业户数的 82%，分别纳入了公司合营和合作社的轨道。这标志着党和国家对资本主义工商业的社会主义改造已基本完成。

四、对社会主义改造的总体评价

社会主义改造的基本完成，使中国实现了从新民主主义社会到社会

---

① 《毛泽东文集》，第 6 卷，282 页。

主义社会的过渡、从私有制社会到以生产资料公有制为基础的社会的转变。如何评价中国这场几千年来最深刻、最伟大的社会变革，无疑是一个值得我们深思的问题。

1. 实施社会主义改造的必然性

新民主主义社会作为一个不同于资本主义社会和社会主义社会的“特殊社会形态”，有其自身的特点。新中国成立初期，我国的新民主主义社会在经济、政治、文化等方面具有如下的特点：

经济上，实行国营经济、合作社经济、私人资本主义经济、个体经济和国家资本主义经济五种经济成分并存的经济制度。国营经济主要是通过没收官僚资本建立起来的、以全民所有制为基础的社会主义性质的经济，代表着新民主主义经济发展的方向，也是新民主主义政权的主要物质基础，是整个国民经济的领导力量。合作社经济是以私有制为基础的劳动人民群众的集体经济，它可以提高生产力，帮助小生产者养成互助劳动、集体生产的习惯和思想。私人资本主义经济是以资本家生产资料私人所有制为基础、以追求利润为目的的私营经济。个体经济是指分散的个体农业和个体手工业经济，个体经济是一种落后的，但新民主主义社会必须保存的经济。一方面，个体经济可以接受各种形式的合作社；另一方面，随时可能自发地产生资本主义和资产阶级。国家资本主义经济是一种国家经济同私人资本合作的具有社会主义性质的经济成分。

政治上，实行工人阶级领导的各革命阶级联合专政的人民民主专政。它的基本成分包括无产阶级、农民、知识分子和其他小资产阶级，同时也包括民族资产阶级和其他一切反帝反封建的人。工人阶级掌握领导权和人民民主专政的国家政权，是新民主主义社会在政治方面的社会主义因素，也是新民主主义社会向社会主义社会转变的根本政治保证。

文化上，实行马克思主义指导下的新民主主义的文化，即民族的科学的大众的文化。社会的主要矛盾表现为两大矛盾：国内是无产阶级与资产阶级的矛盾、国外是中国同帝国主义国家之间的矛盾。毛泽东始终认为，新民主主义社会是在半殖民地半封建社会基础上建立起来的，从新民主主义的经济构成和政治构成来看，由于我国经济文化落后的国情而呈现出多层次性，各种经济成分和政治力量之间既有合作，也有矛盾和斗争。特别是在解决了土地问题以后，国内无产阶级与资产阶级的矛盾、社会主义国营经济和资本主义私营经济之间的矛盾将上升为主要矛盾。这种矛盾和斗争将贯穿于新民主主义社会的始终，将决定着新民主主义社会将来的发展前途，影响着党和政府对待民族资产阶级的基本政策。这是新民主主义社会基本特征的集中表现。

事实表明，中国新民主主义革命的全部结果，一方面是资本主义因素的发展，另一方面是社会主义因素的发展。在新民主主义社会中，既有社会主义因素，又有非社会主义因素，它们彼此斗争着。但社会主义因素在经济、政治上都处于主导地位，是起决定性作用的因素，这就决定着社会主义因素将不断增长并获得最后胜利。因此，新民主主义社会不可能是独立形态的社会，而是属于社会主义体系并逐步过渡到社会主义社会的过渡性质的社会，是近代中国由半殖民地半封建社会走向社会主义社会的中介与桥梁。由新民主主义社会向社会主义社会过渡，进行社会主义改造，是社会发展进步的客观要求。

2. 社会主义改造的经验和教训

(1) 在进行社会主义改造、向社会主义过渡的进程中，中国共产党积累了丰富的历史经验。

第一，坚持社会主义工业化建设与社会主义改造同时并举。工业化和社会主义改造是党在过渡时期总路线中明确提出的两大任务，但它们在时间上不是一前一后，而是同时进行。社会主义改造就是变革不适应工业化发展要求的生产关系，是围绕着社会主义工业化建设这个中心任务进行的；引导个体农民、个体手工业者走集体化道路，改造私人资本主义工商业，都是为了适应社会主义工业化建设的要求，更好地发展生产力。在改造过程中，党和政府所采取的实际步骤，总是力求使之与促进工业化进程和经济发展的要求相适应，而不允许对生产力造成破坏。实践证明，党坚持社会主义改造与社会主义工业化同时并举的方针，对于在深刻的社会变革中保持社会稳定、促进生产力发展、逐步改善人民生活、推动社会进步，都具有十分重要的意义。

第二，采取积极引导、逐步过渡的方式。我国对农业、手工业和资本主义工商业的改造都采取了区别对待，用不同的办法积极引导、逐步过渡的方式。党和国家在农业社会主义改造方面，及时总结农民的实践经验，创造出互助组、初级社、高级社逐步过渡形式；在手工业社会主义改造方面，采取了从办手工业供销小组入手，到办手工业供销合作社，再到建立手工业生产合作社的逐步过渡步骤；在资本主义工商业社会主义改造方面，实施了初级形式的国家资本主义、个别企业的公私合营、全行业的公私合营的逐步过渡的方式。党和国家在社会主义改造过程中所实行的积极引导、逐步过渡的方法，使中国这场巨大而深刻的社会变革不仅没有对生产力的发展造成破坏，而且较快地促进了生产力的发展。

第三，用和平方法进行改造。在社会主义改造之前，无论是资本主义工商业，还是农民和手工业者的个体所有制，都具有私有制的性质。毛泽东说："我们进行社会主义革命所用的方法是和平的方法。""在我国的条件下，用和平的方法，即用说服教育的方法，不但可以改变个体的所有制为社会主义的集体所有制，而且可以改变资本主义所有制为社会主义所有制。"① 用和平的方法进行社会主义改造有效地化解了社会变革、消灭剥削制度与社会稳定、经济发展之间难以解决的矛盾，有利于获得广大人民群众的理解、支持和拥护，从而保证我国社会主义改造的顺利进行。用和平的方法进行社会主义改造既是对马克思主义社会改造理论的继承，更是对马克思主义社会改造理论的丰富和发展。它当之无愧是中国社会主义改造的重要经验之一。

（2）我国的社会主义改造在取得巨大成功的同时，也出现了一些明显的缺点和偏差。

任何事物在它的成长过程中都不可能尽善尽美，都会在一定程度上留下某些的遗憾。20 世纪 50 年代中期进行的社会主义改造，同样有其难以摆脱的历史局限。党在 1981 年 6 月通过的《关于建国以来党的若干历史问题的决议》中对此做过比较客观的总结，即"在一九五五年夏季以后，农业合作化以及对手工业和个体商业的改造要求过急，工作过粗，改变过快，形式也过于简单划一，以致在长期间遗留了一些问题。一九五六年资本主义工商业改造基本完成以后，对于一部分原工商业者的使用和处理也不很适当"②。"四过"就是其缺点和偏差的主要体现。

所谓"要求过急"、"改变过快"，是指社会主义改造在 1955 年下半年后明显地过急过快，不仅广大农村由初级合作社向高级合作社的转变过急过快，而且资本主义工商业实现全行业公私合营的时间也过于短

---

① 《毛泽东文集》，第 7 卷，1、2 页，北京，人民出版社，1999。

② 《三中全会以来重要文献选编》（下），750 页，北京，人民出版社，1982。

促。结果原来设想用三个五年计划，也就是15年左右时间逐步完成的对农业、手工业和资本主义工商业的社会主义改造，实际上只用了3年多一点（加上国民经济恢复的3年，也才6年多）的时间就基本完成了，而且几乎主要是在社会主义改造高潮的一年左右的时间里完成的。

所谓"工作过粗"，是指在社会主义改造期间，一些行之有效的工作原则、工作方法被搁置一边，出现了"一窝蜂"的局面。社会主义改造，实际上是一场群众运动。在初期的几年里，还是基本上按照自愿的原则，按照生产力发展的要求和个体农民、手工业者和资本主义工商业者的接受程度，循序渐进地由低级形式逐渐向高级形式发展。但到了高潮期间，原来提倡的相对细致的自愿互利、典型示范等工作原则和工作方法，被简单的行政命令所取代。急风暴雨式的政治性压力扑面而来，结果，不顾主客观条件是否具备，到处都"一窝蜂"式地盲目升级，盲目合并，一合了之，一并了之，工作简单粗糙。

所谓"简单划一"，是指社会主义改造在模式选择上存在的问题。在农村，几乎是清一色的高级农业合作社；在城市，几乎是清一色的全行业的公私合营。除此之外，几乎没有别的形式了。个体经济和私营经济几乎不存在了。随着清一色的社会主义公有制的出现，高度集中的计划经济体制也迅速扩展到了整个社会经济生活，并将它固定化、绝对化，实际上排斥了商品经济和市场机制的正常运行，给之后的经济发展带来长期的负面影响。在所有制结构方面，实行单一的公有制，认为非公有制经济同社会主义不相容；在经济体制方面，认为社会主义经济就是计划经济，商品经济同社会主义经济不相容；在分配结构和方式方面，把按劳分配当作唯一的分配方式，而在实践中又把绝对平均主义与社会主义混淆起来，使按劳分配被歪曲为平均主义的"大锅饭"。

3. 社会主义改造的启示和意义

我们对三大改造出现的偏差和问题，必须用历史的、辩证的观点加以正确的认识，不可一概而论、以偏概全。

（1）三大改造出现的偏差和问题，不是社会主义基本制度的问题，也不是在实现社会主义方向、路线和最终目的上的问题，也不是总路线本身所造成的，而是在执行总路线的过程中，由于领导人的认识同正在变化的实际相脱离而造成的。其存在的主要问题正如邓小平所言，是在改造完成后很长时期内，没有制定出为发展生产力创造良好条件的政策。

（2）在三大改造的高潮中虽然出现了上述缺点和偏差，但是，有两个基本的事实必须看到：

第一，这一改造是在保证国民经济基本上稳定发展的情况下完成的。在一个几亿人口的大国，完成了改变私有制这样一个深刻而复杂的社会变革，其间不仅没有造成生产力的破坏，反而实现了国民经济的稳定发展，这不能不说是一个奇迹。

第二，这一改造是在得到人民群众基本普遍拥护的情况下完成的。这一社会经济利益格局与关系的大调整、大改变不仅没有引起巨大的社会动荡，反而极大地加强了人民的团结，是在人民基本普遍拥护的情况下完成的，这不能不说是一个伟大的历史性的胜利。所以从总体上讲，我国对农业、手工业和资本主义工商业的社会主义改造是成功的。

结　语　正确评价毛泽东和毛泽东思想

马克思主义中国化的第一个里程碑，就是毛泽东思想的产生。它是马克思主义中国化历史进程中第一次历史飞跃产生的第一个中国化的马克思主义的理论成果。正确认识毛泽东思想的历史地位和指导意义，有一个怎样科学评价毛泽东和毛泽东思想的问题。这个问题的解决，关系到怎样看待党和国家过去几十年奋斗的成就，关系到党的团结、国家的安定，也关系到党和国家未来的发展前途，不仅有重要的历史意义，而且有重要的现实意义。一个民族怎样评价自己的领袖是衡量这个民族政治上是否成熟的重要标志。正确评价毛泽东，必须把经过长期历史考验形成科学理论的毛泽东思想，同毛泽东晚年所犯的错误区别开来。毛泽东晚年的错误是由于违反了他自己主张的实事求是原则。邓小平在领导全党拨乱反正中，用极大的精力来解决如何正确评价毛泽东和毛泽东思想的问题。在他的主持下，党的十一届六中全会通过了《关于建国以来党的若干历史问题的决议》，对毛泽东和毛泽东思想的历史地位做出了科学的、实事求是的评价。

毛泽东是伟大的马克思主义者，是伟大的无产阶级革命家、战略家、理论家，是中国共产党、人民解放军、中华人民共和国的主要缔造者，他为中国共产党和人民解放军的建立和发展，为新中国的建立和我国社会主义事业的发展，作出了永不磨灭的贡献，他为世界被压迫民族和人民的解放事业与人类进步事业作出了重大贡献。毛泽东晚年犯了“左”的错误。其错误主要是：在党的中心工作问题上的阶级斗争扩大化的错误；在经济建设问题上的急于求成和急于过渡的错误。毛泽东晚年的错误不属于毛泽东思想。综观毛泽东一生，功大于过。

毛泽东是毛泽东思想的主要创立者。毛泽东是中国共产党内最早反对把马列主义教条化和苏联经验神圣化的领导人，是把马列主义与中国具体实践相结合的光辉典范，是对中国革命经验进行科学总结的杰出代表。他把中国革命理论系统化，并对马克思主义作出了独创性贡献。毛泽东思想具有多方面的内容，它以独创性的理论丰富和发展了马克思列宁主义，其中包括新民主主义革命理论、社会主义革命和社会主义建设理论、革命军队建设理论与军事战略、政策和策略问题、思想政治工作和文化工作思想。以毛泽东为主要代表的中国共产党人，把马克思列宁主义普遍原理与中国革命的具体实际相结合，创立了新民主主义革命理论。中国革命必须走农村包围城市、武装夺取政权的革命道路；统一战线、武装斗争、党的建设是新民主主义革命的三大法宝，是新民主主义革命胜利的基本经验。新民主主义向社会主义过渡时期是中国特有的也是必不可少的阶段。在这一阶段，我们党制定了过渡时期的总路线，实施了社会主义三大改造，进行了建设社会主义的最初探索。

资料小链接

复兴之路

1840 年 6 月，集结在澳门沿海之外的英国舰船，出发北上，入侵中国。此后两年中，清政府屡战屡败，最终被迫议和。历史学家称这场战争为“鸦片战争”。古老中国以这样的方式，开始了自己的近代历史。鸦片战争成为中国历史的一块界碑，以割让香港岛、赔款 2 100 万银元等为重要内容的《南京条约》，记录了中华民族在西方殖民者的枪炮逼迫下，堕入近代的屈辱、彷徨和困惑。自此，中国社会一步步沦为半殖民地半封建社会。

1840 年的炮声，无法惊醒一个沉溺于自己深厚传统的天朝迷梦。疯狂的帝国主义扩张没有给清王朝喘息的机会，第一次鸦片战争结束

14年后，危机再次从海上来。这一次，侵略者直接逼近了大清国的首都。1860年的10月18日，侵入北京的英法联军焚毁了清朝皇帝的离宫圆明园。法国作家雨果这样记录了这一暴行："一天，两个强盗走进了圆明园，两个胜利者一起彻底毁灭了圆明园，在历史面前，这两个强盗分别叫作法兰西和英格兰。"强盗们的大火，在中国人的记忆中烙上了深深的伤痕，也焚毁了大清国士大夫心头虚幻的"上国尊严"。

1894年，中日甲午战争爆发，危机依然从海上来。号称亚洲第一的北洋海军未能御敌于海上，这支在洋务运动中装备起来的舰队最终全军覆没。中国陆军更是一败再败。中日甲午战争后，清政府给了日本2.3亿两白银的赔款，相当于中日战争发生前清政府3年的财政收入、日本明治政府4年的财政收入。甲午战争后，中国的半殖民地半封建社会的社会性质进一步加深了。当20世纪的大幕拉开时，在甲午战争失败五年后，1900年，列强再次侵入北京。不同的是，这一次是八个国家的铁蹄。各国军队在北京城划区驻扎，要求所驻区域的所有中国人家必须悬挂占领国国旗。一时间，中国的心脏插着的是八个国家的旗帜。人类进入近代以来，还没有哪个国家曾遭受过如此的屈辱。整个中国仿佛都被撕裂了。1901年9月7日，清政府与11国签订《辛丑条约》，赔款4.5亿两白银，相当于当年清政府财政收入的5倍。从1840年鸦片战争至此，清政府的战争赔款总数高达7.245亿两白银，帝国主义列强强迫中国政府签订的各种不平等条约、条款总数达几百个之多。清王朝已经完全沦为一个对内不能保护国民尊严、对外不能捍卫国家主权的腐朽没落的政府，中国已经沦为一个半殖民地半封建社会。孙中山说，清政府可以比作一座即将倒塌的房屋，整个结构已从根本上彻底地腐朽了。

20世纪初的中国，一个声音变得越来越响亮，那就是——革命。此时的孙中山已成为一个坚定的革命者。他第一个喊出"振兴中华"的口号，并始终坚持奋斗，成为20世纪初期推动中国发生历史性巨变的主要代表。1905年8月20日，孙中山等人在东京成立中国同盟会，把创立民国列为誓词的重要内容之一。在《民报》的发刊词中，孙中山将同盟会的纲领概括为三大主义——民族主义、民权主义、民生主义。在三民主义这一革命纲领的指导下，孙中山和一批批爱国志士进行了多次武装起义，并最终成功领导了改变中国历史进程的辛亥革命。

一个王朝终结了，在中国延续了两千多年的封建君主专制制度灭亡了。一个共和制的国家在亚洲诞生了！辛亥革命是一次比较完全意义上的资产阶级民主革命，是中国人民为救亡图存、振兴中华而奋起革命的一个里程碑。它建立了中国历史上第一个资产阶级共和政府，使中国发生了历史性的巨变。然而，辛亥革命是一场不彻底的革命，它只是赶跑了一个皇帝，中国仍旧在帝国主义和封建主义的压迫之下，反帝反封建的革命任务并没有完成。在接下来的岁月中，谁能真正完成反帝反封建的历史使命？谁能让中国人过上有尊严的生活？中华民族的伟大复兴还将经历怎样的艰难曲折，才能找到一条正确的道路呢？

资料来源：大型文献纪录片《复兴之路》解说词。

“进京赶考”

建国初期，经过战火洗礼的新中国百废待兴，中国共产党如何实现工作重心由农村向城市的转变，如何通过社会主义改造建立起社会主义制度，并在此基础上进一步发展，是中国共产党面临的一次重大的“考试”。

1949 年 3 月，中共中央在西柏坡开完七届二中全会，中国共产党的领袖们满怀建设新中国的宏伟壮志，即将告别最后一个农村指挥所，走向城市，走向建设，走向全中国。

在进京之前，毛泽东立足现实，回顾历史，面向未来，再次想到了李自成。他一再告诫全党：“我们决不当李自成。”熟知中国历史的毛泽东，非常善于把握历史兴衰的规律，以史为镜，以史为戒。当初，李自成也是率领劳苦大众打天下，曾历经数次失败都不屈不挠，征战 16 载，终于推翻了明王朝。但是李自成及其将领进北京后，居功自傲，贪图安逸，从将军到士兵，都乘机中饱私囊，军纪败坏，士气瓦解。一支能征善战的大军，占领北京仅 43 天即被腐化侵蚀，变成了毫无战斗力的乌合之众。当与吴三桂勾结的清军一到，堂堂大顺朝顷刻之间便灰飞烟灭了。305 年之后，南征北战打了 20 多年仗才取得胜利的毛泽东要率领他的将士们进北平了，李自成的历史悲剧能不格外引起中国共产党人的高度警惕吗？

进城前，毛泽东把中直机关的工作人员召集到一起，对他们讲：我们就要进北平了，希望大家一定要做好准备。我说的准备不是收拾盆盆罐罐，而是思想准备。要告诉每一个干部和战士，我们进北平不是去享福，决不可像李自成进北京！我已经讲过了，夺取全国胜利，这只是万里长征走完了第一步，后面的路程更长、工作更伟大、更艰苦……

为了迎接全国胜利，中共中央宣传部和解放军总政治部印发了郭沫若的警世之作《甲申三百年祭》，毛泽东在前言中特别说明："……郭文指出李自成之败，在于进北京后忽略敌人，不讲政策，脱离群众，妄杀干部，'纷纷然，昏昏然'，大家都像以为天下就已经太平了的一样。……对我们的重大意义，就是要我们全党首先是高级领导同志，无论遇到何种形势与实际胜利，无论自己如何功在党国，德高望重，必须永远保持清醒与学习态度，万万不可冲昏头脑，忘其所以，重蹈李自成的覆辙。"3月23日，是中共中央告别西柏坡，上路进京的日子。出发前，毛泽东只睡了四个来小时，但却精神饱满，情绪高昂，临上车前，和周恩来曾有过一段很幽默而深刻的对话。毛泽东说："今天是进京的日子，不睡觉也高兴啊。今天是进京'赶考'嘛。进京'赶考'去，精神不好怎么行呀?"周恩来笑答道："我们应当都能考试及格，不要退回来。"毛泽东接着意味深长地说："退回来就失败了。我们决不当李自成。我们都希望考个好成绩。"在踏上新征程之际，毛周这番对话所包容的历史内涵重若千钧。这是一代无产阶级革命领袖面对辉煌胜利预作的充分心理准备，也是当着胜利之师跨进历史凯旋门时发出的警世箴言！

告别西柏坡，意味着战争时代的即将结束，一个新时代就要到来。人们满怀喜悦，中共领袖们却理性而客观地审视历史，思虑未来。

以毛泽东为首的，到北京"赶考"的中国共产党人，进京时的心情是既高兴又感觉到肩头的沉重。令他们高兴的是，28年艰苦卓绝的斗争，终于迎来了最后的完全胜利；令他们感到沉重的是，前面的路依然曲折坎坷，考取一个好的"成绩"殊为不易。因为展现在他们面前的是刚刚从战火中走出来的新中国，她满目疮痍，百废待兴。中国共产党不仅要进行艰苦的战后重建工作，尽快使新中国从战争废墟中站立起来，更重要的是要建立一个崭新的社会主义制度，这不仅是我们党的既定政策，同时也是中国发展之必需。

资料来源：《中国教育报》，2003-12-10。

第三章　中国特色社会主义的兴起

第一节　中国特色社会主义的发端

对中国社会主义道路的理论探讨是“始于毛、成于邓”，是新中国成立后我们党继续推进马克思主义中国化新的历史进程的经典概括。正如党的十八大报告所指出的：“以毛泽东同志为核心的党的第一代中央领导集体带领全党全国各族人民完成了新民主主义革命，进行了社会主义改造，确立了社会主义基本制度，成功实现了中国历史上最深刻最伟大的社会变革，为当代中国一切发展进步奠定了根本政治前提和制度基础。……为新的历史时期开创中国特色社会主义提供了宝贵经验、理论准备、物质基础。”

一、中国特色社会主义概念的由来和内涵

2009 年 10 月 1 日，我们迎来了中华人民共和国成立 60 周年的庆典。在庆典的群众游行中，分别出现了以毛泽东、邓小平、江泽民和胡锦涛四位领导人巨幅肖像为引领的游行方队。庆典的导演部精心设计了这样一个创意，即每一位领导人方队在经过天安门时，都现场播放一段领导人原声讲话的录音。当邓小平方队经过时，通过中外媒体的现场直

播，当时响彻寰宇的一个声音，就是邓小平在 1982 年党的十二大开幕式致词中最为经典的一段讲话："把马克思主义的普遍真理同我国的具体实际结合起来，走自己的道路，建设有中国特色的社会主义"。这是"中国特色社会主义"作为一个概念，第一次正式出现在党的文献中。从 1982 年党的十二大到 2012 年党的十八大，整整 30 年，我们党始终强调高举中国特色社会主义伟大旗帜。

虽然建设中国特色社会主义作为一个明确的概念是在 1982 年党的十二大正式提出的，但作为一项伟大的事业，它从新中国成立时就开始了。之所以提出这样的结论，是因为中国特色社会主义具有两个最重要的元素，一是坚持了科学社会主义的基本原则，二是根据时代特征赋予了鲜明的中国特色。正是以这两个元素为标准，我们不难发现，从新中国成立的那一天起，我们其实就已经具备了这两个特点。先说科学社会主义的基本原则，诸如共产党的领导、马克思主义的指导、人民民主专政等基本条件在新中国成立时就已经完全具备，以新中国的成立为标志，我国已经开始走向社会主义。但我们这个社会主义又由于特定的历史条件和时代特点，而不完全相同于马克思主义当年对社会主义社会的设定。譬如，在新中国成立时，我们建立了一个各革命阶级联合执政的联合政府，这一政府以中国共产党为领导核心，又最广泛地吸收了各革命阶级的代表，组成了以毛泽东为主席，中共人士朱德、刘少奇、高岗，非中共民主人士宋庆龄、李济深、张澜六人为副主席的中华人民共和国第一届中央人民政府。而在以周恩来为总理的政务院各部委中，也产生了像司法部长史良、交通部长章伯钧、水利部长傅作义、最高人民法院院长沈钧儒等党外民主人士担任正副部长的一大批非中共领导成员。严格说来，他们都属于当时中国民族资产阶级的代表。如果完全教条地按照马克思、恩格斯在《共产党宣言》中提出的无产阶级对待资产者的基本态度——"剥夺剥夺者"，就完全无法解释在中国共产党领导的一个社会主义国家里居然能够吸收资产者的代表进入国家政权。但如果根据中国的实际国情和所处的历史阶段，即我们刚刚完成的是新民主主义革命，包括民族资产阶级在内也是我们必须团结的对象，这些举措就可以得到科学合理的解释。从这个意义上讲，自新中国成立之日起，中国特色社会主义实际上已经拉开了帷幕。

以毛泽东为核心的党的第一代中央领导集体，一直试图走出一条具有中国特点的社会主义建设道路。为此，我们进行了艰辛的探索。譬如，我们在世界社会主义的历史上，前无古人地使用“和平赎买”的方法对资本主义工商业进行社会主义改造，就是既坚持社会主义方向，又完全立足于中国的国情和实际做出的具有中国特色的重大决策。尽管在后来的实践中我们也由于“左”的思想的干扰，走过一段弯路，但其间，无论是我们成功的经验还是挫折的教训，都成为我们后来正式提出建设中国特色社会主义的宝贵的历史遗产。所以说，对中国建设社会主义道路的理论探讨是“始于毛、成于邓”，即开始于以毛泽东为代表的中国共产党人，形成、成熟于以邓小平为代表的中国共产党人。

正是经过长期的实践和探索，我们终于形成了中国特色社会主义的概念，这就是在中国共产党领导下，立足基本国情，以经济建设为中心，坚持四项基本原则，坚持改革开放，解放和发展社会生产力，巩固和完善社会主义制度，建设社会主义市场经济、社会主义民主政治、社会主义先进文化、社会主义和谐社会，建设富强民主文明和谐的社会主义现代化国家。中国特色社会主义是中国共产党对现阶段纲领的概括。其科学含义是要求把马克思主义的普遍真理同本国的具体实际结合起来，走适合中国特点的道路，逐步实现工业、农业、国防和科学技术现代化，把中国建设成为富强民主文明和谐的社会主义国家，即一方面要坚持马克思主义的基本原理，走社会主义道路；另一方面必须从中国的实际出发，不照抄、照搬别国经验、模式，而是走具有中国特色的路。

2011 年，时任中共中央总书记胡锦涛在庆祝中国共产党成立 90 周年纪念大会的讲话中指出：“经过 90 年的奋斗、创造、积累，党和人民必须倍加珍惜、长期坚持、不断发展的成就是：开辟了中国特色社会主义道路，形成了中国特色社会主义理论体系，确立了中国特色社会主义制度。”党的十八大以后，习近平总书记更强调指出：“中国特色社会主义是历史的结论、人民的选择。”“中国特色社会主义不是从天上掉下来的，是党和人民历尽千辛万苦、付出各种代价取得的根本成就。”“中国特色社会主义是实践、理论、制度紧密结合的，既把成功的实践上升为理论，又以正确的理论指导新的实践，还把实践中已见成效的方针政策及时上升为党和国家的制度。所以，中国特色社会主义特就特在其道路、理论体系、制度上”。

中国特色社会主义道路，是实现社会主义现代化的必由之路，是创造人民美好生活的必由之路。中国特色社会主义道路之所以完全正确、之所以能够引领中国发展进步，关键在于我们既坚持了科学社会主义的基本原则，又根据我国实际和时代特征赋予其鲜明的中国特色。在当代中国，坚持中国特色社会主义道路，就是真正坚持社会主义。

中国特色社会主义理论体系，是指导党和人民沿着中国特色社会主义道路实现中华民族伟大复兴的正确理论。我们党坚持把马克思主义基本原理同中国具体实际结合起来，在推进马克思主义中国化的历史进程中产生了两大理论成果。一大理论成果是毛泽东思想。毛泽东思想是马克思列宁主义在中国的运用和发展，系统回答了在一个半殖民地半封建的东方大国，如何实现新民主主义革命和社会主义革命的问题，并对建设什么样的社会主义、怎样建设社会主义进行了艰辛探索，以创造性的内容为马克思主义宝库增添了新的财富。另一大理论成果是中国特色社会主义理论体系。中国特色社会主义理论体系是包括邓小平理论、“三个代表”重要思想以及科学发展观等重大战略思想在内的科学理论体系，系统回答了在中国这样一个十几亿人口的发展中大国什么是社会主义、怎样建设社会主义，建设什么样的党、怎样建设党，实现什么样的发展、怎样发展等一系列重大问题，是对毛泽东思想的继承和发展。坚持中国特色社会主义道路和中国特色社会主义理论体系，是我们夺取建设中国特色社会主义伟大事业最后胜利的根本保证。

中国特色社会主义制度是当代中国发展进步的根本制度保障，集中体现了中国特色社会主义的特点和优势。中国特色社会主义制度是在经济、政治、文化、社会等各个领域形成一整套相互衔接、相互联系的制度体系。这个制度体系包括：人民代表大会制度这一根本政治制度；中国共产党领导的多党合作和政治协商制度、民族区域自治制度以及基层群众自治制度等构成的基本政治制度；中国特色社会主义法律体系；公有制为主体、多种所有制经济共同发展的基本经济制度；建立在基本政治制度、基本经济制度上的经济体制、政治体制、文化体制、社会体制等各项具体制度。中国特色社会主义制度的优越性在于，这一制度体系符合我国国情，顺应时代潮流，有利于保持党和国家的活力，调动广大人民群众和社会各方面的积极性、主动性、创造性；有利于解放和发展社会生产力，推动经济社会全面发展；有利于维护和促进社会公平正义，实现全体人民共同富裕；有利于集中力量办大事，有效应对前进道路上的各种风险挑战；有利于维护民族团结、社会稳定、国家统一。

中国特色社会主义道路是实现途径，中国特色社会主义理论体系是行动指南，中国特色社会主义制度是根本保障，三者统一于中国特色社会主义伟大实践。2012 年 11 月，习近平总书记在中共中央政治局第一次集体学习时指出："中国特色社会主义特就特在其道路、理论体系、制度上，特就特在其实现途径、行动指南、根本保障的内在联系上，特就特在这三者统一于中国特色社会主义伟大实践上。"

中国特色社会主义从根本上改变了中国人民和中华民族的前途命运。历史和实践昭示我们：只有社会主义才能救中国，只有中国特色社会主义才能发展中国；中国特色社会主义，是中国共产党和中国人民团结的旗帜、奋进的旗帜、胜利的旗帜。坚持和发展中国特色社会主义是发展中国、稳定中国的必由之路。"坚持和发展中国特色社会主义是一篇大文章，邓小平同志为它确定了基本思路和基本原则，以江泽民同志为核心的党的第三代中央领导集体、以胡锦涛同志为总书记的党中央在这篇大文章上写下了精彩的篇章。现在我们这一代共产党人的任务，就是继续把这篇大文章写下去。"这是以习近平为总书记的党中央的庄严宣誓。

二、新中国 60 年的历史分期

1. 从新民主主义向社会主义的过渡时期

从 1949 年 10 月 1 日新中国成立到 1956 年我国社会主义改造基本完成，是我国社会由新民主主义社会向社会主义社会过渡的历史阶段，这一时期亦称为新民主主义社会。但新民主主义社会不是一个独立形态的社会，它在本质上属于社会主义体系并逐步过渡到社会主义社会的过渡性质的社会。这一阶段的存在也是由当时我国具体的时代特点和国情决定的。因此，对于这样一个并无任何历史先例的社会主义政权，如何既坚持马克思主义的科学社会主义原则，又根据中国的实际和特点来正确认识什么是社会主义、怎样建设社会主义，就成为摆在执政的中国共产党面前的重大课题。20 世纪 50 年代，毛泽东对什么是社会主义已经有了进一步的思考。这种思考是伴随着他对苏联社会主义的进一步认识，和对中国应该怎样建设社会主义及建设一个什么样的社会主义等问题的思考而展开的。

（1）在社会主义社会的生产力问题上，毛泽东的创造性思想主要有下列几个方面。

首先，毛泽东从社会主义的目的和任务的角度，提出了搞上层建筑、生产关系的目的就是解放生产力，提高生产力。为什么要搞社会主义？毛泽东回答：是为了解放生产力。毛泽东的“搞上层建筑、搞生产关系的目的就是解放生产力……就要提高生产力”这个观点包含这样一些思想：第一，社会主义必须不断地变革，不断地调整上层建筑和生产关系。这个思想，毛泽东在关于社会主义社会的两类矛盾学说中已经有非常充分的说明。第二，社会主义调整上层建筑和生产关系的目的，不在于它自身，而在于解放生产力。第三，调整上层建筑和生产关系的最终目的是发展生产力。概括起来，这个观点就是说：社会主义就是解放生产力，发展生产力。

其次，毛泽东提出了在社会主义阶段解放生产力、发展生产力要达到的目标——实现“四个现代化”。在中国进入社会主义社会时，毛泽东已经认识到中国进入社会主义的历史起点很低，生产力落后，“四个现代化”就是根据中国的实践情况确定的。毛泽东在民主革命时期提出的工业化的基础上，于20世纪50年代中期在党内率先提出了“四个现代化”的目标。1964年，周恩来根据毛泽东的提议，在三届全国人大上正式宣布：要在不太长的历史时期内，把我国建设成为一个具有现代农业、现代工业、现代国防和现代科学技术的社会主义强国，赶上和超过世界先进水平。

最后，毛泽东提出不搞科学技术，生产力无法提高。中国生产力的落后尤其突出地表现为科学技术的落后。“落后就要挨打”，这是毛泽东的名言。在谈到读苏联《政治经济学教科书》时，他说，资本主义各国，苏联，都是靠采用最先进的技术，来赶上最先进的国家，我国也要这样。他强调不搞科学技术，生产力无法提高。科学技术这一仗，一定要打，而且必须打好。可见，毛泽东非常重视科学技术在发展生产力中的地位和作用。综合起来说，在发展社会主义社会生产力问题上，毛泽东的思路是：通过革命或变革生产关系以及采用最先进的科学技术，达到解放生产力、发展生产力的目的，实现四个现代化，赶上最先进的国家。

(2) 在社会主义的生产关系问题上，毛泽东同样有诸多创造性的思想或观点。

首先，毛泽东提出了“可以消灭了资本主义，又搞资本主义”的思想。1956年底，他在同民建和工商联负责人谈话时提出社会主义的所有制结构可以是多元的这样的思想。毛泽东主张，在消灭生产资料私有制这个剥削制度的基础上，在社会需要的情况下，是可以搞一点资本主义的。这表明，在我国刚刚进入社会主义时，毛泽东在社会主义所有制问题的认识上，还是比较合乎实际的。

其次，毛泽东明确提出了消除两极分化、实现共同富裕的目标。早在中国进入社会主义之前，毛泽东就说：我们的目标是要使我国成为富强的国家，“而这个富，是共同的富，这个强，是共同的强，大家都有份”。加入共同富裕群体的包括工人和农民这两个最主要的阶级，以及知识分子和其他劳动人民，还包括经过改造以后转变成为劳动人民的原来的剥削者。毛泽东明确地说：地主阶级经过改造以后，就变成了农民，他们“以后要同大家一起共同富裕起来。将来农民的生活要超过现在的富农。资本家如果将来饿肚子，这个制度就不好。如果大家生活不提高，革命就没有必要”。毛泽东特别注重分配公平。他主张按劳分配，不搞平均主义，但也不能过分悬殊。

最后，在经济体制问题上，在刚刚进入社会主义时，毛泽东认为自由市场的存在是必要的。1956年，毛泽东说：“现在我国的自由市场，基本性质仍是资本主义的，虽然已经没有资本家。它与国家市场成双成对。”在这里，毛泽东显然在观念上是把市场和计划对立起来的，这当然是不恰当的。但他认同自由市场同国家控制的计划市场同时存在，则是明确的。同时，毛泽东还提出中央和地方要适当分权。在《论十大关系》中，毛泽东对这些观点作了比较深入的分析。1956年9月，陈云在党的八大上提出了与苏联模式有所不同的“三个主体和三个补充”的观点，即在工商业生产经营方面，国家经营和集体经营为主体，附有一定数量的个体经营作为补充；在生产的计划性方面，计划生产是工农业生产的主体，按照市场变化而在国家计划许可范围内的自由生产作为补充；在社会主义的统一市场里，国家市场是主体，附有一定范围内国家领导的自由市场作为补充。这个观点是在毛泽东《论十大关系》的启发下提出来的，与毛泽东突破苏联模式，走自己的路的思想是一致的。

（3）在什么是社会主义的问题上，毛泽东最富创造性的思想莫过于社会主义社会的矛盾学说，尤其是著名的正确处理人民内部矛盾的理论。毛泽东提出了社会主义社会的矛盾学说和系统的正确处理人民内部矛盾的理论。毛泽东认为社会主义社会的基本矛盾仍然是生产力与生产关系、经济基础与上层建筑之间的矛盾。只是它们的性质、状态、表现形式、解决的方法都同资本主义社会不同。人民内部矛盾及其正确处理，是当时毛泽东关注的重点。毛泽东指出：我国存在着两类矛盾——敌我矛盾和人民内部矛盾，这两类矛盾不能混淆。他批评斯大林把两种矛盾混淆起来。所谓人民内部矛盾就是人民在根本利益一致基础上的矛盾。解决人民内部矛盾问题的方法，不是采用大民主，而是采用小民主，即团结—批评—团结的方法。他明确指出，社会主义改造基本完成后，我国国内的大规模的急风暴雨式的群众性的阶级斗争已经基本结束。这就是说，今后国家政治生活的主题就是正确处理人民内部矛盾。关于社会主义社会的矛盾学说和正确处理人民内部矛盾的理论，是毛泽东在什么是社会主义这个问题上的最大的理论贡献。

从上述毛泽东的这些思想和观点来看，毛泽东对什么是社会主义的认识，并未从本质的角度来考察，但不可否认的是，他对什么是社会主义的认识是比较全面的。而且，就他已有的认识而言，虽然未完全深入到本质的全部，但也抓住了社会主义本质问题的一些重要方面。这些为后来人们尤其是以邓小平为核心的党的第二代中央领导集体深入认识社会主义的本质，从整体上揭示社会主义本质，奠定了良好的思想和理论基础，成为邓小平探索社会主义本质的直接理论源头。

2. 社会主义探索遭遇严重挫折时期

但是，1957 年下半年以后，毛泽东却在实际工作中不同程度地背离了他自己创立的毛泽东思想的基本原则，特别是背离了实事求是、具体问题具体分析等毛泽东思想活的灵魂，从而在探索什么是社会主义、怎样建设社会主义这个基本问题上，逐渐偏离了原来的正确轨道，形成了一些带有主观色彩的观点。这主要是，在社会主义的生产资料所有制及经营形式问题上，追求公有制的大、公、纯；在按劳分配方面逐渐趋向平均主义；在经济体制和运行模式方面，赞赏以指令性计划为主的高度中央集权的体制；在国家的政治生活和意识形态领域中，强调阶级斗争的中心地位。

在所有制问题上，认为大、公、纯的公有制就是社会主义。因而，一方面，不但不允许少许资本主义经济存在，还力图消灭个体经济。这在“文化大革命”中发展到登峰造极的地步。另一方面，不满足于两种所有制的长期并存，追求小集体向大集体的过渡，追求集体所有制向全民所有制的过渡。这在“大跃进”运动和人民公社化运动中尤为突出。产生这种认识上偏差的主要原因之一是，对社会主义社会与共产主义社会的质的区别比较模糊。中共中央1958年通过的《关于人民公社若干问题的决议》简单地认为，社会主义社会和共产主义社会是经济上发展程度不同的两个阶段。1959年底，毛泽东设想，将来全世界实现共产主义以后，人们在劳动生产和分配中的相互关系，还会有无穷的变化，但是所有制方面不会有多大变化。其间，党的其他领导人也有类似看法。这表明毛泽东等人在认识什么是社会主义时，虽然把社会主义和共产主义作了区分，但主要是在生产力发展程度方面，至于生产资料的所有制则认为不会有多大差别。显然，这是欠科学的、不严格的。这样的观点，极易导致人们急于向共产主义靠拢。加之当时认为通过改变生产关系，通过人的主观努力，可以以超常规的速度发展生产力，于是便认为在所有制方面可以尽量地向马克思、恩格斯所设想的社会主义靠拢，以便在不远的将来向共产主义过渡。因此，不允许公有制以外的其他经济成分存在，追求又大又公又纯的公有制，就是顺理成章的事了。

“大跃进”运动和人民公社化运动中的急于求成、急于过渡，以及“文化大革命”中割资本主义尾巴等，可以说都是这一思路的产物。显然，毛泽东在他的晚年，最终还是把中国的社会主义所有制，与马克思、恩格斯所设想的有比较发达的生产力作基础的社会主义的所有制等同起来了，甚至把它与共产主义社会的所有制混同了。这无疑会导致对社会主义本质问题认识的偏颇。在与所有制这个问题相联系的分配问题上，则相应地趋向平均主义。虽然毛泽东倡导和发动的“大跃进”运动和人民公社化运动，主观愿望是要迅速发展生产力，使全体人民共同富裕起来。但由于生产力的发展需要一个艰难而又较长期的过程，尤其是在中国这样生产力水平低下的情况下，更是需要一个很长的时期。“大跃进”运动和人民公社化运动不可能从根本上改变国家贫穷落后的面貌。也因此，毛泽东要在短时期内使全国人民都共同富裕起来，只能是一种美好的愿望。在这种情况下，上述的片面追求所有制大、公、纯的思路和做法，也必然会在实际生活中导致社会产品分配上趋向平均化。在“大跃进”运动和人民公社化运动中，一度严重泛滥的“共产风”，与当时我们主观上的急于求成和急于过渡有重大关联。甚至连我们实行的按劳分配原则，在随后的“文化大革命”中，也被当作“资产阶级法权”加以破除，代之而起的是一种助长平均主义的分配方式。在社会生产力还很低下、社会财富有限、整个国家并不富裕的状况下，这种做法虽然能够防止贫富之间出现差距，但它在事实上只能是共同贫穷。

如同列宁和斯大林一样，毛泽东也把计划经济和社会主义紧密联系在一起。由于在观念上把计划和市场对立起来，加之后来在指导思想上的急躁情绪，毛泽东在20世纪60年代初开始走向完全排斥市场经济的立场。1961年，在扩大的中央工作会议上，毛泽东说：没有高度的集中，就不可能建立社会主义经济。由于50年代中期的经济体制的调整（或称之为改革）并不成功，因此，60年代初再度回到了比较集中的中央集权的制度轨道上，并且随着当时经济调整的需要，建立起了比过去更为集中的高度集权的计划经济体制。虽然后来毛泽东认为这种高度集中的计划体制不利于调动积极性，不利于经济发展，国家也曾再度对这种高度集中的计划体制做过调整，但由于在理论上没有突破，而且在当时条件下也不可能突破计划经济这个框架，因而，始终深陷于计划体制而不能自拔。而市场经济由于被视为资本主义，因而市场在“文化大革命”中日益受到排斥，并最终被整个社会封杀。与此相联系的价值规律问题也日益被忽略。社会的发展因此愈来愈缺乏动力和活力。

同时，由于50年代后期对社会主义社会的阶级斗争的错误观察，毛泽东开始改变他关于社会主义社会阶级斗争的正确观点。并且，错误的观点、理论和错误的实践相互纠缠，恶性循环，最终得出了“以阶级斗争为纲”的结论。其结果是使社会主义社会的政治生活变得日渐沉闷。

由上述分析可见，在什么是社会主义的问题上，在20世纪50年代末期以后，毛泽东虽然在主观上仍然要求突破苏联的模式，但客观上却还是较多地搬用了它。毛泽东在他的晚年放弃了其许多正确的和比较正确的思想或观点。毛泽东放弃这些正确的或比较正确的思想或观点的原因是多方面的，有主观的，也有客观的。主观上主要是对马列主义个别观点的某种教条化理解和对斯大林基本模式的照搬；思想方法上违背了实事求是的原则，对中国当时的情况没有作深入细致的研究。而客观上主要是缺乏经验。揭示社会主义本质是需要一个过程的。社会主义的本质是一个逐步发展、逐步展开的过程，人们对它的认识也是一个逐步深入的过程。其中，人们主观上认识问题的方法和经验的积累至关重要。经验的积累则需要一个过程。而对社会主义本质的认识，又是只有透过社会主义的现象才能抓住的。

3. 两年"徘徊"

1976年10月6日，当时的中共中央领导人华国锋在老一辈无产阶级革命家叶剑英、李先念等人的支持和帮助下，一举粉碎祸国殃民的王洪文、张春桥、江青、姚文元组成的"四人帮"，此举也标志着"文化大革命"的结束。但遗憾的是，华国锋虽然在粉碎"四人帮"问题上立了大功，却在思想理论上保守僵化，提出了一个错误的政治口号——"两个凡是"，即凡是毛主席作出的决策，我们都坚决拥护；凡是毛主席的指示，我们都始终不渝地遵循。其实不难看出，"两个凡是"在哲学上是典型的形而上学，在政治上则极大地阻碍了我们纠正"文化大革命"的错误。因为"文化大革命"也是毛泽东的决策，而且是重大决策。但在当时对毛泽东的个人崇拜还有很大影响，特别是"以阶级斗争为纲"的基本路线还居于统治地位的历史条件下，对于"两个凡是"这样打着毛泽东旗帜的错误理论，大多数人还是不能或不敢提出任何异议。这样，就极大地阻滞了中国社会在粉碎"四人帮"后的继续进步。从而出现了从1976年10月粉碎"四人帮"到1978年12月18日召开党的十一届三中全会两年间的"徘徊"局面。

第一个出来反对"两个凡是"错误理论的，不是别人，正是邓小平。1977年春天，尚处在"被打倒"状态的邓小平，以大无畏的革命精神和非凡胆略，通过找中央有关同志谈话、给中央领导同志写信等方式，旗帜鲜明地反对"两个凡是"。邓小平指出，"'两个凡是'不符合马克思主义"。"马克思、恩格斯没有说过'凡是'，列宁、斯大林没有说过'凡是'，毛泽东同志自己也没有说过'凡是'。"邓小平尖锐地指出：如果按照"两个凡是"，人类社会就不能前进。而期待邓小平早日出来工作也是当时的党心所向、人心所向、军心所向。1977年7月17日，党的十届三中全会通过了《关于恢复邓小平同志职务的决议》，邓小平得以传奇式地第三次在政治上东山再起。邓小平复出后，在中国面临向何处去的重大历史关头，他以马克思主义者的非凡胆略和科学态度，以彻底的辩证唯物主义和历史唯物主义的科学精神，坚决反对和抵制偏离党的实事求是思想路线的各种错误倾向。邓小平以马克思主义的科学态度，号召全党解放思想、实事求是，拨乱反正，并特别强调解放思想的重要性。

1978 年 5 月 11 日，《光明日报》发表了以特约评论员名义撰写的重要文章《实践是检验真理的唯一标准》，拉开了中国思想解放的大幕。这篇文章，以透彻的说理、精辟的语言阐明了马克思主义的一个基本原理，即实践是检验真理的唯一标准。这就是马克思写于 1845 年的《关于费尔巴哈的提纲》中一段再明白不过的话："人的思维是否具有客观的真理性，这不是一个理论的问题，而是一个**实践的**问题。人应该在实践中证明自己思维的真理性，即自己思维的现实性和力量"①。这篇重要的文章，在当时引起了全国的巨大反响，并在随后的半年间在全党和全国人民中展开了一场轰轰烈烈的关于真理标准问题的大讨论。这实际上也是一次思想的大解放。邓小平坚决支持和推动关于真理标准的大讨论，重树了实践的权威。在 1978 年底召开的中央工作会议也就是党的十一届三中全会的预备会上，邓小平作了题为《解放思想，实事求是，团结一致向前看》的重要讲话。在这篇具有宣言书意义的讲话中，"解放思想"四个大字首次出现在"实事求是"的前面。邓小平强调，我们观察、处理任何问题都必须从实际出发，一定要以时间、地点、条件为转移。他说："一个党，一个国家，一个民族，如果一切从本本出发，思想僵化，迷信盛行，那它就不能前进，它的生机就停止了，就要亡党亡国。""只有解放思想，坚持实事求是，一切从实际出发，理论联系实际，我们的社会主义现代化建设才能顺利进行，我们党的马列主义、毛泽东思想的理论也才能顺利发展。""实事求是，一切从实际出发，理论联系实际，坚持实践是检验真理的标准，这就是我们党的思想路线。"邓小平的这些论述对于重新确立党的思想路线，统一全党和全国人民的思想起到了不可估量的作用。

4. 改革开放新时期

党的十一届三中全会以来，以邓小平为核心的党的第二代中央领导

---

① 《马克思恩格斯文集》，第 1 卷，503～504 页。

集体在新的历史条件下对什么是社会主义、怎样建设社会主义这一问题进行了孜孜不倦的探索，最终在社会主义本质理论方面实现了重大突破。这一重大突破为人们认识社会主义和建设社会主义提供了科学指南。

1978年，面对当时中国生产力十分落后以及人民生活普遍贫困的状况，邓小平在唐山、天津等地视察时就曾郑重指出："社会主义要表现出它的优越性，哪能像现在这样，搞了二十多年还这么穷，那要社会主义干什么？"① 这虽然还只是从现象层面对社会主义的认识，却引发了他对社会主义本质的持续深入探索。1980年5月5日，在会见几内亚总统艾哈迈德·塞古·杜尔时，邓小平第一次使用了"社会主义的本质"一词。他说："社会主义是一个很好的名词，但是如果搞不好，不能正确理解，不能采取正确的政策，那就体现不出社会主义的本质。"② 他在这次谈话中还明确提出"社会主义大力发展生产力"的要求，即"讲社会主义，首先就要使生产力发展，这是主要的……社会主义经济政策对不对，归根到底要看生产力是否发展……"③ 1985年，邓小平在论述改革的性质时强调："改革的性质同过去的革命一样，也是为了扫除发展社会生产力的障碍，使中国摆脱贫穷落后的状态。"④ "扫除发展社会生产力的障碍"的提出，实际是"解放生产力"这一思想的雏形。1990年12月24日，邓小平在同江泽民、杨尚昆、李鹏谈话时指出："社会主义不是少数人富起来、大多数人穷，不是那个样子。社会主义最大的优越性就是共同富裕，这是体现社会主义本质的一个东西。如果搞两极分化，情况就不同了，民族矛盾、区域间矛盾、阶级矛盾都会发展，相应地中央和地方的矛盾也会发展，就可能出乱子。"⑤ 从谈话的内容来看，邓小平关于社会主义要"消灭剥削，消除两极分化，最终达到共同富裕"的思想已基本形成。1992年，邓小平在南方谈话中对社会主义本质做了完整、精辟的概括，即"社会主义的本质，是解放生产力，发展生产力，消灭剥削，消除两极分化，最终达到共同富裕。"⑥ 这无疑标志着邓小平关于社会主义本质理论的最终形成。

---

① 《邓小平年谱（一九七五——一九九七）》（上），384页，北京，中央文献出版社，2004。

②③ 同上书，629页。

④ 《邓小平文选》，1版，第3卷，135页，北京，人民出版社，1993。

⑤ 同上书，364页。

⑥ 同上书，373页。

邓小平关于社会主义本质理论是中国共产党人不断推动理论与时俱进的重要标志，是对社会主义理论创新的重大贡献，也是中国特色社会主义理论的重要基石。当然，以邓小平为代表的中国共产党人并没有穷尽社会主义本质的相关真理，以江泽民、胡锦涛、习近平等为代表的中国共产党人结合国内外条件的新变化，从不同方面推动了这一理论的创新与发展。

第二节 中国社会主义经历的三次重大考验

中国共产党人探索马克思主义中国化的实践并不总是一帆风顺的。中国社会主义在不断发展和进步的历程中也经历了三次重大考验，即1956年的反斯大林事件和匈牙利事件、“文化大革命”以及1989年春夏之交的政治风波，这些重大考验，对中国特色社会主义道路的探索产生了不可磨灭的影响。

一、1956年反斯大林事件和匈牙利事件的发生

苏联共产党第二十次代表大会于1956年召开，是苏联历史乃至国际共产主义历史的一个重要转折点。会上主要批判了对斯大林的个人迷信，指出斯大林主义的错误，还提出“三和”的新理论，对世界形势产生了重大的影响。在苏共二十大的一次秘密会议上，赫鲁晓夫突然抛出了一份长达4小时的题为《关于个人迷信及其后果》的“秘密报告”。在讲话中，他谴责了斯大林依靠酷刑迫使清白无辜的人民招供，并将他们大量地处死；谴责了斯大林在第二次世界大战中的策略；谴责了1948年斯大林对破坏苏联与南斯拉夫关系所负有的责任；谴责了对斯大林的“个人崇拜”。在被紧急召集到会议大厅的代表们的惊愕中，赫鲁晓夫全盘否定了斯大林，揭露了很多苏共和国际共产主义运动的负面情况。苏共二十大震惊了世界，也造成了极其严重的政治后果，1956年当年就发生了波兹南事件和匈牙利事件，死伤上千人。

匈牙利事件是指1956年匈牙利人民共和国发生的政治事件。1956年2月苏共二十大之后，在匈牙利劳动人民党内、社会各界人士和人民

群众中，要求批判中央第一书记拉科西·马加什的情绪日益强烈。1956年7月，匈牙利劳动人民党中央全会宣布解除拉科西中央第一书记职务，由格罗·艾尔诺接替。匈牙利政治形势日趋恶化。布达佩斯从10月23日清晨起，先是由几千名大学生，随后增加到十余万市民举行示威游行。大多数参加者要求纠正以前的错误，实行新的经济政策，要求纳吉·伊姆雷出任总理。格罗·艾尔诺发表广播演说指责示威游行，进一步激化了矛盾。当天夜晚，一批暴乱分子武装袭击国家广播大楼，随即攻占电台以及一些武器仓库和警察哨所，进而袭击公安部队人员和共产党人。深夜，匈牙利政府宣布改组，由纳吉·伊姆雷出任总理。纳吉·伊姆雷向全国发表广播讲话，声称这次事件为"反革命事件"，政府已请求驻扎在匈牙利的苏联部队协助平息叛乱，要求闹事者放下武器。此后，暴乱波及全国。10月28日，纳吉·伊姆雷在广播讲话中宣布苏军将撤离布达佩斯，解散国家保安局，成立新政府。这事实上意味着匈牙利的社会主义政权已经被推翻。随后，苏联宣布出兵匈牙利，经过激烈巷战，最后重新恢复了匈牙利的社会主义政权。1958年，纳吉被认为应为匈牙利事件负责，被匈牙利政府以"叛国罪"处以绞刑。

赫鲁晓夫的反斯大林事件，有着极为深刻的历史教训。首先应当承认，个人崇拜确实是当时的一些社会主义国家带有一定普遍性的问题。在斯大林当政期间，也确实由于对他的极端个人崇拜而导致的绝对权力，给苏联共产党和社会主义建设带来了相当大的损害。所以对斯大林错误的批评本身是无可厚非的。毛泽东在了解这一事件后曾说过"一则以喜"，就是表明了我们对反对个人崇拜的历史唯物主义态度。但问题的关键在于，赫鲁晓夫采取了一种卑劣的手法，即用"突然袭击"的方式，没有任何策略的铺垫，完全不考虑当时斯大林在苏联党和人民乃至在全世界无产阶级中的巨大威望，也完全不能辩证地分析斯大林的功过，对斯大林在领导苏维埃发展和抗击德国法西斯斗争中的巨大功绩绝口不提，毫不留情地彻底否定了斯大林。结果，表面上是批判斯大林，实际上则是为各种反对社会主义和反对共产党的政治势力提供了炮弹，严重损害了社会主义的声誉，在当时的苏联和东欧各社会主义国家内部产生了对社会主义的严重怀疑，是一种极大的信念危机。事实上，当时以美国为首的西方资本主义阵营也确实趁机掀起了一股反共反社会主义的狂潮。所以毛泽东又说，对此"一则以忧"。而匈牙利事件确实也对我国的社会主义事业产生了严重影响，它首先是严重干扰了毛泽东对社会主义社会主要矛盾的判断。

1956年召开的中国共产党第八次全国代表大会，本来已经对我国社会主义社会的主要矛盾作出了精辟的分析。八大认为，随着我国土地改革的完成，地主阶级作为一个阶级已经被消灭；随着对资本主义工商业改造的完成，资产阶级作为一个阶级也已经被消灭。既然国内的两大剥削阶级都已经被消灭，那么国内的主要矛盾当然也就不应该是阶级矛盾了。但是，匈牙利事件的发生使毛泽东认为，社会主义社会不但存在阶级斗争，而且是你死我活的阶级斗争。这一认识固然有客观的历史原因，但主要还是主观认识上出了问题，即过于严重地估计了匈牙利事件对我国的影响以及错误估计了国内的阶级斗争形势，从而在指导思想上犯了“左”的错误，完全偏离了八大制定的正确路线，逐渐走上一条“以阶级斗争为纲”的错误道路，直至“文化大革命”那样全局性的错误发生。

二、“文化大革命”的发生

“文化大革命”是指1966年5月至1976年10月在中国由毛泽东错误发动和领导、被林彪和江青两个反革命集团利用、给中华民族带来严重灾难的政治运动。1966年，正当国民经济的调整基本完成，国家开始执行第三个五年计划的时候，意识形态领域的批判运动逐渐发展成矛头指向党的领导层的政治运动。一场长达十年、给党和人民造成严重灾难的“文化大革命”爆发了。

毛泽东发动这场“大革命”的出发点是防止资本主义复辟、维护党的纯洁性和寻求中国自己的建设社会主义的道路。但他对党和国家政治状况的错误估计这时已经发展到非常严重的程度，认为党中央出了修正主义，党和国家面临资本主义复辟的现实危险，过去几年的农村“四清”、城市“五反”和意识形态领域的批判，都不能解决问题，只有采取断然措施，公开地、全面地、由下而上地发动广大群众，才能揭露党和国家生活中的阴暗面，把所谓被“走资派篡夺了的权力”夺回来。这是在60年代中期发动“文化大革命”在思想上起主导作用的原因。

在这场所谓的“大革命”中，包括党和国家领导人在内的大批中央党政军领导干部、民主党派负责人、各界知名人士和群众受到诬陷与迫害。党和政府的各级机构、各级人民代表大会和政协组织，长期陷于瘫痪和不正常状态。公安、检察、司法等专政机关和维护社会秩序的机关都被搞乱了。在长时间的社会动乱中，国民经济发展缓慢，主要比例关系长期失调，经济管理体制更加僵化。这十年间，按照正常年份百元投资的应增效益推算，国民收入损失达 5 000 亿元。人民生活水平基本上没有提高，有些方面甚至有所下降。自 70 年代起，正是国际局势趋向缓和，许多国家经济起飞或开始持续发展的时期。但是，由于“文化大革命”的影响，中国不仅没能缩小与发达国家已有的差距，反而拉大了相互之间的差距，从而失去了一次发展机遇。这场由文化领域发端的“大革命”，对教育、科学、文化的破坏尤其严重，影响极为深远。很多知识分子受到迫害，学校停课，文化园地荒芜，许多科研机构被撤销，在一个时期内造成了“文化断层”、“科技断层”、“人才断层”。据 1982 年的人口普查统计，全国文盲和半文盲达 2.3 亿多，占全国总人口数的近 1/4，严重影响到全民族文化素质的提高和现代化事业的发展。“文化大革命”造成全民族空前的思想混乱，党的建设和社会风气受到严重破坏。一些投机分子、野心分子、阴谋分子和打砸抢分子趁机混到党内并窃取一部分权力，无政府主义、极端个人主义、个人崇拜以及各种愚昧落后的思想行为泛滥开来，致使一些人对马克思主义的信仰和社会主义的信念受到严重削弱。

党的十一届三中全会重新恢复和确立了实事求是的思想路线，也对“文化大革命”的“左”的错误进行了坚决的批判。1981 年，在邓小平的主持下，党的十一届六中全会通过了《关于建国以来党的若干历史问题的决议》，彻底否定了“文化大革命”。一定意义上，我们党后来提出要改革党和国家领导制度、坚持依法治国、实行改革开放和坚持以经济建设为中心等重大决策，都是反思“文化大革命”的错误、拨乱反正的必然结果。

三、1989 年政治风波的发生

20 世纪 80 年代末，社会上掀起一股资产阶级自由化思潮。所谓自由化，就是大肆宣传资产阶级的民主和自由，进行反党反社会主义的活动，目的是要改变我国现行的社会主义制度，把中国引向资本主义。在此影响下，1989 年 4 月初，北京一些高校的青年学生针对现实社会中存在的问题开展各种形式的活动，形成学潮。4 月 15 日，原中共中央总书记胡耀邦逝世，广大群众和青年学生举行各种形式的悼念活动，但是极少数鼓吹资产阶级自由化的人却利用这个时机，以悼念为借口，进行反党反社会主义的活动。在他们的煽动下，首都及地方一些高校的学生大批涌上街头举行游行活动，西安、长沙等地的一些不法分子趁机进行了打、砸、抢、烧，学潮迅速发展成为动乱。4 月 26 日，《人民日报》发表题为《必须旗帜鲜明地反对动乱》的社论，指出这是一场有计划的阴谋，是一次动乱，其实质是从根本上否定党的领导，否定社会主义制度。社论号召大家紧急行动起来，采取坚决有力的措施制止动乱。但是，形势并没有好转。5 月 19 日晚，中共中央决定在首都部分地区实行戒严，但少数暴乱分子煽动一些人与戒严部队对抗。同时，上海、广州等地也接连发生暴徒冲击党政机关、破坏交通设施等严重事件。对此，党中央、国务院、中央军委采取果断措施，平息了暴乱。这场政治风波破坏了我国正常的社会秩序，扰乱了正常的经济建设进程，给党、国家和人民造成了重大损失。平息动乱的胜利，巩固了我国的社会主义阵地和十年改革开放的成果，也给党和人民提供了有益的经验教训。

邓小平在总结此次政治风波的历史教训时曾经说过，发生这一事件实际是国际大气候和国内小气候共同作用的结果。所谓国际大气候，就是当时以美国为首的一些西方国家，利用一切手段实施对社会主义国家的“和平演变”，试图分化、渗透、瓦解和颠覆社会主义的国家主权。从 1989 年末到 1991 年末的两年间，发生了东欧剧变、苏联解体的重大事变，世界社会主义陷入低潮。而国内小气候则是国内一些别有用心的坚持资产阶级自由化的人，利用青年学生的爱国热情，试图煽动改变我国社会主义的根本制度。这一事件也暴露了我们在一定时期忽视对青年学生的思想政治教育、反击资产阶级自由化不力的问题。它深刻提示我们，在纷繁复杂的国家政治斗争形势下，中国只有大力加强社会主义意识形态建设，只有始终坚持改革开放的社会主义方向，才能抵御西方“和平演变”的图谋。

尽管发生了苏东剧变和国内政治风波的严重事件，但并没有从根本上改变和平与发展已成为时代主题的世界大局，也没有改变我国社会主义社会的主要矛盾——人民日益增长的物质文化需要同落后的社会生产之间的矛盾。因此，中国要真正坚持住社会主义，其根本点还是在于要继续坚持党在社会主义初级阶段的基本路线，即“一个中心、两个基本点”的基本路线，坚定不移地走中国特色社会主义道路。1992年春，在当时极为复杂的国际国内形势下，在我国改革开放的关键时刻，87岁高龄的邓小平到深圳、珠海等改革开放的前沿地区视察，并发表了一系列极为重要的谈话。他指出，在中国，只要不搞社会主义，不搞改革开放，不发展经济、改善人民生活水平，走任何一条路，都是死路。邓小平视察南方的谈话，后来被他称为对全党的政治交代。这一谈话对于我们坚定不移地坚持改革开放，坚定不移地走中国特色社会主义道路有着战略性的长远的指导意义。

这三次重大考验，我们都不同程度地付出了代价。但善于总结经验并敢于承担责任，勇于纠正错误，是中国共产党在长期革命斗争中形成的内在品质。客观地说，毛泽东在应对第一次考验的实践中，由于主客观方面的多种原因，没有作出正确的抉择，以致发生“文化大革命”那样的历史悲剧。但也正是在这种深刻的教训中，我们党终于清醒地意识到，那样一条路实在走不通，从而也才有了后来的改革开放。而1989年的政治风波，也促使我们深刻认识到当时的国际大气候和国内小气候，更加坚定了我们坚持走中国特色社会主义道路和改革开放的决心，不但没有出现像苏联那样的整体崩溃，反而在1992年以后通过社会主义市场经济改革等更有力度的一系列重大改革措施，使我国的社会主义事业蓬勃发展。

第三节　社会主义发展进程的历史启示

不可否认，在中国共产党历史上的一些时期，我们曾经犯过错误，甚至遇到严重挫折，根本原因就在于当时的指导思想脱离了中国实际。我们党之所以能够依靠自己和人民的力量纠正错误，在挫折中奋起，继续胜利前进，根本原因就在于重新恢复和坚持贯彻了实事求是。历史已经充分证明，要坚持以马克思主义、毛泽东思想和中国特色社会主义理论体系指导中国革命、建设和改革，就必须充分认识贯穿于马克思主义、毛泽东思想和中国特色社会主义理论体系中的认识、分析与解决问题的立场、观点和方法，即理论精髓，也就是实事求是。

一、坚持实事求是的思想路线

实事求是是马克思主义中国化理论成果的精髓。所谓精髓，对于某一理论而言，指的是能使这一理论得以形成和发展并贯穿其始终，同时又体现在这一理论体系各个基本观点中的最本质的东西。马克思主义中国化的各个理论成果，其精髓都是实事求是。实事求是之所以是马克思主义的精髓，是因为实事求是来源于马克思主义的基本观点：实事求是来源于唯物论的观点。唯物论的观点无非是指，世界在本质上是物质的，人在认识和把握世界时，要按照世界本身所呈现的样子来理解世界，从事实本身的联系来把握事实。实事求是来源于反映论的观点。按照马克思主义的反映论，认识是主体在实践过程中对客体的反映，这一反映过程随着人们的实践发展由感性认识到理性认识，并且通过实践、认识、再实践、再认识这一循环往复以至无穷的过程，使认识不断深化。实事求是要求我们，要在不断的实践中引出固有的而不是臆造的规律作为我们行动的向导。实事求是来源于辩证法的观点。辩证法本质上具有革命的、批判的精神。马克思主义中国化理论成果的各个精髓是解放思想、实事求是、与时俱进。一方面，正是由于把握和运用了这个精髓，才有毛泽东思想、邓小平理论和“三个代表”重要思想的创立和发展，才有党的十六大以来的理论创新；另一方面，这个精髓，又体现在马克思主义中国化各个理论成果基本内容的各个方面。正是把握和运用了这个精髓，一代又一代马克思主义者在开创和发展社会主义事业的历史进程中，才能不断解决新课题，开拓新境界。解放思想和实事求是是内在统一的。解放思想是实事求是的内在要求和前提。实事求是是解放思想的目的和归宿。尊重实践、尊重群众，是实事求是思想路线的根本体现。与时俱进是马克思主义的理论品质，是解放思想、实事求是的具体体现和根本要求。

二、正确分析社会主义社会的基本矛盾和主要矛盾

人类社会是一个矛盾的社会，问题以矛盾的形式存在。任何社会形态都充满了各种矛盾，而纷繁的矛盾中，只有一个是当时的主要矛盾。共产党人解决问题讲方法，也就是找当前的主要矛盾，解决主要矛盾。主要矛盾解决了，一大批与主要矛盾相生的次要矛盾也就随之解决了。

然后再寻找主要矛盾，解决之。社会主义社会的基本矛盾是生产力和生产关系、经济基础和上层建筑之间的矛盾。

在社会主义初级阶段，社会的主要矛盾是人民日益增长的物质文化需要同落后的社会生产之间的矛盾。对于社会主义社会主要矛盾的正确判断，是我们党确立其基本路线的主要依据。解决这一矛盾就要求我们大力发展社会生产力，党的基本路线提出以经济建设为中心，就抓住了这一主要矛盾。这个主要矛盾，贯穿我国社会主义初级阶段的整个过程和社会生活的各个方面，决定了我们的根本任务是集中力量发展社会生产力。对于认识社会主义社会的主要矛盾，我们经历过一些挫折和教训。1956 年召开的党的八大指出，社会主义制度在我国基本建立以后，国内主要矛盾已经不再是工人阶级和资产阶级的矛盾，而是人民对于经济文化迅速发展的需要同当前经济文化不能满足人民需要的状况之间的矛盾。但是由于“左”的错误，这一正确论断没有得到实施就被动摇，接着提出了“以阶级斗争为纲”，把两个阶级、两条道路的斗争作为主要矛盾，以至于发展到“文化大革命”，造成全局指导上的失误。党的十一届三中全会以后，我们党纠正了这个错误，重新明确我国社会的主要矛盾是人民日益增长的物质文化需要同落后的社会生产之间的矛盾。从党的十二大到十八大，我们党始终坚持这个科学论断。

三、我国建设社会主义的根本经验

1. 社会主义不仅要在生产关系方面，更要在生产力发展上最终超越资本主义

中国共产党要代表中国先进生产力的发展要求，就要把解放和发展生产力作为社会主义的根本任务，通过我们党的领导及其制定的路线、方针、政策，促进生产力的不断发展，促进国家经济实力的不断增强。

首先，坚持把解放和发展生产力作为社会主义的根本任务。社会主义本质的一个主要内容，就是解放和发展生产力。社会主义要发挥自己的功能和优越性，就必须把解放和发展生产力放在根本和首要的位置。只有大力发展生产力，才能增强国家综合国力，不断提高人民的物质文化生活水平，才能在与资本主义的竞争中逐步取得优势地位。中国作为一个经济文化比较落后的国家，现在处于并将长期处于社会主义初级阶段，因此，面临着更为紧迫的解放和发展生产力的任务。邓小平指出：

“社会主义的首要任务是发展生产力，逐步提高人民的物质和文化生活水平。”“社会主义制度优越性的根本表现，就是能够允许社会生产力以旧社会所没有的速度迅速发展，使人民不断增长的物质文化生活需要能够逐步得到满足。”按照历史唯物主义的观点，正确的政治领导的成果，归根结底要表现在社会生产力的发展上、人民物质文化生活的改善上。社会主义的任务很多，但根本一条就是发展生产力。正因为如此，作为一个马克思主义政党，作为一个致力于建设社会主义和为人民谋利益的政党，就必须始终致力于解放和发展生产力。

其次，坚持以经济建设为中心不放松。把全党工作的重点转移到经济建设上来，一心一意搞现代化，发展生产力，这是党的十一届三中全会以来，邓小平领导全党所作的最根本的拨乱反正，也是我国历史上的一个伟大的转折。把经济建设放在中心地位，这是社会主义本质和根本任务的要求，同时，也是解决社会主义初级阶段主要矛盾的要求。“现代化建设的任务是多方面的，各个方面需要综合平衡，不能单打一。但是说到最后，还是要把经济建设当作中心。离开了经济建设这个中心，就有丧失物质基础的危险。其他一切任务都要服从这个中心，围绕这个中心，决不能干扰它，冲击它。”坚持以经济建设为中心，不是一朝一夕的事情，而是一个长期的战略方针。在整个社会主义历史阶段，在不发生较大战争的情况下，都要坚持以经济建设为中心不动摇。

2. 社会主义必须始终坚持马克思主义的最根本的社会价值观

马克思主义价值观，是以追求人的自由和全面发展为崇高社会理想的价值观，是以人为本、促进社会和谐发展的价值观，是求真务实、按经济和社会客观规律办事的价值观，是创造社会公平正义，倡导为社会奉献、为社会大多数成员谋利益的价值观。在新的历史条件下，尽管经济、社会生活和思想文化观念纷繁复杂，但马克思主义的价值观仍是社会主义社会最根本的社会价值观。我们要从以下几方面牢固树立并坚持马克思主义的价值观。

（1）牢固树立“以人的自由和全面发展为目的”的崇高社会理想价值观，把人生的理想，坚定不移地定位在为共产主义理想奋斗上。共产主义作为人类的自由和全面发展的理想社会，是一个不断的历史实现过程。因此，我们要坚信共产主义这个人类社会最高理想一定会实现。我们要始终把人生的价值观，坚定不移地定位在为实现共产主义奋斗上，在为实现“人的自由和全面发展”的进程中实现自己的人生价值。

(2) 牢固树立“以实现社会成员共同利益为目的，以促进社会成员共同富裕为目标”的执政为民价值观。纵观我们党成立90多年来的奋斗史，什么时候我们充分地为广大人民谋利益，人民群众的革命和建设热情就高涨，革命就会取得成功，建设事业就有大的发展。今天，在深化改革开放、全面推进社会主义市场经济建设的时刻，我们要更加重视广大人民群众的主体作用，要把促进社会成员共同富裕、实现社会成员的共同利益作为我们事业发展的目的。我们想问题、办事情，首先要充分考虑有利于促进社会成员的共同富裕。领导干部要在为最广大人民群众谋利益的过程中，实现自己的工作价值和人生价值。

(3) 牢固树立民主法治、公平正义的价值观，为构建社会主义和谐社会贡献力量。民主法治、公平正义是社会主义和谐社会的重要特征，是我们构建和谐社会的基本价值取向，是社会成员的共同利益所在，是物质价值和精神价值的统一。当前，要着重在为社会不同阶层实现利益分配公平上下工夫，努力为广大人民群众提供公平的竞争条件、公平的就业机会、公平的分配规则。

人类社会是不断发展变化的，马克思主义价值观是在社会的发展变化中生成和不断充实的。在新的历史条件下牢固树立和坚持马克思主义价值观主要有以下途径：第一，坚持马克思主义的价值取向，以人为本，围绕人的物质需要、精神需要和素质全面提高，制定发展规划，推动发展的深入。第二，确立以人民群众为价值评价主体、以满足人民群众的需要和解决实际问题为标准的价值评价标准。第三，建立牢固树立和坚持马克思主义价值观的长效机制。

3. 社会主义必须体现最广大人民的根本利益

人民群众是历史活动的主体，是社会发展的决定性力量。人民群众的意志、愿望、要求和实践，反映着社会发展趋向，体现着社会发展规律。坚持尊重社会发展规律与尊重人民历史主体地位的一致性，就必须强化人民群众的主人翁地位，把人民群众的积极性、主动性、创造性调动好、发挥好、保护好。人民群众作为历史活动的主体，他们的意志、愿望、要求和实践，反映着社会发展趋向，体现着社会发展规律。反映并代表最广大人民的利益、意愿和要求，就是遵循社会发展规律，而遵循社会发展规律，就必然要求反映并代表最广大人民的利益、意愿和要求。因此，任何阶级和政党，要成为进步的社会力量，按照社会发展规律推动社会前进，就必须站在人民群众一边，反映并代表最广大人民的利益、意愿和要求。

中国共产党作为用马克思主义武装起来的工人阶级政党，其崇高理想是实现共产主义，这是我们党的最高纲领。同时，在革命、建设和改革的各个历史阶段，我们党还确定了每个阶段的基本纲领即最低纲领，并由此形成了为广大人民群众所认同和接受的共同理想。无论是最高纲领还是最低纲领，无论是远大理想还是共同理想，其方向和目的都是一致的，都统一于为最广大人民谋利益的实践之中。因此，坚持为崇高理想奋斗与为最广大人民谋利益的一致性，也就是坚持党的最高纲领与最低纲领、远大理想与共同理想的一致性，就是坚持共产党人的理想追求与为现实社会人民群众服务的一致性。党的事业就是人民的事业，党除了最广大人民的利益，没有自己的特殊利益。坚持完成党的各项工作与实现人民利益的一致性，就必须坚持把最广大人民的根本利益作为制定和执行路线、纲领、方针、政策的出发点和归宿，把对上负责与对下负责统一起来，坚持党的群众路线，妥善处理各种利益关系。

资料小链接

“文化大革命”是怎样结束的？

李　捷

毛泽东一桩未了的心愿

从 1969 年召开中共九大之日起，如何结束“文化大革命”的问题被提上了议程。在此以前，毛泽东曾经多次谈到结束“文化大革命”的问题，但都因为条件不成熟而作罢。

在毛泽东看来，中共八届十二中全会解决了刘少奇的问题，全国也建立了省、市、自治区一级的革命委员会，“文化大革命”已经取得了决定性的胜利，再经过“斗、批、改”，这个运动就基本上可以结束了。因此，他向中共九大提出了这样的希望：“我希望，我们的大会，能够开得好，能够开成一个团结的大会，胜利的大会。”

毛泽东的希望落了空。他没有料到，党面临的是一场更加惊心动魄的斗争，其始作俑者正是那位“亲密战友和接班人”林彪。

1971 年 9 月 13 日，林彪摔死在温都尔汗，客观上宣告了“文化大革命”的理论和实践的破产。毛泽东在精神上陷入极大的痛苦和自责之中。然而，毛泽东毕竟是饱经风霜的无产阶级革命家，他以非凡的毅力尽力弥补已经觉察的过失，积极支持周恩来主持中央日常工作，使各方面工作有了转机。

周恩来在主持中共中央日常工作期间，提出了要集中批判极左思潮的问题。这使结束“文化大革命”有了可能。在这个问题上，毛泽东与周恩来的看法不同。毛泽东认为，当时的任务仍然是反对“极右”。还说：林彪是极右，修正主义，分裂，阴谋诡计，叛党叛国。

尽管周恩来是在充分肯定“文化大革命”的前提下，提出要批极左思潮的，但是，这个口号本身，毕竟触及了对“文化大革命”的评价等深层问题。这不但是靠“文化大革命”起家的江青等人所不能容忍的，也遭到了毛泽东的否定。接踵而来的所谓“批林批孔”运动，又把中国卷入了无休止的动乱之中。结束“文化大革命”的努力再次落了空。

1973 年起，毛泽东多次提议恢复邓小平的工作。1975 年 1 月，中共十届二中全会选举邓小平为中共中央副主席、政治局常委，他在毛泽东的支持下开始主持中央工作。

毛泽东希望在肯定“文化大革命”的理论和实践的前提下，结束“文化大革命”。事实证明，这只是空想。1975 年 11 月 20 日，毛泽东提议要邓小平主持中共中央政治局会议，作出一个肯定“文化大革命”的决议，总的评价是“七分成绩，三分错误”。邓小平婉言拒绝了这个提议，表示：由我主持写这个决议不合适，我是桃花源中人，不知有汉，无论魏晋。这年年底，毛泽东批准发动“批邓、反击右倾翻案风”，全国再度陷入混乱之中。

毛泽东真诚地希望结束“文化大革命”，却无力回天。他曾经无奈地形容这是“树欲静而风不止”。产生这种巨大矛盾的根本原因，是毛泽东不仅不愿意放弃“无产阶级专政下继续革命”的理论，而且始终认为这是捍卫马克思列宁主义理论的纯洁性、战斗性所必需的。他讲过，他一生做过两件大事，一件是把蒋介石赶到一群小岛上去，另一件就是发动“文化大革命”。可见“文化大革命”在他心目中的地位。他看到并且亲自纠正了“文化大革命”的某些错误，包括像“打倒一切”、“全面内战”这样重大的错误，但却始终坚持“三七开”的结论。邓小平后来说："毛泽东同志到了晚年，确实是思想不那么一贯了，有些话是互相矛盾的。比如评价'文化大革命'，说三分错误、七分成绩，三分错误就是打倒一切、全面内战。这八个字和七分成绩怎么能联系起来呢?"这时，毛泽东已经不能正视错误，否定自我，像以往那样奇迹般地从困境和曲折中走出来。

毛泽东曾经这样评价斯大林："党和国家的任何一个领导人，当他不是把个人放在党和群众之中，而是相反地把个人放在党和群众之上的时候，当他脱离了群众的时候，他对于国家的事务就会失去全面的洞察力。只要是这样，即使像斯大林这样杰出的人物，对于某些重大的事务，也不可避免地要作出不合实际的错误的决定。"像毛泽东这样的时代巨人，同样不能超越历史的局限。结束"文化大革命"，也就成为毛泽东的一桩未了的心愿。

邓小平的整顿

历史走到 70 年代中期，已经形成了这样一种局面：不根本否定"文化大革命"，就无法结束"文化大革命"。

邓小平曾经说过："其实，拨乱反正在一九七五年就开始了。那时我主持中央党政工作，提出了一系列整顿措施，每整顿一项就立即见效，非常见效。这些整顿实际上是同'文化大革命'唱反调，触怒了'四人帮'。他们又一次把我轰下了台。"

邓小平整顿的纲领是毛泽东的"三项指示"。邓小平在中央读书班的一次讲话中，传达了毛泽东的三条意见：第一，要学习理论，反修防修；第二，要安定团结；第三，要把国民经济搞上去。并说："这三条指示互相联系，是个整体，不能丢掉任何一条。这是我们这一时期工作的纲。"随后，他又要人起草了《论全党全国各项工作的总纲》，对"三项指示"作了进一步的阐发。

《总纲》虽然重复了"无产阶级专政下继续革命"的理论的内容，重复了"文化大革命"的一些错误结论，但是把锋芒对准了极左思潮及其表现——拉山头、打派仗，并批驳了盛极一时的所谓"造反"、"反潮流"精神，剥掉了极左思潮的马列主义外衣。尤其重要的是，《总纲》集中批驳了极左理论家挥舞的所谓"唯生产力论"的大棒，旗帜鲜明地提出了"辩证地理解政治和经济的对立统一关系"和关于社会生产力标准的观点。

《总纲》援引列宁的话："教育的成果，只有用经济状况的改善来衡量。"又引了毛泽东讲过的话："中国一切政党的政策及其实践在中国人民中所表现的作用的好坏、大小，归根到底，看它对于中国人民的生产力的发展是否有帮助及其帮助之大小，看它是束缚生产力的，还是解放生产力的。"接着指出："区别真马克思主义和假马克思主义，区别正确路线和错误路线，区别真干革命和假干革命，区别真干社会主义和假干社会主义，区别干部所做工作的成绩是坏是好，是大是小，归根结底，只能也只应按照列宁和毛主席所提出的这个标准来衡量。"

这实际上是1975年整顿的指导思想，在当时的特定条件下，具有振聋发聩的作用。1975年3月5日，邓小平在全国工业书记会议上明确提出：把国民经济搞上去，为实现四个现代化目标而奋斗，这就是全党的大局。会后有人说，这是"复辟纲领"。就这样，一场系统纠正"文化大革命"错误的变革，紧锣密鼓地拉开了帷幕。这场变革，来得突然，但却有纲领，有理论，有步骤，有策略。从1975年2月9日起，邓小平召开了全国工业书记会议、钢铁工业座谈会、全国农业学大寨会议、中央军委扩大会议、国防工业重点企业会议、农村工作座谈会等一系列的会议，并听取了中国科学院的工作汇报，开始了全面整顿。邓小平大胆指出："当前，各方面都存在一个整顿的问题。""整顿的核心是党的整顿。""整党主要放在整顿各级领导班子上"，"领导班子整顿好了，党员的问题就容易解决了"。他还指出："割裂毛泽东思想这个问题，现在实际上并没有解决。比如文艺方针，毛泽东同志说，要古为今用，洋为中用，百花齐放，推陈出新。这是很完整的。但是，现在百花齐放不提了，没有了，这就是割裂。"经过几个月的整顿，全国工农业生产和交通运输的形势明显改观，党、政、军、民、学等各个方面有了新的气象，长期受到极左思潮压抑的知识分子开始扬眉吐气。更重要的是，邓小平在毛泽东的支持下，同江青集团展开了针锋相对的斗争，并且迫使江青向毛泽东和中央政治局交出了书面检讨。这件破天荒的稀罕事，极大地打压了极左思潮的气焰。

1975年底，正当整顿逐步发展成为对"文化大革命"错误的系统纠正的时候，形势急转直下。毛泽东提出："有两种态度，一是对文化大革命不满意。二是要算账，算文化大革命的账。"他还对整顿的纲领提出尖锐批评，说："什么'三项指示为纲'，安定团结不是不要阶级斗争，阶级斗争是纲，其余都是目。”并且再次重申对“文化大革命”“三七开”的评价，即“七分成绩，三分错误”。就这样，一场整顿与变革，被“以阶级斗争为纲”的指导思想扼杀了。接下来，是一场很不得人心的大批判运动。然而，这次整顿唤醒了人们长期受到极左思潮压抑的理性思考，促使人民群众朦胧地感到了中国未来的方向。“以阶级斗争为纲”的批判火焰，实际上为彻底否定自身创造了条件。在这种情况下，批判越猛烈，不满和反抗就越强烈。人心向背，发生了根本性的转变。

“柳暗花明又一村”

1976 年，是中国人民化大悲为大喜的一年。这年伊始，周恩来总理病逝。接着，众望所归的邓小平，在主持了周恩来的追悼会以后，被再次打倒。随之而来的，是一浪高过一浪的“批邓、反击右倾翻案风”的大批判浪潮。2 月 2 日，中共中央根据毛泽东的提议，决定由华国锋担任国务院代总理。毛泽东没有让江青集团染指党和国家的重要权力。

从 1 月到 4 月，人民悼念周总理的各种活动有增无减。4 月 5 日清明节前后，一场声势浩大的悼念周总理、声讨“四人帮”的群众运动席卷全国。江青集团的骨干分子，都是靠群众运动起家的。但是，他们最终逃不脱群众运动的惩罚。这是人民的抗争。

“四五运动”绝非偶然。它是林彪事件以来，人民群众对极左思潮多年观察反省的结果。这场运动，集中地表现出人民对极左思潮的代表者——江青集团——的痛恨，表现出人民群众对党内健康力量的代表者——周恩来、邓小平等人——的怀念和呼唤。为了表达拥护以邓小平为代表的党的正确领导的意志，许多人甘冒受批判、被关押的风险。

“四五运动”虽然被镇压了，但是，结束“文化大革命”的愿望并没有消失。它使中共中央领导层的相当一批人看清了人民的意志，并为后来粉碎“四人帮”奠定了坚实的群众基础。毛泽东再次作出了错误的决断。他在听取了关于天安门事件是“反革命政治事件”的汇报后，表示：这次，一、首都，二、天安门，三、烧、打，这三件好。性质变了。他还提出：解除邓小平的一切职务，保留党籍，以观后效。但是，毛泽东在作最后一次重大人事安排时，仍然没有让江青集团染指党政军大权，而由华国锋担任中共中央第一副主席、国务院总理。

1976 年 9 月 9 日，毛泽东逝世。尽管他在晚年犯了严重错误，但是，他在人民心中仍然享有崇高的威望。人民深切地悼念他为共和国立下的不朽功勋。同时，毛泽东的去世，也为系统地纠正“文化大革命”的错误、结束这场内乱，铺平了道路。用叶剑英的话说，人们没有了“投鼠忌器”之虞。

毛泽东去世后不久，一场党内健康力量同极左思潮的最后堡垒——江青集团——的总决战，终于不可避免地到来了。这场较量，实际上是邓小平在全面整顿中同江青集团斗争的继续。斗争的结果，中共中央政治局执行党和人民的意志，一举粉碎了江青集团，“文化大革命”终于以人民的胜利宣告结束。

“文化大革命”的最后结局，表面看富于戏剧性，却揭示了历史的必然。实际上，这个结局本身，正是十年生聚的必然结果。“文化大革命”十年间，人民群众和党内健康力量同极左思潮的斗争较量，从来就没停止过。一次次抗争，一次次挫折，使人们逐渐悟出一个道理：不彻底否定极左思潮，“文化大革命”就不可能结束。这样，就使得人民的抗争开始进入更高的形态：否定“文化大革命”。促使人民深刻地认识到这一点的，正是邓小平的全面整顿。在邓小平同江青集团的较量中，邓小平暂时失败了。但是，他却因此成为人民心目中的英雄。“四人帮”表面看是胜利者，却从此彻底脱离群众。这就是历史发展的辩证法。

资料来源：《中国档案报》，2001-03-16。

第四章　邓小平理论的历史进程

第一节　中国特色社会主义道路的历史进程

为了一个民族的梦想，我们从 1840 年的海面出发；为了一个不变的追求，我们在岁月深处写下光荣。全球视野下展现中国道路之抉择，全景历史中浓缩民族复兴之历程。

——《复兴之路》

一、解放思想的破冰之旅

1976 年 10 月粉碎“四人帮”以后，华国锋提出“两个凡是”（即凡是毛主席作出的决策，我们都坚决维护；凡是毛主席的指示，我们都始终不渝地遵循）的方针。以“高举毛主席旗帜”、坚持毛泽东思想为借口，继续维护毛泽东晚年的错误，把“文化大革命”的理论口号及方针政策，包括对邓小平的错误结论等都以毛主席有过批示为由而加以维护，阻碍拨乱反正工作的进行。1977 年 2 月，“两个凡是”公开提出后，就引起了广大干部特别是老干部的忧虑。邓小平最早旗帜鲜明地反对“两个凡是”的错误方针。他在 1977 年 4 月 10 日给党中央的信中就指出：“我们必须世世代代地用准确的完整的毛泽东思想来指导我们全党、全军和全国人民，把党和社会主义的事业，把国际共产主义运动的事业，胜利地推向前进。”同年 7 月，邓小平在党的十届三中全会上再次重申了要完整地准确地理解毛泽东思想这个辩证唯物主义的科学原则。他的观点得到了叶剑英、陈云等一批老一辈革命家的支持和响应。之后，开始出现了一些在理论上和政策上拨乱反正的好文章，促进了思想界、理论界的思想解放。1977 年底，中共中央党校根据胡耀邦的意见，明确规定研究党的历史要遵守两条原则，一条是完整地准确地理解毛泽东的有关指示，一条是以实践为检验路线是非的标准。至此。一场判断思想是非、理论是非标准问题的思想政治领域的大讨论已不可避免。

1978 年 5 月 10 日，中共中央党校内部刊物发表了由胡耀邦审定的《实践是检验真理的唯一标准》一文，5 月 11 日《光明日报》以特约评论员名义刊登了此文，当天新华社转发，次日《人民日报》和《解放军报》同时予以转载，全国绝大多数省、市、自治区的报纸也陆续予以转载。这篇文章阐述了马克思主义的思想路线，指出：检验真理的标准只能是社会实践，理论与实践的统一是马克思主义的一个最基本的原则，任何理论都要不断接受实践的检验，并阐明了革命导师是坚持用实践检验真理的榜样。这是从根本理论上对“两个凡是”的否定。这篇文章在全党引起了强烈反响，同时也遭到一些人的非议和谴责，从而引发了一场关于真理标准问题的全国性大讨论。

真理标准问题的大讨论，破除了“两个凡是”的思想禁锢，重新确立和恢复了解放思想、实事求是的思想路线，为具有重大历史意义的党的十一届三中全会的召开扫清了思想障碍，为改革开放铺平了道路。邓小平在党的十一届三中全会的预备会即中央工作会议的主题发言《解放思想，实事求是，团结一致向前看》中，对真理标准问题的大讨论进行了高度评价。他指出，这个争论实际上也是要不要解放思想的争论，从争论的情况看，越看越重要。“一个党，一个国家，一个民族，如果一切从本本出发，思想僵化，迷信盛行，那它就不能前进，它的生机就停止了，就要亡党亡国。”邓小平的这段话，是值得我们永远记取的。

二、决定当代中国命运的关键抉择

1. 改革开放是一场新的伟大革命

中国共产党领导的第一次革命，把一个半殖民地半封建的旧中国变成了一个社会主义的新中国；中国共产党领导的第二次革命，把一个经济文化落后的社会主义中国变成了一个富强民主文明的现代化的社会主义中国。

改革是中国的第二次革命，因为：其一，改革也是为了扫除发展生产力的障碍，解放生产力。革命是解放生产力，改革也是解放生产力，从这个意义上说，改革也可以叫革命。其二，改革是对原有体制进行根本性的变革，而不是修补；是把原有的高度集中的计划经济体制转变为社会主义市场经济体制。其三，改革引起了经济生活、社会生活、思想观念等方面的一系列重大变化。

改革的实质和目标，是要从根本上改变束缚我国生产力发展的经济体制，建立充满生机和活力的社会主义新经济体制，同时相应地改革政治体制和其他方面的体制，以实现中国的社会主义现代化。从解放生产力、扫除发展生产力的障碍，政策的重新选择、体制的重新构建这个转变的深刻性和广泛性等方面来说，改革是一场新的革命，是中国走向繁荣富强的必由之路，是推动社会主义社会发展的直接动力。

改革是一场革命，但它不是一个阶级推翻另一个阶级那种原来意义上的革命，不是也不允许否定和抛弃我们已经建立起来的社会主义基本制度，它是社会主义制度的自我完善和发展，必须坚持改革的社会主义性质和方向。改革是社会主义制度的自我完善和自我发展，是解决社会主义社会的基本矛盾的有效途径。社会主义改革不是根本改变社会主义制度，而是在坚持社会主义政治、经济基本制度的前提下，自觉调整生产关系和上层建筑中那些不适应社会主义初级阶段生产力发展水平与实现现代化要求的体制和环节，以发挥社会主义制度的优越性；改革的目的是解放生产力和发展生产力。改革是在坚持社会主义基本制度的前提下，调整与改革生产关系和上层建筑中那些不适应生产力发展的环节和方面，包括在实践中摸索、创立、改善和完备体现社会主义基本制度本质的经济、政治、文化、社会的体制和一系列具体制度。

根据国际国内社会主义发展的正反两方面经验，可以得出两条结论：一是不改革没有出路，必须坚持社会主义改革；二是以改革为名，改变社会主义性质也没有出路，必须坚持改革的社会主义方向。

2. 中国的改革是全面的改革

邓小平指出："改革是中国的第二次革命。"[①] 作为推进我国社会主义各项事业走向现代化的重要动力，这场改革就必然要多方面地改变生产关系中不适应生产力发展的部分，改变上层建筑中不适应经济基础变化的部分。从这个意义上说，中国的改革必然是全面的改革，即不仅推进经济体制改革，而且推进政治体制改革以及文化、教育、科技等领域的改革。全面改革意味着改革作为社会主义制度的一场深刻的自我完善活动，其影响力应广泛作用于社会的各项具体制度，全面渗透于社会生活的各个方面。

全面改革并不否认某一时期甚至整个过程都存在着重点改革领域。所谓重点改革领域是指某一或某些对其他领域的改革来说具有制约性、基础性作用的领域。如果重点领域不改革或者改革不到位，其他非重点领域的改革往往也难以取得理想的效果。在相当长的时期内甚至在整个发展历程中，经济领域的改革无疑是我国改革的重点领域。全面改革不仅丝毫不否认经济领域改革的重要地位，反而往往以此为前提。但加强重点领域的改革不意味着非重点领域的改革就可以长时间中断，更不意味着非重点领域的改革可以被彻底忽视。相反，我们在推进经济等重点领域改革的同时，要不失时机地推进其他非重点领域的改革，以此在促进经济等重点领域改革的同时，促进整个社会全面进步。以邓小平为代表的中国共产党人在坚持大力推进经济这一重点领域改革的同时，也适时稳步推进其他领域的改革，并使重点领域的改革和非重点领域的改革相互协调、相互促进。他们领导下的中国改革显然是真正全面的改革。

三、我国处于并将长期处于社会主义初级阶段是我国最大的实际

1. 社会主义初级阶段的科学含义

党的十三大明确指出社会主义初级阶段包括两层含义：第一，我国社会已经是社会主义社会，我们必须坚持而不能离开社会主义。第二，我国的社会主义社会还处在初级阶段。我们必须从这个实际出发，而不能超越这个阶段。前一层含义阐明的是初级阶段的社会性质，后一层含义则阐明了我国现实中社会主义社会的发展程度。

---

① 《邓小平文选》，1版，第3卷，113页。

社会主义初级阶段的两层基本含义既相互区别又紧密联系，构成了一个具有特定内涵的新概念。这里所说的社会主义初级阶段，不是泛指任何国家进入社会主义都会经历的起始阶段，而是特指我国生产力发展水平不高、商品经济不发达条件下建设社会主义必然要经历的特定历史阶段，表明了社会主义初级阶段与建设中国特色社会主义历史进程的内在联系。

社会主义初级阶段同新民主主义社会因为都存在多种经济成分而有某些相似之处，但却在社会性质上存在着明显的区别。从经济基础方面看，它们之间的根本区别在于：社会主义公有制经济是否成为社会经济的主体，从而整个经济社会生活是否牢牢建立在社会主义的经济基础之上。新民主主义社会公有制经济虽然处于领导地位，但不是社会经济的主体，因此这个时期社会的阶级关系、主要矛盾和由此决定的根本任务也不同于社会主义初级阶段。我国社会主义初级阶段虽然发展程度还比较低，但它毕竟属于社会主义制度已经确立起来的新社会的范畴。而新民主主义社会则属于社会主义社会制度还没有建立、正在为进入社会主义社会而过渡的历史阶段。

2. 社会主义初级阶段的主要特征

党的十五大更加全面地从现代化发展水平、产业结构状况、经济运行方式、文化教育发展水平、人民富裕程度、地区发展状况、体制改革、精神文明建设及国际比较等方面，对社会主义初级阶段的特征作出新的概括，强调指出：社会主义初级阶段，一是逐步摆脱不发达状态，基本实现社会主义现代化的历史阶段；二是由农业人口占很大比重、主要依靠手工劳动的农业国，逐步转变为非农业人口占多数、包含现代农业和现代服务业的工业化国家的历史阶段；三是由自然经济半自然经济占很大比重，逐步转变为经济市场化程度较高的历史阶段；四是由文盲半文盲人口占很大比重、科技教育文化落后，逐步转变为科技教育文化比较发达的历史阶段；五是由贫困人口占很大比重、人民生活水平比较低，逐步转变为全体人民比较富裕的历史阶段；六是地区经济文化很不平衡，通过有先有后的发展，逐步缩小差距的历史阶段；七是通过改革和探索，建立和完善比较成熟的充满活力的社会主义市场经济体制、社会主义民主政治体制和其他方面体制的历史阶段；八是广大人民牢固树立建设有中国特色社会主义共同理想，自强不息，锐意进取，艰苦奋斗，勤俭建国，在建设物质文明的同时努力建设精神文明的历史阶段；九是逐步缩小同世界先进水平的差距，在社会主义基础上实现中华民族伟大复兴的历史阶段。其中，第一条和第九条是对社会主义初级阶段基本特点和历史任务的总概括，其他七条是对社会主义初级阶段基本特点和历史任务在经济、政治、文化等各方面的展开。这九条充分体现了社会主义初级阶段历史发展的过程性特征。

党的十七大，胡锦涛同志根据我国社会的发展变化，进一步阐明了进入新世纪、新阶段后我国发展呈现的一系列新的阶段性特征，主要是：经济实力显著增强，同时生产力水平总体上还不高，自主创新能力还不强，长期形成的结构性矛盾和粗放型增长方式尚未根本改变；社会主义市场经济体制初步建立，同时影响发展的体制机制障碍依然存在，改革攻坚面临深层次矛盾和问题；人民生活总体上达到小康水平，同时收入分配差距拉大趋势还未根本扭转，城乡贫困人口和低收入人口还有相当数量，统筹兼顾各方面利益难度加大；协调发展取得显著成绩，同时农业基础薄弱、农村发展滞后的局面尚未改变，缩小城乡、区域发展差距和促进经济社会协调发展任务艰巨；社会主义民主政治不断发展，依法治国基本方略扎实贯彻，同时民主法制建设与扩大人民民主和经济社会发展的要求还不完全适应，政治体制改革需要继续深化；社会主义文化更加繁荣，同时人民精神文化需求日趋旺盛，人们思想活动的独立性、选择性、多变性、差异性明显增强，对发展社会主义先进文化提出了更高要求；社会活力显著增强，同时社会结构、社会组织形式、社会利益格局发生深刻变化，社会建设和管理面临诸多新课题；对外开放日益扩大，同时面临的国际竞争日趋激烈，发达国家在经济科技上占优势的压力长期存在，可以预见和难以预见的风险增多，统筹国内发展和对外开放要求更高。

3. 科学认识和准确把握社会主义初级阶段的意义

建设中国特色社会主义必须从我国的实际出发，从我国现在处于并将长期处于社会主义初级阶段这一最大的实际出发，而不能从主观愿望出发，不能从这样那样的外国模式出发，不能从对马克思主义著作中个别论断的教条式理解和附加到马克思主义名义下的某些错误观点出发。

社会主义初级阶段理论的提出具有重大的理论和实践意义。它是马克思主义关于社会主义发展阶段的新论断，是党制定和执行正确路线、方针、政策的基本依据。在坚持社会主义的问题上，只讲性质和方向，不讲程度和水平，或者只讲程度和水平，不讲性质和方向，都会使人们陷入盲目、不清醒的状态，发生“左”的或右的错误，使社会主义事业遭受挫折和损失。而对社会主义初级阶段基本内涵和过程性特征的统一认识和把握，则可以使我们更深刻地理解和掌握党在现阶段的基本理论、路线、纲领、方针和政策的科学性与正确性，保持清醒的头脑，坚定、自觉地把中国特色社会主义事业不断推向前进。

4. 我国社会主义初级阶段的长期性

从 1956 年生产资料私有制的社会主义改造基本完成算起，到 21 世纪中叶社会主义现代化的基本实现，社会主义初级阶段至少需要 100 年时间。邓小平曾指出：“现在虽说我们也在搞社会主义，但事实上不够格。”① 所谓“不够格”，也就是不够马克思所讲的“共产主义低级阶段”即社会主义阶段的“资格”。这种“不够格”，主要是在物质技术基础方面不够格，也表现在社会经济制度和上层建筑方面的不成熟不完善。初级阶段的长期性，从根本上说是由中国进入社会主义的历史条件和建成社会主义所需要的物质基础所决定的。

牢固树立社会主义初级阶段长期性的观点，有助于我们从根本上克服急躁情绪，克服各种超越阶段的错误观念和政策，坚持党在现阶段的基本路线、基本纲领、基本经验和各方面的方针政策，埋头苦干、脚踏实地完成初级阶段的各项任务，不断推进社会主义现代化建设。

四、邓小平对社会主义本质的新概括

1. 社会主义本质理论的提出

党的十一届三中全会以后，邓小平经过深邃的思考，创造性地对社会主义本质进行了新的概括，深化了对社会主义的认识。

为了推动全党对社会主义进行再认识，邓小平在 1992 年视察南方的谈话中提出了关于社会主义本质的科学论断：社会主义的本质，是解放生产力，发展生产力，消灭剥削，消除两极分化，最终达到共同富裕。

邓小平的社会主义本质论断是一个完整的体系。从历史角度来看，“解放生产力，发展生产力”是起点。搞社会主义，首先要解放生产力

① 《邓小平文选》，1 版，第 3 卷，225 页。

和发展生产力，在解放生产力和发展生产力的过程中，通过改革开放，不断推进社会主义制度的自我发展和自我完善，逐步消灭剥削，消除两极分化，使社会全体成员的物质和文化生活不断提高，最终达到共同富裕。从逻辑角度看，“解放生产力，发展生产力”是基础，是前提和根本。它是实现“消灭剥削，消除两极分化，最终达到共同富裕”的物质基础。“消灭剥削，消除两极分化”是条件，是途径。它是生产力充分发展的根本要求和必然结果，它制约规范解放和发展生产力的方向、道路，使生产力的成果属于人民。同时，它又是达到共同富裕的制度条件，只有消灭剥削，消除两极分化，才能达到共同富裕。“最终达到共同富裕”是目标，是结果。解放和发展生产力，消灭剥削和消除两极分化的出发点和归宿，最终都是为了实现共同富裕。这三个基本方面是不可分割的有机体。

2. 社会主义本质理论的科学内涵

社会主义本质理论突出地强调了发展生产力是社会主义的本质要求，体现了解放生产力和发展生产力的统一。邓小平对社会主义本质的科学概括，强调了在社会主义制度建立后发展生产力的重要性，邓小平认为：“社会主义基本制度确立以后，还要从根本上改变束缚生产力发展的经济体制，建立起充满生机和活力的社会主义经济体制，促进生产力的发展，这是改革，所以改革也是解放生产力。”

社会主义本质理论突出了社会主义生产关系的性质。消灭剥削、消除两极分化是社会主义生产关系性质的体现，是实行公有制和按劳分配的必然结果。这就把社会主义的本质与坚持社会主义的基本制度统一起来。社会主义的本质不仅有对发展生产力的要求，而且必须在生产关系上得到体现。

社会主义本质理论突出了社会主义最终要达到的目标。共同富裕是社会主义最终要达到的目标，也是社会主义的一个根本原则。如果我们的经济发展偏离了这一目标，就不符合社会主义的本质。因此，在社会主义的发展过程中，必须始终把握好这一根本原则。

总之，邓小平关于社会主义本质的论断，既包括了生产力的问题，也包括了生产关系的问题，同时又包括了社会主义最终要实现的目标，体现了解放生产力与发展生产力的统一，生产力与生产关系的统一，发展生产力与实现共同富裕的统一，目的与手段的统一，社会主义发展过程与最终目标的统一。

3. 认识社会主义本质理论的重要意义

邓小平坚持科学社会主义理论和实践的基本成果，抓住什么是社会主义、怎样建设社会主义这个根本问题，深刻揭示了社会主义本质，这是对马克思主义的重大发展，对于建设中国特色社会主义具有重大的理论和实践意义。

第一，社会主义本质理论把我们对社会主义的认识提高到了一个新的科学水平。社会主义本质理论的提出，把我们对社会主义的认识，从主要强调关于公有制、按劳分配等特征，进一步深入到理解实现共同富裕这个建设社会主义的根本目的和目标上。社会主义本质理论的提出，为判断改革开放的是非得失提供了强大的思想武器，有力地促进了社会主义现代化建设事业大踏步地向前发展。

第二，社会主义本质理论对探索怎样建设社会主义具有重要的实践意义。邓小平提出社会主义本质理论，一方面是因为过去只着重于关注巩固和扩大公有制、按劳分配和计划经济，把它当作目的本身，而忽视了更为基本的建设社会主义的根本目的和目标；另一方面是防止改革进程中可能出现的少部分人富而大部分人穷的两极分化和其他消极现象。这两种情况都不可能使我国的社会主义建设找到一条正确的道路。

总之，邓小平对社会主义本质所作的理论概括，对科学社会主义理论既是坚持和继承，又是发展和创新，为我们真正搞清楚什么是社会主义、怎样建设社会主义这个问题，并在实践中创造出充满活力的社会主义奠定了科学的思想基础。

五、和平与发展是当今时代的主题

所谓时代主题，是指在一定历史时期内反映世界基本特征并对世界形势的发展具有全局性影响和战略性意义的问题，就是一定历史条件下世界历史发展进程中需要解决的主要问题。科学认识和准确把握时代主题，是制定正确发展战略和内外政策的一个重要前提。

1. 毛泽东对第二次世界大战后国际形势的分析

如何判断世界范围的战争与和平问题，历来是观察和估量国际形势、制定和执行内外政策必须关注和解决的首要问题。第二次世界大战后，战争与和平问题成为国际社会所面临的突出问题。毛泽东分析战后国际形势，指出世界反动力量确在准备第三次世界大战，战争危险是存在的。但是，世界人民的民主力量超过世界反动力量，并且正在向前发展，必须和必能克服战争危险。

2. 邓小平对时代主题的新判断

20 世纪 70 年代末以后，邓小平对世界形势的发展变化进行了深入的研究和分析，在战争与和平问题上逐渐形成了新的判断。1985 年，邓小平进一步指出："现在世界上真正大的问题，带全球性的战略问题，一个是和平问题，一个是经济问题或者说发展问题。和平问题是东西问题，发展问题是南北问题。概括起来，就是东西南北四个字。南北问题是核心问题。"① 1987 年党的十三大确认了和平与发展是当今世界的两大主题这一深刻论断。

邓小平对时代主题的判断，其基本点有着深刻的内涵：第一，世界大战在一个相当长的时期内可以避免，我们有可能争取较长时期的和平环境；第二，和平与发展是当今世界两大全球性的战略问题；第三，和平与发展是当今世界东西方之间、发达国家与发展中国家之间矛盾全局的集中体现；第四，和平与发展是相辅相成的，世界和平是促进各国共同发展的前提条件，各国的共同发展则是保持世界和平的重要基础；第五，和平与发展成为时代主题，并不意味着这两个问题已经解决。同时要清醒地看到，当今世界和平与发展这两大问题一个都没有得到解决，还需要各国人民长期不懈地共同努力。

六、社会主义也可以搞市场经济

1. 社会主义市场经济理论的形成和发展

以党的十一届三中全会为标志，中国进入了改革开放的新时期。经济体制改革的一个主要方面是正确认识和处理社会主义与市场经济的关系。20 世纪 70 年代末 80 年代初的改革，在实践上为发展商品经济、遵循价值规律、发挥市场调节的作用提供了许多新鲜经验。实践的发展要求在理论上实现创新，以更好地推进改革向深入发展。

20 世纪 80 年代后期，经济活动中市场调节的比重已超过了计划调

① 《邓小平文选》，1 版，第 3 卷，105 页。

节。中国经济体制改革一方面取得了很大的成就，另一方面也出现了许多的矛盾和困难，如何把社会主义事业推向前进，使之得到更快的发展，理论上需要有新的突破。在这样的背景下，邓小平坚持解放思想、实事求是的思想路线，在总结实践新经验、借鉴当代人类文明的有益成果的基础上，于1992年视察南方时明确指出："计划多一点还是市场多一点，不是社会主义与资本主义的本质区别。计划经济不等于社会主义，资本主义也有计划；市场经济不等于资本主义，社会主义也有市场。计划和市场都是经济手段。"① 邓小平的这一精辟论述，从理论上破除了计划经济和市场经济是制度属性的陈旧观念，从根本上解除了把计划经济和市场经济看作属于社会基本制度范畴的思想束缚，为形成社会主义市场经济理论奠定了坚实的基础。根据邓小平的这一思想，江泽民同志于1992年6月9日在中共中央党校省部级干部进修班上的讲话中第一次提出了"将社会主义市场经济体制作为建立新经济体制的目标"的建议。党的十四大明确把建立社会主义市场经济体制作为我国经济体制改革的目标，使我们党在社会主义经济理论上实现了又一次重大突破。

邓小平是社会主义市场经济理论的创立者。由他提出并经过党的十四大确立的关于社会主义市场经济的理论具有丰富的内涵。一是突破了过去公认的计划经济和市场经济是代表社会主义和资本主义两种经济制度本质属性的观念，认为它们都是经济手段。二是计划和市场作为调节经济的两种手段，对经济活动的调节各有自己的优势和长处，在社会化大生产和存在着复杂经济关系的条件下，市场经济对促进经济发展具有更强的适应性、更显著的优势和较高的效率。但两者都有自身的不足和缺陷，如计划经济不能有效解决效率和激励问题，市场经济的自发性、盲目性会引发恶性竞争、短期行为、道德缺失等。三是市场经济作为资源配置的一种方式本身不具有制度属性，但是，它与社会主义相结合而形成的经济体制则必须体现社会主义基本制度的特征。把发展市场经济与坚持社会主义基本制度有机结合起来，既可以充分发挥社会主义制度的优越性，又可以充分利用市场经济对发展生产力的作用。

① 《邓小平文选》，1版，第3卷，373页。

2. 社会主义市场经济体制的基本特征

社会主义市场经济体制是社会主义基本制度与市场经济的结合。一方面，它必然体现社会主义的制度特征；另一方面，它又具有市场经济的一般特征。作为社会主义的制度特征，主要表现在以下几方面：一是在所有制结构上，以公有制为主体、多种所有制经济共同发展，一切符合“三个有利于”标准的所有制形式都可以而且应该用来为社会主义服务。二是在分配制度上，以按劳分配为主体，多种分配方式并存。三是在宏观调控上，以实现最广大人民利益为出发点和归宿。社会主义国家能够把人民的当前利益与长远利益、局部利益与整体利益结合起来，使市场在社会主义国家宏观调控下对资源配置起基础性作用，更好地发挥计划和市场两种手段的长处，使社会主义的优势与市场经济的优势都能够得到充分发挥。

正确认识社会主义市场经济体制具有的特征，必须准确把握社会主义市场经济与资本主义市场经济的区别和联系。社会主义市场经济与资本主义市场经济就其都是市场经济而言，两者具有共性：从资源配置方式看，都是以市场为基础性配置手段；从微观层面看，企业都是独立的市场主体和法人实体；从经济活动看，市场经济规律起着支配作用；从宏观层面看，政府的宏观调控主要是通过经济手段来实现的；从经济运行看，法治起着基本的保障作用。这些共性是市场经济具有的一般特征和要求。社会主义市场经济也应该按照这些特征和要求来进行建设。正因为市场经济是具有共性的，所以，发达资本主义国家在发展市场经济过程中的一切有益的做法和经验都是值得我们借鉴和吸收的。

第二节　坚定不移地推进改革开放

一、改革开放是坚持和发展中国特色社会主义的必由之路

1. 改革是发展中国特色社会主义的必然选择

历史唯物主义的基本原理为我们揭示了社会发展的普遍规律，这就是，各种社会形态的更替和发展——从奴隶社会到社会主义社会，人类历史能够从远古走到今天、从荒蛮走向文明，都是生产力和生产关系、经济基础和上层建筑矛盾运动的结果。但这种运动并不是自发盲目的历

史进程，而总是由一定的社会阶级顺应历史潮流，依靠一定的价值原则能动地变革不适应生产力和经济基础的生产关系和上层建筑，使逻辑和历史不断统一的自然历史过程。

古往今来，任何一个新生社会制度的发展，都必然经历一个从小到大、由弱到强、逐渐壮大的过程。社会主义社会的发展，同样有一个不断自我完善和发展的过程。恩格斯曾经说过："所谓'社会主义社会'不是一种一成不变的东西，而应当和任何其他社会制度一样，把它看成是经常变化和改革的社会。"① 推动社会主义变革的内在力量，依然是社会基本矛盾的运动。毛泽东在1957年《关于正确处理人民内部矛盾的问题》中指出："在社会主义社会中，基本的矛盾仍然是生产关系和生产力之间的矛盾，上层建筑和经济基础之间的矛盾。"② 其中，生产力是社会基本矛盾中占支配地位、起主导作用的方面，是人类历史发展中最积极、最活跃和最具革命性的因素。生产力的发展必然要求生产关系和上层建筑作相应的变化，以适应生产力发展的性质和水平，从而推动整个社会的进步与发展。

我国建立起社会主义制度以后，由于我们对社会主义建设规律的认识不足以及"左"的错误干扰，加上曾经一度盲目照搬苏联模式，在许多具体的体制和政策上出现了偏差，影响了社会主义制度优越性的发挥。邓小平根据我国社会主义在发展过程中的不足和缺陷，尖锐地指出："中国社会从一九五八年到一九七八年二十年时间……国家的经济和人民的生活没有得到多大的发展和提高。"③ 党的十一届三中全会以来，我们实事求是地深刻分析了社会主义社会基本矛盾的具体表现，不断挖掘出我们在具体的经济政治体制方面的弊端。譬如：在所有制上不顾生产力的实际发展水平和具体差异而实行单一的公有制；在分配中的平均主义、吃"大锅饭"；政企不分、条块分割，国家对企业管得过多过死；忽视商品生产、价值规律和市场的作用；干部领导体制实际上存在终身制；等等。这些都是社会主义社会基本矛盾的体现。

基于对现实的社会主义生产关系和上层建筑中还有部分不适应，甚至是束缚生产力发展的因素，邓小平在1992年南方谈话中明确指出，

---

① 《马克思恩格斯选集》，2版，第4卷，693页，北京，人民出版社，1995。

② 《建国以来毛泽东文稿》，第6册，326页，北京，中央文献出版社，1992。

③ 《邓小平文选》，1版，第3卷，237页。

过去只讲发展生产力、不讲解放生产力是不全面的。在社会主义条件下，特别是在其不发达阶段，还有一个解放生产力的问题。以改革作为解放、发展生产力的途径和手段，其实质就是以改革解决社会的基本矛盾。社会基本矛盾是推动社会发展的根本动力，社会基本矛盾运动对社会主义社会的推动通过改革来实现，改革使社会主义生产关系和上层建筑更好地适应社会主义生产力和经济基础的状况，改革是社会主义发展的直接动力。正如党的十八大报告所指出的："以邓小平同志为核心的党的第二代中央领导集体带领全党全国各族人民深刻总结我国社会主义建设正反两方面经验，借鉴世界社会主义历史经验，作出把党和国家工作中心转移到经济建设上来、实行改革开放的历史性决策，深刻揭示社会主义本质，确立社会主义初级阶段基本路线，明确提出走自己的路、建设中国特色社会主义，科学回答了建设中国特色社会主义的一系列基本问题，成功开创了中国特色社会主义。"

30 多年来改革开放取得了巨大成就。中国国内生产总值从 1980 年的 7 100 亿元，发展到 2013 年的 57 万亿元左右，经济总量位列世界第二。在经济巨大增长的基础上，我国的社会主义政治建设、文化建设、社会建设和生态文明建设都取得了历史性的进步。实践已经证明，没有社会主义的改革开放，就没有中国特色社会主义的巨大成功。

2. 改革是总结社会主义历史经验和教训的必然要求

经验是由实践得来的认识，是经历史验证了的结论，尊重历史、珍视历史经验是我们党的优良传统。正是国际社会主义运动特别是我国社会主义建设的历史经验告诉我们：社会主义要发展，就必须改革。

产生于发达资本主义国家的科学社会主义学说应用于经济文化比较落后的国家进行社会主义实践，是个崭新的历史大课题。1917 年十月革命以后，第一个社会主义国家苏联根据马克思、恩格斯和列宁的某些设想创建了第一种社会主义模式，并取得了一些探索性的成果。但由于对社会主义社会基本矛盾存在认识上的偏狭，斯大林长期否认社会主义的经济政治体制依然存在缺陷与矛盾。1938 年，斯大林在《论辩证唯物主义和历史唯物主义》中提出，"在社会主义制度下，在目前还只有在苏联实现的这种制度下……生产关系同生产力状况完全适合"①。这

① 《斯大林文集》，225 页，北京，人民出版社，1985。

种理论上的错误，导致斯大林一直否定改革的必要性，从而使苏联的社会主义模式逐渐陷入僵化。到 20 世纪中叶，继苏联之后出现了 14 个社会主义国家，斯大林时期苏联模式又被推广到这些国家。不顾各自历史及现实特征教条化地盲目照搬，抑制了这些国家社会主义的生机，20 世纪 70 年代以后，各自的经济社会发展都遇到了严重困难，以致 1989 年到 1991 年，出现了东欧剧变、苏联解体，社会主义事业遭受了严重挫折。造成这种状况的一个重要原因，就在于没有真正把马克思主义与时代特点和本国实际很好地结合起来，开创出一条社会主义建设和改革的成功之路。这是社会主义发展历程中一个深刻的历史教训。

新中国成立后，毛泽东是当时各社会主义国家领导人中最早认识社会主义社会基本矛盾的。毛泽东在科学揭示了社会主义社会基本矛盾的基础上指出，社会主义社会的基本矛盾是非对抗性的矛盾，不表现为激烈的对抗与冲突。与只能用社会革命的方式予以解决的资本主义社会的基本矛盾不同，社会主义社会的矛盾“可以经过社会主义制度本身，不断地得到解决”①。在 1956 年党的八届二中全会上的讲话中，毛泽东进一步提出，即便将来全世界的帝国主义都打倒了，阶级消灭了，社会制度还要改革。毛泽东关于社会主义社会基本矛盾的分析及其相关思想，为 20 世纪末中国的改革奠定了重要的理论前提。但遗憾的是，毛泽东在如何解决社会主义社会基本矛盾的问题上，没有得出科学结论。他后来错误地认为，社会主义社会的主要矛盾还是无产阶级和资产阶级的矛盾，阻碍生产力的主要原因是生产关系公有化程度还不够高。由此带来的，就是所有制不断向“一大二公”、“纯而又纯”的公有制升格，特别是“以阶级斗争为纲”来“促生产”。实践证明，这些方法非但没有促进我国生产力的进步，反而造成了严重的后果。

以邓小平为核心的党的第二代中央领导集体充分肯定并注重运用毛泽东的社会主义社会的矛盾学说，又在吸取过去失误教训的基础上，发展了毛泽东的思想。邓小平明确提出了要用改革的办法处理和解决社会主义社会的基本矛盾。他指出：“我们所有的改革都是为了一个目的，就是扫除发展社会生产力的障碍。”② 1978 年，我国开始进行农村改革；1984 年，我们开始城市改革；1992 年，我们明确提出建立社会主义市

① 《毛泽东文集》，第 7 卷，213～214 页。

② 《邓小平文选》，1 版，第 3 卷，134 页。

场经济体制。中国走上了一条波澜壮阔的改革开放之路。在改革的推动下，中国在短短二十几年间发生了翻天覆地的变化，我们在 20 世纪末，提前实现了国民经济翻两番的目标；2003 年，我国人均国民生产总值首次突破 1 000 美元，我国进入了经济社会的快速增长期。

国际国内正反两个方面的历史经验雄辩地证明，实行改革开放是社会主义中国的强国之路，是决定当代中国命运的历史性决策。完全可以这样说，改革开放是新时期中国最鲜明的特征。没有改革开放，就没有中国特色社会主义。

3. 改革是社会主义现代化建设的客观要求

大致从 17 世纪开始，随着近代资本主义的兴起，人类开始了走向现代化的进程。世界现代化的历史，也就是一部人类不断变革的历史。最先实现现代化的西方发达国家，在长达数百年间，经历了政治、经济、文化的深刻变革：政治上推翻了封建地主阶级的统治；经济上建立起资本主义市场经济体制；文化上通过文艺复兴和启蒙运动等树立了一系列新思想、新观念、新价值。可以说，没有变革就没有人类的现代化。

近代中国半殖民地半封建社会，极大地阻滞了中国现代化的历史进程，也给中华民族提出了两大历史任务：一是求得民族独立和人民解放，一是实现国家繁荣富强和人民共同富裕、实现现代化。新中国的成立，标志着中华民族独立和解放的实现，也开辟了中国走向现代化的崭新道路。在新中国成立后的短短几年间，我们比较成功地完成了生产资料所有制的社会主义改造，初步建立了社会主义的经济基础，取得了巨大的成就。

1956 年党的八大提出，我们党的主要任务是集中力量发展生产力。但在 1957 年以后，由于对当时的国际国内形势作出错误判断，党的指导思想发生了“左”的偏差，导致实际工作中完全背离了八大提出的正确理论和路线，直至发生“文化大革命”这样全局性的失误。再加上我们没有能够完全摆脱苏联模式的影响，形成了过分单一的所有制结构和僵化的经济体制，以及同这种体制相关联的权力过分集中和事实上的领导职务终身制的政治体制，客观上阻滞了社会主义现代化建设的顺利进行。

正是中国现代化建设进程所面临的严峻现实，促使我们党在“文化大革命”结束后围绕实现社会主义现代化的根本目标，深刻总结历史经验，并根据我国经济、政治、文化发展的客观实际，积极吸收、借鉴世界各国包括资本主义发达国家一切反映现代化规律的先进生产方式、管理办法，对那些不适应社会主义现代化建设要求的各种体制特别是经济体制进行改革。邓小平明确指出：为了实现现代化，“就必然要多方面地改变生产关系，改变上层建筑，改变工农业企业的管理方式和国家对工农业企业的管理方式，使之适应于现代化大经济的需要”①。“如果现在再不实行改革，我们的现代化事业和社会主义事业就会被葬送。”②邓小平对改革的必要性，改革的对象、目标、原则和方法等作了深刻阐述，提出了系统的改革构想，成为我国改革开放和社会主义现代化建设的总设计师。

党的十六大以后，胡锦涛同志以邓小平理论和“三个代表”重要思想为指导，提出了科学发展观，极大地推进了我国改革开放和现代化事业的进一步发展。但我们还必须清醒地认识到，与发达国家相比，我国仍然是一个经济文化相对落后的发展中大国，我国的现代化进程依然面临着许多复杂的矛盾和问题。主要表现为生产力还不发达，经济文化落后的状况并没有根本改变；城乡之间、区域之间、经济社会之间发展不平衡，经济增长方式落后，粗放型经济增长方式没有根本转变，经济社会发展与人口、资源、环境、生态之间的矛盾日益突出；改变城乡二元经济结构、解决“三农”问题的任务相当艰巨；收入分配中的矛盾较多，劳动力就业问题、社会保障问题、腐败问题和社会治安问题等，已成为人民群众普遍关注的热点。面对这些突出问题和严峻考验，党的十六届五中全会再次强调，必须用发展和改革的办法解决前进中的问题。改革是社会主义现代化建设的客观需要。

二、改革开放是全面的改革开放

1. 改革是全面的改革

改革不仅涉及经济，还包括政治、文化等上层建筑的各个领域，将使社会生活的各个领域都发生革故鼎新的深刻变动。中国的改革是全面的改革，这是由改革所担负的任务决定的。邓小平认为，实现社会主义

---

① 《邓小平文选》，2版，第2卷，135～136页。

② 同上书，150页。

现代化，是一场根本改变我国经济和技术落后面貌、巩固社会主义制度的伟大革命。这场革命既然要大幅度地改变落后的生产力，就必然要多方面地改变生产关系中不适应生产力发展的部分，改变上层建筑中不适应经济基础变化的部分，改变一切不适应生产力发展的管理方式、活动方式和思想方式，使之适应于现代化经济的需要。

改革是一场深刻的社会变革，是中国的第二次革命。改革的性质同过去的革命一样，也是为了扫除发展社会生产力的障碍，使中国摆脱贫困落后的状态。改革的实质在于体制创新，而不是对原有体制进行细枝末节的修补。不进行体制创新，很多问题的解决就没有出路。改革是要从根本上改变束缚我国生产力发展的经济体制，建立充满生机和活力的社会主义新经济体制，同时相应地改革政治体制、文化体制和其他方面的体制，以实现中国的社会主义现代化。从解放生产力、扫除发展生产力的障碍，从政策的重新选择、体制的重新构建这个转变的深刻性和广泛性等方面来说，改革是一场新的革命。同时，改革引起了整个经济、政治、文化乃至社会各个领域的深刻变化，也不能不引起人们行为规范、生活方式、精神状态、价值观念、是非标准的重大转变。从这个角度来看，改革也不能不是一场革命。

但是，改革不是一个阶级推翻另一个阶级那种原来意义上的暴力革命，不是也不允许否定和抛弃我们建立起来的社会主义根本制度，而是在坚持社会主义根本制度的前提下进行的变革。改革是社会主义制度的自我完善和发展，改革的实质是体制创新。改革不是根本制度的重新选择，而是政策的重新选择、体制的重新构建，改革的目的是发展社会主义，更好地坚持社会主义。这就要求我们必须把社会主义的根本制度和具体体制明确地区分开来，把坚持社会主义的根本制度和改革社会主义的具体体制有效地结合起来。我们必须清醒地认识到，社会主义制度的自我完善和发展是一个不断深化的过程，我们在改革中必须把握好以下关系：第一，只有坚持社会主义根本制度，才能保证体制改革的正确方向。在改革过程中，必须抵制那些以改革为借口去动摇乃至破坏社会主义制度的思想和行为。第二，只有对束缚生产力发展的各种具体体制进行改革，才能坚持和完善社会主义制度。第三，在整个社会主义历史阶段中，都要把握好坚持社会主义基本制度和改革具体体制的关系，树立长期改革的思想。

2. 全面改革的重点及评判标准

在全面改革中，经济体制改革是重点。因为通过经济体制改革，解放生产力，把国民经济搞上去，对当代中国来说是最根本最急迫的任务。经济体制改革需要政治体制及其他体制改革的配合，因此，在经济体制改革不断深化的进程中，政治体制改革也在不断地推进。与经济体制和政治体制改革相适应，科技、教育、文化、卫生等各个领域的体制改革也都有步骤、有秩序地全面展开，改革触及了社会生活的各个方面和各个层面。

改革是决定中国命运的重大决策，它是理论上的创新，也是实践上的创举。如何评价和判断改革成败与是非得失？1992 年，在南方谈话中，邓小平明确地提出了“三个有利于”的标准，即要以是否有利于发展社会主义社会的生产力、是否有利于增强社会主义国家的综合国力、是否有利于提高人民的生活水平作为判断改革得失成败的标准。

“三个有利于”标准是生产力标准的坚持和发展。在“三个有利于”标准中处于基础地位的是生产力标准，综合国力的增强是生产力发展的宏观表现，人民生活水平的提高是生产力发展的结果和体现。“三个有利于”标准体现了从实际出发和从人民的根本利益出发的真理标准和价值标准的统一。

坚持“三个有利于”标准，必须把握两点：一是在改革开放的性质问题上，必须理直气壮地坚持社会主义方向；二是在对改革开放的具体政策措施上，必须从抽象的姓“社”姓“资”的争论中摆脱出来，放开手脚，大胆地试，大胆地闯。

3. 正确处理改革、发展和稳定的关系

胡锦涛同志在庆祝中国共产党成立 90 周年大会上的讲话中指出：“当前，世情、国情、党情继续发生深刻变化，我国发展中不平衡、不协调、不可持续问题突出，制约科学发展的体制机制障碍躲不开、绕不过，必须通过深化改革加以解决。”改革是动力，发展是目的，稳定是前提。在社会主义建设实践中改革、发展和稳定，三者互相促进、互相统一，不可分割。

邓小平在我国改革开放全面展开的历史进程中，反复强调稳定是中国实现社会主义现代化发展战略的必要前提，是中国的最高利益；中国的问题，压倒一切的是稳定，没有稳定的环境，什么都搞不成，已经取得的成果也会失掉。2011年，胡锦涛同志在“七一讲话”中指出：“发展是硬道理，稳定是硬任务；没有稳定，什么事情也办不成，已经取得的成果也会失去。这个道理，不仅中共全党同志要牢记在心，还要引导全体人民牢记在心。”

发展是硬道理，中国解决所有问题的关键要靠自己的发展。改革是经济和社会发展的强大动力，是社会主义制度的自我完善和发展，它的决定性作用不仅在于解决当前经济和社会发展中的一些重大问题，推进社会生产力的解放和发展，而且在于为我国经济的持续发展和国家的长治久安打下坚实的基础。稳定是改革和发展的前提，改革和发展必须要有稳定的政治和社会环境。没有稳定的政治和社会环境，一切无从谈起。实践表明，改革、发展、稳定三者关系处理得当，就能总揽全局，保证经济社会的顺利发展；处理不当，就会吃苦头，付出代价。

中国目前正处于从总体小康向全面小康过渡的阶段，要以科学发展观为指导，遵循改革开放以来党在处理改革、发展、稳定关系方面积累起来的经验和主要原则。

第一，保持改革、发展和稳定在动态中的相互协调和相互促进。稳定是前提，但稳定是相对的，不能因为改革有风险就不改革或者在改革中裹足不前，否则会导致更加严重、更加剧烈的社会不稳定，也不能因为在发展中可能出现不协调不平衡而不致力于发展。因此，需要统观全局，精心谋划，从整体上把握改革、发展、稳定之间的关系，做到在政治和社会稳定中推进改革和发展，在改革和发展的推进中实现政治和社会的长期稳定。

第二，把改革的力度、发展的速度和社会可以承受的程度统一起来。全面建设小康社会，必须深化改革、促进发展，但是改革和发展也不能不顾及社会稳定的内在要求。改革的胆子要大、步子要稳；要加快发展，但要注意协调发展。改革和发展要始终注意适应国情和社会的承受能力，要统筹安排改革和发展的举措，精心处理稳定同改革、发展的关系，着眼于“为之于未有，治之于未乱”，及时化解矛盾，排除不安定因素，以保持稳定，促进改革和发展。

第三，把不断改善人民生活作为处理改革、发展、稳定关系的重要结合点。人民群众是改革发展的主体和动力，是稳定的力量源泉和深厚基础。改善人民生活，让人民共享改革和发展的成果，是我们致力于发展、积极推进改革、坚持维护稳定的共同目的。所以，要做到把不断改善人民生活、让人民共享改革和发展的成果，作为处理改革、发展、稳定关系的重要结合点。为此，要坚持一切为了群众、一切依靠群众的工作路线，要坚持给人民群众以看得见的实际利益的工作原则，要坚持以着力解决人民群众生活中面临的实际问题为工作重点。

4. 中国的发展离不开世界

改革和开放紧密相连，邓小平一方面把党的十一届三中全会以来的改革开放政策都叫改革；另一方面又把改革政策也称为开放政策，他说实际上我们制定了两个开放政策，即对外开放和对内开放。不仅如此，他还把两者放在同等重要的地位，他说："搞社会主义现代化建设，没有这两个开放不行。"[①] 对外开放和改革一起成为新时期中国最鲜明的特征。

改革开放后，邓小平十分重视对外开放的问题，多次论述了对外开放的重要性。1980 年，在中央工作会议上的讲话中，邓小平正式使用了"对外开放"的表述；1984 年，党的十二届三中全会把实行对外开放定为基本国策。把对外开放作为基本国策，最重要的依据，就是邓小平关于"现在的世界是开放的世界"和"中国的发展离不开世界"这两个重要观点。

当今的世界是开放的世界，这是对世界经济发展历史的深刻总结，是生产社会化和商品经济、市场经济发展的必然结果。在开放的世界中不实行开放政策，只能限制自己的发展，甚至会给国家和民族带来灾难。

中国的发展离不开世界。这是对中国发展历史的深刻总结。中国在西方国家产业革命以后变得落后了，一个重要的原因就是闭关自守。对外开放不仅是为了解决当前经济建设中的矛盾和困难，而且也是我国经济长期发展的客观要求。

实行对外开放也是充分发挥社会主义制度优越性的需要。社会主义要赢得与资本主义相比较的优势，就必须以积极的态度学习和吸收人类文明的一切优秀成果，吸收和借鉴当今世界各国包括资本主义发达国家的一切反映现代社会化生产规律的先进经营方式、管理方法。

---

① 《邓小平文选》，1 版，第 3 卷，210 页。

实行对外开放要处理好对外开放与独立自主、自力更生的关系。我们要始终把独立自主、自力更生作为立足点，这是我国革命和建设的基本经验和重要原则。独立自主、自力更生是实行对外开放的基础，只有增强独立自主、自力更生的能力，才能在国际上获得较高的信誉，吸引更多的合作者，才能不断扩大对外开放的深度和广度；对外开放是为了增强独立自主、自力更生的能力，在对外开放过程中积极利用外国的投资、先进技术与管理经验，取得更好的经济和社会效益，可以加快本国经济发展，增强经济实力和综合国力。坚持独立自主、自力更生，积极实行对外开放，都是为了更好更快地推进社会主义现代化建设。

三、改革开放的历史经验

1. 坚定不移地坚持改革开放

改革开放是新的历史条件下新的伟大革命，必须坚定不移地向前推进。改革开放，是在世界社会主义运动处于低潮、和平发展已经成为时代主题、我国体制上积累的弊端已妨碍到社会主义发展的历史条件下，作出的决定当代中国命运的关键抉择。改革开放作为新的历史条件下一场新的伟大革命，必须坚定不移地向前推进，这是我们时代提出的历史性课题，是科学社会主义中国化发展的必然要求。从世界社会主义运动发展过程及全局看，体制改革是其中一个必经的发展环节，是我们时代提出的前沿性历史课题。国际共产主义运动的开创、发展和逐步取得胜利，需要各国工人阶级及其政党领导广大人民世代奋斗，并不断解决各个时代的历史性课题。从历史唯物主义的高度看，体制改革的历史必然性取决于社会主义社会的基本矛盾，目的在于进一步解放和发展生产力、促进社会全面进步。我国改革开放的伟大实践所取得的辉煌成就有力地表明，我国实行改革开放是完全正确的战略决策，是发展中国特色社会主义、实现中华民族伟大复兴的必由之路。从科学社会主义理论与实践的具体和历史的统一看，只有通过改革开放的实践探索，才能找到适合我国国情的社会主义道路和发展模式。

2. 坚定不移地坚持解放思想

30 多年的社会主义建设实践表明，坚持解放思想，是坚持和发展中国特色社会主义必需的思想条件，是事关党和国家前途命运的重大政治问题。30多年来，解放思想孕育了中国特色社会主义，改革开放创造着中国特色社会主义。没有解放思想，就没有改革开放大门的打开；改革开放的每一步推进，都是解放思想为其创造条件。中国特色社会主义道路就是在不断解放思想、不断推进改革中逐步明晰、发展前进的。基于对20世纪80年代实践的总结，邓小平在南方谈话中强调不要陷入姓“资”姓“社”的抽象概念争论，看准了的要大胆试大胆闯。也正是邓小平的南方谈话，掀起了新一轮全党解放思想的热潮，极大地加快了20世纪90年代以来中国的改革与发展的步伐，为中国经济快速起飞打下了思想基础。如果说当时开创中国特色社会主义道路必须解放思想，那么今天面对我国经济社会的快速变化，如何发展中国特色社会主义，更需要解放思想。进入新世纪以来，面对新情况新问题，发展中国特色社会主义仍然必须坚定不移地坚持解放思想。解放思想，是党的思想路线的本质要求，是我们应对前进道路上各种新情况新问题、不断开创事业新局面的一大法宝。解放思想是坚持实事求是的前提，没有解放思想就不可能真正做到实事求是。党的十六大报告指出：“实践没有止境，创新也没有止境。我们要突破前人，后人也必然会突破我们。”坚持从中国的实际国情出发，以解放思想为强大思想武器，不断探索和努力把握建设中国特色社会主义的基本规律，才能真正把我们的事业推向前进。

3. 坚定不移地坚持改革的社会主义方向

我们要坚定不移地推进改革开放，就必须坚定不移地始终保持改革开放的正确方向。因为改革开放是社会主义制度的自我完善和发展，所以始终保持改革开放的正确方向是它内在的客观逻辑和现实要求。我国在剥削阶级被消灭以后，阶级斗争已不再是社会的主要矛盾。但由于国内的因素和国际的影响，阶级斗争还将在一定范围内长期存在，在某种条件下还有可能激化。因此，国内外敌对势力会极力破坏、干扰我国的改革开放，企图实施“西化”和“分化”中国的战略图谋。同时，由于各种复杂原因，社会上对改革开放也客观地存在着不同看法。除了在拥护改革开放的广大人民群众、党员和干部中尚存在认识差异以外，还会长期面临“左”的和右的两种错误思潮的干扰。所以坚定不移地始终保持改革开放的正确方向，是我们坚定不移地坚持和不断推进改革开放的重要政治前提。所谓“始终保持改革开放的正确方向”，就是在改革开放的实质和发展方向上，必须通过体制改革和体制创新，力求完善、巩固和发展社会主义制度，而不是怀疑、背离和抛弃社会主义制度。在现阶段以市场为取向的经济体制改革中，必须坚持公有制为主体、多种所有制经济共同发展，既不能搞私有化，也不能搞纯而又纯的公有制经济；在政治体制改革中，必须坚持中国共产党的领导，健全和发展社会主义民主与法制，而不能搞资本主义的议会民主和资产阶级的多党制；在文化体制改革中，必须以马克思主义为指导发展社会主义文化，而不能搞指导思想的多元化和文化的全盘西化；等等。从根本上说，要始终保持改革开放的社会主义方向，就必须依靠党的思想理论和政治路线的正确指导，必须依靠社会主义基本制度的规范和保证。在社会主义初级阶段，始终坚持党的“一个中心、两个基本点”的基本路线不动摇，对此具有最为直接和关键性的决定作用。

第三节　把握中国化马克思主义理论的整体构架

科学的一个重要特征就是系统化。科学把握中国化马克思主义理论的最重要的内容，从整体上把握其基本构架，是学习中国特色社会主义理论体系的重要方法。

一、马克思主义与中国实际相结合的两大理论成果——毛泽东思想和中国特色社会主义理论体系

毛泽东思想是马克思主义中国化的第一个重大理论成果。它是马克思列宁主义在中国的运用和发展，是被实践证明了的关于中国革命和建设的正确的理论和经验总结，是中国共产党集体智慧的结晶。

党的十七大在总结改革开放以来我们取得一切成绩和进步的根本原因时，第一次对新时期党的理论创新成果进行了有机整合，把马克思主义中国化最新成果统称为中国特色社会主义理论体系。党的十七大报告明确指出：“中国特色社会主义理论体系，就是包括邓小平理论、‘三个代表’重要思想以及科学发展观等重大战略思想在内的科学理论体系。”根据十七大的精神，这一理论体系的形成开始于邓小平理论。邓小平理论为形成中国特色社会主义理论体系奠定了坚实的基础。“三个代表”

重要思想以及科学发展观等重大战略思想都是在邓小平理论的基础上，坚持马克思主义的思想路线，总结改革开放新的实践经验，不断推进马克思主义中国化。它们既一脉相承又与时俱进，为实现国家繁荣富强和人民共同富裕这个历史任务提供科学的指导思想。因此，中国特色社会主义理论体系的各有机组成部分，共同实现着马克思主义基本原理同中国具体实际相结合的第二次历史性飞跃。

二、中国特色社会主义的三大理论前提——实事求是的思想路线、社会主义本质理论、社会主义初级阶段理论

毫无疑问，纵观整个马克思主义发展历程，最早揭示实事求是思想路线的科学内涵并确立其在党内指导地位的是毛泽东。针对党内存在着一种把马克思主义教条化、共产国际决议和苏联经验神圣化的错误倾向，毛泽东对此一贯加以反对，极力主张把马克思主义普遍真理同中国革命的具体实际相结合，终于走出了一条“农村包围城市、武装夺取政权”的正确革命道路。在总结革命经验过程中，毛泽东写下了《矛盾论》、《实践论》等不朽篇章，为完整概括实事求是思想路线的内容、科学揭示实事求是思想路线的内涵奠定了基础。1941 年 5 月，毛泽东在《改造我们的学习》中不仅赋予“实事求是”全新的内涵，还将其提升到全新的高度。他说：“‘实事’就是客观存在着的一切事物，‘是’就是客观事物的内部联系，即规律性，‘求’就是我们去研究。我们要从国内外、省内外、县内外、区内外的实际情况出发，从其中引出其固有的而不是臆造的规律性，即找出周围事变的内部联系，作为我们行动的向导。”① 毛泽东的科学解释和高度强调无疑标志着实事求是思想路线在我党真正确立起来。在新的历史条件下，邓小平对实事求是思想路线进行了创新和发展。1980 年 2 月，他在《坚持党的路线，改进工作方法》中指出：“实事求是，一切从实际出发，理论联系实际，坚持实践是检验真理的标准，这就是我们党的思想路线。”② “实事求是”在党的思想路线中处于核心和实质的地位，内在地包含了“一切从实际出发”、“理论联系实际”、“坚持实践是检验真理的标准”三方面内容。正是基于此，党的思想路线被概括为“实事求是”，被称作“党的实事求是的

---

① 《毛泽东选集》，2 版，第 3 卷，801 页。

② 《邓小平文选》，2 版，第 2 卷，278 页。

思想路线”。

邓小平在1992年视察南方的谈话中提出了关于社会主义本质的科学论断：社会主义的本质，是解放生产力，发展生产力，消灭剥削，消除两极分化，最终达到共同富裕。社会主义本质的论断体现了解放生产力和发展生产力的统一，回答了什么是社会主义、怎样建设社会主义的重大理论问题。

社会主义初级阶段理论则是我们建设中国特色社会主义的总依据，是我们制定一切路线、方针、政策的根本依据。所谓中国特色社会主义，在很大程度上，社会主义初级阶段就是最大的特色。

三、中国特色社会主义的发展战略——科学发展观和“三步走”战略

所谓发展观，是指人们在对待发展问题上所持有的最基本的观念。它通常围绕要“实现什么样的发展、通过什么途径来发展、为谁发展、发展的成果由谁共享”这样一些关于发展的根本问题来展开。历史的经验表明，不同的发展观，往往导致不同的发展结果。科学发展观是我们党在认识发展问题上形成的符合发展规律和客观实际的科学的真理性认识。科学发展观的提出经历了一个在实践中逐步丰富和发展的过程。2003年10月，党的十六届三中全会通过的《中共中央关于完善社会主义市场经济体制若干问题的决定》提出了“坚持以人为本，树立全面、协调、可持续的发展观，促进经济社会和人的全面发展”的重要概念。这是党的文献中第一次提出科学发展观。

一个国家的发展战略，是这个国家对较长时期内经济社会发展所做出的全局性的谋划。它在整个经济社会发展中具有全局性、长远性和根本性的特征。经济社会发展战略的制定，包括战略目标的确定、战略步骤的设计、战略重点的安排和战略方针的选择。战略目标是经济社会发展战略的关键，是指一个国家或地区在一定时期内的全局性奋斗目标。党的十一届三中全会以后，邓小平开始思考如何从中国具体国情出发研究“四个现代化”的进程问题。1987年4月，他在会见西班牙客人时，第一次使用“第一步”、“第二步”、“第三步”这样的提法，明确了分“三步走”、基本实现现代化的战略。根据邓小平的思想，同年10月，党的十三大把邓小平“三步走”的发展战略构想确定下来，指出，我国

经济发展战略部署大体分“三步走”：第一步，从 1981 年到 1990 年实现国民生产总值比 1980 年翻一番，解决人民的温饱问题；第二步，从 1991 年到 20 世纪末，使国民生产总值再翻一番，达到小康水平；第三步，到 21 世纪中叶，国民生产总值再翻两番，达到中等发达国家水平，基本实现现代化。然后在这个基础上继续前进。

四、中国特色社会主义的历史使命——建设富强民主文明和谐的社会主义现代化国家；“一国两制”，实现祖国的完全统一；维护世界和平，促进共同发展

建设“富强民主文明和谐的社会主义现代化国家”是基本路线规定的党在社会主义初级阶段的奋斗目标，体现了社会主义社会的经济、政治文化和社会全面发展的要求。“富强”是经济领域的目标和要求，“民主”是政治领域的目标和要求，“文明”是思想文化领域的目标和要求，“和谐”是社会领域的目标和要求。如果把广义的文明理解为人类文化的进步，理解为社会进步和发展状况的标志，那么富强民主文明和谐的奋斗目标就在现实中表现为物质文明、政治文明、精神文明与和谐社会建设的统一。

“一国两制”构想是充分尊重历史和现实、照顾各方面利益、维护民族团结、实现祖国完全统一和民族伟大复兴的战略构想。“一国两制”构想丰富和发展了马克思主义，具有重大的意义。“一国两制”构想就是在一个中国的前提下，国家的主体坚持社会主义制度；香港、澳门、台湾是中国不可分割的部分，它们作为特别行政区保持原有的资本主义制度长期不变。在国际上代表中国的，只能是中华人民共和国。具体来说，它包含一个国家、两种制度并存、和平统一但不承诺放弃使用武力、高度自治等十个方面内容。

中国外交政策的宗旨是维护世界和平，促进共同发展。人类只有地球一个家园，建设一个持久和平、共同繁荣的和谐世界，是世界各国人民的共同心愿，是中国走和平发展道路的崇高目标。第一，反对霸权主义和强权政治，维护世界和平与发展。第二，防范和打击恐怖活动，努力消除产生恐怖主义的根源。第三，维护世界多样性，促进国际关系民主化和发展模式多样化。第四，树立新的安全观念，努力营造长期稳定的国际和平环境。新安全观的核心是互信、互利、平等和协作。第五，

谋求建立和平、稳定、公正、合理的国际政治经济新秩序。第六，推动建设持久和平与共同繁荣的和谐世界。这一新的理念是以胡锦涛同志为总书记的党中央对新时期我国外交政策目标的新概括，和谐世界应该是民主的世界、和睦的世界、公正的世界、包容的世界。

五、建设中国特色社会主义的领导力量和依靠力量——中国共产党和中国人民

中国共产党的执政地位是历史和人民的选择。2011 年，胡锦涛同志在“七一讲话”中指出：回顾 90 年中国的发展进步，可以得出一个基本结论：办好中国的事情，关键在党。没有共产党，就没有新中国；有了共产党，中国的面貌就焕然一新。中国共产党的执政地位是在长期革命斗争中逐步形成的，是近现代中国历史发展的必然，是人民的选择。历史的主体是人民，历史的选择最终要通过人民的选择来实现。人民群众之所以信任、选择和支持中国共产党，就是因为共产党是为人民服务的，是能够满足人民需要的。

第一，坚持中国现代化建设的正确方向，需要中国共产党的领导。只有坚持中国共产党的领导，走中国特色社会主义道路，才能保证现代化建设事业的正确方向，才能制定和执行正确的路线、方针、政策，保证现代化建设事业不断取得进步，最终实现中华民族的伟大复兴。

第二，维护国家统一、社会和谐稳定，需要中国共产党的领导。在新世纪新阶段，中国共产党作为中国各族人民根本利益的忠实代表，以科学理论为指导，凭借其丰富的执政经验和驾驭全局的能力，统筹经济社会等各方面发展，努力构建社会主义和谐社会，能够维护国家统一和社会和谐稳定。

第三，正确处理各种复杂的社会矛盾，把亿万人民团结凝聚起来，共同建设美好未来，需要中国共产党的领导。在中国，只有共产党才能总揽全局、协调各方，正确处理人民内部矛盾，顺利解决前进中的各种困难和问题，才能凝聚人心、汇聚力量，推进现代化建设事业顺利前进，共建美好未来。

第四，应对复杂的国际环境的挑战，需要中国共产党的领导。当前，经济全球化和世界多极化在曲折中发展，科学技术发展日新月异，综合国力的竞争日趋激烈，敌对势力仍然对我国实施“西化”、分化战

略。在复杂的国际局势下，只有以坚强的政治核心把全国各族人民团结起来，才能保证我国真正走独立自主的和平发展道路，而不受制于人。中国共产党就是这样一个能够把人民组织起来、团结起来、走和平发展道路的政治核心。

在当代中国，一切赞成、支持和参加中国特色社会主义建设的阶级、阶层和社会力量，都属于人民的范畴，都是建设中国特色社会主义事业的依靠力量。包括知识分子在内的工人阶级、农民阶级，始终是推动我国先进生产力、先进文化发展和社会全面进步的根本力量，是不断发展人民群众根本利益的坚定力量，是维护社会安定团结的中坚力量。

资料小链接

党的思想路线的重新确立

1976 年 10 月，以华国锋为首的党中央一举粉碎了“四人帮”，结束了长达 10 年的“文化大革命”，使党和国家的历史进入了一个新的发展时期。但在粉碎“四人帮”后的很长时间内，华国锋等人仍然在相当程度上延续着“文化大革命”的错误理论和毛泽东晚年的一些重大错误。1977 年 2 月 7 日，经华国锋批准，《人民日报》、《红旗》杂志和《解放军报》都发表了题为《学好文件抓住纲》的社论，公开提出了“凡是毛主席作出的决策，我们都坚决维护；凡是毛主席的指示，我们都始终不渝地遵循”的“两个凡是”错误方针。“两个凡是”错误方针成为“文化大革命”结束之后，纠正“文化大革命”错误的最大障碍。要从根本上推动拨乱反正，实现历史性转折，首先要打破“两个凡是”的藩篱。1977 年 5 月 24 日，邓小平在同中央两位同志的谈话中指出：“‘两个凡是’不行。按照‘两个凡是’，就说不通为我平反的问题，也说不通肯定一九七六年广大群众在天安门广场的活动‘合乎情理’的问题。”[1] 双方坚持和反对“两个凡是”的分歧，实质上是思想路线的分歧，焦点在于是一切从实际出发，用实践作为检验真理的标准，还是以领袖的指示言论为标准，以此来剪裁丰富的社会实践。从 1977 年下半年开始，少数思想比较活跃的理论工作者逐渐提出了以实践作为检验真理的标准的思想。5 月 10 日，《理论动态》第 60 期发表了由南京大学哲学系教师胡福明撰写，经中共中央党校理论研究室主任吴江和光明日报社主编杨西光等人修改，最后由胡耀邦审定的文章《实践是检验真理的唯一标准》。5月11日，《光明日报》在第一版下半部和第二版上半部以通栏标题、正文楷体字全文刊出，署名为“本报特约评论员”。当天，新华通讯社将文章转发。5月12日，《人民日报》、《解放军报》等报纸转载此文。接着，很多省、市、自治区的报纸也陆续转载了这篇文章。《实践是检验真理的唯一标准》全文约6 600字，分为以下四个部分：“检验真理的标准只能是社会实践”；“理论与实践的统一是马克思主义的一个最基本的原则”；“革命导师是坚持用实践检验真理的榜样”；“任何理论都要不断接受实践的检验”。《实践是检验真理的唯一标准》论述的是马克思主义认识论的基本道理，从理论本身来说并没有多少创新，它的可贵之处就在于有着很强的现实针对性，从根本理论上否定了“两个凡是”的方针。因此，文章发表后，一方面受到了广大干部群众的欢迎，另一方面也受到了提出、推行和赞成“两个凡是”方针的一些人的严重责难。当时党的主要领导同志认为这篇文章的发表，很明显，就是要丢刀子，就是要砍旗。一时间，对《实践是检验真理的唯一标准》一文的种种责难，使胡耀邦等人受到了极大的政治压力，刚刚开始的真理标准问题讨论面临着夭折的危险。关键时刻，邓小平同志说话了。5月30日，邓小平在同几位负责人的谈话中尖锐指出：“毛泽东思想最根本的最重要的东西就是实事求是。现在……连实践是检验真理的标准都成了问题，简直是莫名其妙！”[2]6月2日，邓小平在全军政治工作会议上发表了重要讲话。他指出：“马列主义、毛泽东思想的基本原则，我们任何时候都不能违背，这是毫无疑义的。”“但是，我们也有一些同志天天讲毛泽东思想，却往往忘记、抛弃甚至反对毛泽东同志的实事求是、一切从实际出发、理论与实践相结合的这样一个马克思主义的根本观点，根本方法。不但如此，有的人还认为谁要是坚持实事求是，从实际出发，理论和实践相结合，谁就是犯了弥天大罪。”“他们提出的这个问题不是小问题，而是涉及到怎么看待马列主义、毛泽东思想的问题。”[3]

在邓小平等老一辈革命家的支持下，在胡耀邦等人的组织、推动下，真理标准问题的讨论得以全面展开。真理标准问题的大讨论，冲破了“两个凡是”的严重束缚，推动了全国性的马克思主义思想解放运动，为我们党重新确立实事求是的思想路线奠定了坚实的理论基础。

1978年12月举行的党的十一届三中全会高度评价了关于实践是检验真理的唯一标准问题的讨论，认为这对于促进全党同志和全国人民解放思想，端正思想路线，具有深远的历史意义。“一个党，一个国家，一个民族，如果一切从本本出发，思想僵化，迷信盛行，那它就不能前进，它的生机就停止了，就要亡党亡国。”[4]以十一届三中全会的召开为标志，党的实事求是思想路线得到了重新的确立。

实事求是思想路线的确立过程主要分三个阶段：第一个阶段是对“两个凡是”的批评，邓小平认为，“两个凡是”既不符合马克思列宁主义，也不符合毛泽东思想；第二个阶段是邓小平对真理标准问题大讨论的领导和支持，邓小平强调，实践是检验真理的唯一标准；第三阶段是以党的十一届三中全会的召开为标志重新恢复和确立了实事求是的党的思想路线。

[1]《邓小平文选》，2版，第2卷，38页。
[2]《邓小平年谱（一九七五——一九九七）》（上），320页。
[3]《邓小平文选》，2版，第2卷，114页。
[4] 同上书，143页。
资料来源：大型文献纪录片《邓小平》解说词。

第五章 “三个代表”重要思想的历史必然

第一节 “三个代表”重要思想的提出及科学内涵

新中国的成立，标志着我们党从一个革命党转变为执政党。在新的历史条件下，中国共产党能否深刻认识和正确应对这种巨大转变带来的巨大考验，是党能否长期执政的重要前提。在新中国成立后风风雨雨的历史进程中，我们党逐渐意识到执政党有着自身固有的执政规律。特别是进入新世纪，在世界出现经济全球化、政治多极化、科学技术迅猛发展、思想文化相互激荡的新形势下，正确把握执政党的执政规律就成为党执政的紧迫而必要的根本要求。一部世界政党的发生发展史向我们昭示：一个执政党不管它的资格有多老，如果不能站在时代进步潮流的前列，不具有一定的群众基础，最终都将被人民所抛弃。资产阶级或民族主义执政党是如此，社会主义国家的执政党也是如此。有着光辉历程的中国共产党，也必须不断地解决好如何始终保持党的先进性、如何始终赢得人民群众的支持这些关系到执政党生死存亡的重大问题。江泽民同志经过长期思考和深入调查研究，在科学地分析了国内外形势和党自身状况的基础上，科学地判断了我们党所处的历史方位，提出了“三个代表”重要思想，这就为面向新世纪的中国共产党人迎接新挑战、开创新局面提供了强大的思想武器。

一、“三个代表”重要思想的基本含义

“三个代表”重要思想在形成和发展的过程中，紧密结合新的实践，把治党和治国、执政和为民结合起来，在改革发展稳定、内政外交国防、治党治国治军各个方面，提出了一系列紧密联系、相互贯通的新思想、新观点、新论断。这一系统的科学理论在建设中国特色社会主义的思想路线、发展道路、发展阶段、发展战略、根本任务、发展动力、依靠力量、国际战略、领导力量和根本目的等重大问题上都有新的丰富和发展。“三个代表”重要思想，在邓小平理论的基础上，进一步回答了什么是社会主义、怎样建设社会主义的问题，创造性地回答了建设什么样的党、怎样建设党的问题，集中起来就是深化了对中国特色社会主义的认识。

中国共产党必须始终代表中国先进生产力的发展要求，代表中国先进文化的前进方向，代表中国最广大人民的根本利益。这是对“三个代表”重要思想的集中概括。

始终代表中国先进生产力的发展要求，就是党的理论、路线、纲领、方针、政策和各项工作必须努力符合生产力发展的规律，体现不断推动社会生产力的解放和发展的要求，尤其要体现推动先进生产力发展的要求，通过发展生产力不断提高人民群众的生活水平。

始终代表中国先进文化的前进方向，就是党的理论、路线、纲领、方针、政策和各项工作必须努力体现发展面向现代化、面向世界、面向未来的，民族的科学的大众的社会主义文化的要求，促进全民族思想道德素质和科学文化素质的不断提高，为我国经济发展和社会进步提供精神动力和智力支持。

始终代表中国最广大人民的根本利益，就是党的理论、路线、纲领、方针、政策和各项工作必须坚持把人民的根本利益作为出发点和归宿，充分发挥人民群众的积极性、主动性、创造性，在社会不断发展进步的基础上，使人民群众不断获得切实的经济、政治、文化利益。

“三个代表”是统一的整体，相互联系，相互促进。发展先进生产力，是发展先进文化的基础，是实现最广大人民根本利益的前提；发展先进文化，是发展先进生产力和实现最广大人民根本利益的重要思想保

证；发展先进生产力和先进文化，归根到底都是为了实现最广大人民的根本利益，而人民群众则是创造先进生产力和先进文化的主体，也是实现自身利益的根本力量。

“三个代表”重要思想围绕建设中国特色社会主义这个主题，创造性地运用马克思列宁主义、毛泽东思想、邓小平理论，紧密结合新的实践，围绕什么是社会主义、怎样建设社会主义和建设什么样的党、怎样建设党的问题，提出了一系列新的思想、新的观点、新的论断，其中包括：关于建立社会主义市场经济体制的思想；关于公有制为主体、多种所有制经济共同发展是我国社会主义初级阶段的基本经济制度的思想；关于按劳分配为主体、多种分配方式并存的思想；关于实行全方位对外开放战略的思想；关于社会主义物质文明、政治文明和精神文明协调发展的思想；关于发展是党执政兴国的第一要务的思想；关于正确处理改革发展稳定关系的思想；关于建设社会主义法治国家的思想；关于依法治国和以德治国相结合的思想；关于走中国特色的精兵之路的思想；关于巩固党的阶级基础和扩大党的群众基础的思想；等等。这些思想、观点和论断构成了“三个代表”重要思想的主要内容。

二、贯彻“三个代表”重要思想的基本要求

江泽民同志在党的十六大报告中提出：“贯彻‘三个代表’重要思想，关键在坚持与时俱进，核心在坚持党的先进性，本质在坚持执政为民。”深刻理解“三个坚持”的必要性和重要性，正确把握它的内涵及其相互关系，对于促进人们不断增强贯彻“三个代表”重要思想的自觉性和坚定性，具有十分重要的意义。

与时俱进是对党的思想路线的丰富和发展，只有坚持与时俱进，不断实现思想的解放和理论的创新，才能始终保持正确的方向和不竭的活力。与时俱进强调党的理论、路线、方针、政策要根据实践和实际的发展而发展。指导思想不能僵化固化，要依据实际的新变化、实践提出的新问题，与时俱进地推进党的理论创新。

先进性是共产党区别于其他一切政党的根本标志，只有坚持党的先进性，始终站在时代的前列，才能使党始终居于中国特色社会主义事业的领导核心和先锋队地位。无产阶级政党是无产阶级的先锋队，代表无产阶级的根本利益和根本要求。这是马克思主义关于无产阶级政党性质

的基本主张。

执政为民是“三个代表”重要思想的本质，只有坚持执政为民，始终把发展作为党执政兴国的第一要务，才能真正坚持党的性质和宗旨，完成党的根本任务。代表中国先进生产力的发展要求，代表中国先进文化的前进方向，根本的目的，是要把中国最广大人民的根本利益实现好、发展好、维护好。代表中国最广大人民的根本利益，这是由中国共产党的性质和宗旨所决定的，是它的先进性之所在，也是它区别于剥削阶级政党和其他一切政党的显著标志。马克思、恩格斯指出共产党人没有任何同整个无产阶级的利益不同的利益，毛泽东强调全心全意地为人民服务，“三个代表”重要思想以执政为民为其本质，与马克思主义是一脉相承的。

第二节 “三个代表”重要思想形成的社会历史条件

中国共产党历经革命、建设和改革，已经从领导人民为夺取全国政权而奋斗的党，成为领导人民掌握全国政权并长期执政的党；已经从受到外部封锁和实行计划经济条件下领导国家建设的党，成为实行对外开放和发展社会主义市场经济条件下领导国家建设的党。这是党的历史方位的深刻变革。要从这种深刻变革中来体悟“三个代表”重要思想的提出与党的历史方位变革的相互关系。

一、“三个代表”重要思想的产生源于当今国际局势的新变化

“三个代表”重要思想是马克思主义中国化的第三个重大理论成果。它是对马克思列宁主义、毛泽东思想、邓小平理论的继承和发展，反映了当代世界和中国的发展变化对党和国家工作的新要求，是加强和改进党的建设、推进我国社会主义自我完善和发展的强大理论武器，是中国共产党集体智慧的结晶。

进入 20 世纪 80 年代末 90 年代初以后，尽管我们所面临的时代主题、主要矛盾和主要任务没有根本性的改变，但是国际、国内和党内的情况都发生了重大的变化。

就国际形势来讲，随着东欧剧变、苏联解体，世界社会主义出现严

重曲折；世界多极化和经济全球化的趋势在曲折中发展。虽然和平与发展仍是当今时代的主题，但霸权主义和强权政治又有新的表现，恐怖主义危害上升，一些地区的冲突和争端时起时伏，世界还很不安宁。科技进步日新月异，以信息技术为核心的高新技术的发展，极大地改变了人们的生产、生活方式和国际经济、政治关系，以经济为基础、科技为先导的综合国力竞争更为激烈。国际局势和世界格局的深刻变化，是“三个代表”重要思想形成的时代背景。

二、“三个代表”重要思想的产生源于当今国内工作的新发展

就国内形势来讲，我们在胜利实现了现代化建设“三步走”战略前两步目标以后，进入了全面建设小康社会、加快推进社会主义现代化新的发展阶段。我国生产力水平大幅度跃升，综合国力显著增强，国际地位进一步提高，改革开放取得丰硕成果，社会主义市场经济体制初步建立，政治稳定、民族团结、社会进步，人民生活总体上达到小康水平，社会主义中国充满活力。与此同时，改革进入攻坚阶段，发展处于关键时期，我国社会主义事业的发展面临新的巨大困难和压力。随着改革开放和社会主义市场经济的发展，社会经济成分和组织形式、社会就业方式、社会分配方式、社会阶层和利益关系日益多样化。加入世贸组织，给我国经济社会带来深刻影响。推进现代化建设、完成祖国统一、维护世界和平与促进共同发展，仍是我们党在21世纪伟大而艰巨的三大历史任务。“三个代表”重要思想是在对当代中国发展变化科学认识的基础上形成的。改革开放以来特别是党的十三届四中全会以来党和人民建设中国特色社会主义的伟大探索，是“三个代表”重要思想形成的实践基础。

就中国共产党内的情况来讲，随着党和国家事业的发展，党的队伍发生了重大的变化。新党员的数量大幅度增加，干部队伍新老交替不断进行，一大批年轻干部走上领导岗位，这既给党的发展带来了新的活力，也提出了新的挑战。进一步提高党的领导水平和执政水平，提高拒腐防变和抵御风险的能力，是我们党必须解决好的两大历史性课题。这就要求我们党从新的实际出发，以改革的精神加强和改进党的建设。党的建设面临的新形势、新任务，是“三个代表”重要思想形成的现实依据。

正是在上述世情、国情、党情新变化的背景下，党的十三届四中全

会以来，以江泽民同志为核心的党的第三代中央领导集体，高举邓小平理论伟大旗帜，在科学判断党的历史方位的基础上，在建设中国特色社会主义的伟大实践中，逐步将治党治国治军新的经验加以概括和总结，创立了“三个代表”重要思想。

三、“三个代表”重要思想的产生源于马克思主义具有与时俱进的理论品质

江泽民同志在建党 80 周年讲话中明确指出：马克思主义具有与时俱进的理论品质。马克思主义是开放的科学体系，是无产阶级认识世界、改造世界的科学思想体系，它随着时代的变化和实践的深化不断得到丰富和发展。马克思主义从诞生之日起，与时俱进就始终贯穿在其不断丰富、发展的历史进程中。面对充满挑战和希望的 21 世纪，中国共产党面临着巨大的新考验。正确应对国际国内的新问题，把中国的事情办好，完成领导中华民族实现伟大复兴的历史重任，关键取决于党的建设。把握时代特征，顺应时代要求，站在时代前列，“三个代表”重要思想应运而生。

“三个代表”重要思想是与时俱进的光辉典范，体现了马克思主义所具有的与时俱进的理论品质，既是对马列主义、毛泽东思想、邓小平理论的继承和丰富，又是对其的创造性发展，它紧跟时代潮流，与时代特征有机结合，体现了继往开来、与时俱进的创新精神。我们党以与时俱进、勇于创新的精神，深刻回答了新的历史条件下党的建设和党的事业需要解决的一系列重大问题。“三个代表”重要思想，立足国际国内大局，既是对马克思主义理论的继承，又努力创新，力求搞清楚一些疑难问题，提出了许多重要的新思想、新观点、新思路，从而使马克思主义在中国推进到一个新阶段。

第三节 “三个代表”重要思想的历史地位和指导意义

一、“三个代表”重要思想是党和国家工作的指导思想

“三个代表”重要思想作为中国共产党必须长期坚持的指导思想，

在理论和实践上都有着重要的历史地位和指导意义。

1. 面向21世纪的中国化的马克思主义

在即将进入21世纪的时候，中国特色社会主义实践的发展提出了实现推进理论创新的新要求。"三个代表"重要思想继承和发展了马克思主义关于人类社会前进最终是由生产力发展决定的，同时是由先进文化引导的、由人民群众推动的等基本原理，揭示了中国特色社会主义是社会主义市场经济、社会主义民主政治和社会主义先进文化有机统一，社会主义物质文明、政治文明和精神文明全面发展，党领导的伟大事业同党的建设新的伟大工程相互促进的进程。"三个代表"重要思想的形成，表明我们党对共产党的执政规律、社会主义建设规律和人类社会发展规律的认识，达到了新的理论高度。

2. 全面建设小康社会的根本指针

党在新世纪新阶段最重要的任务，就是全面建设小康社会。"三个代表"重要思想作为面向21世纪的中国化的马克思主义，是指引全党全国人民为实现全面建设小康社会的宏伟目标而奋斗的根本指针。我们在实现这个宏伟目标的征程中，将长期面对着如何科学判断和全面把握国际形势的发展变化、如何科学判断和全面把握我国将长期处于社会主义初级阶段的基本国情、如何科学判断和全面把握我们党所处的历史方位和肩负的历史使命等重大课题。"三个代表"重要思想为我们正确认识和处理这些重大课题提供了科学理论和科学方法。

3. 加强和改进党的建设、推进我国社会主义自我完善和发展的强大理论武器

"三个代表"重要思想创造性地回答了建设什么样的党、怎样建设党的问题，把党的建设同中国特色社会主义伟大事业紧密联系起来，赋予党的性质、宗旨、指导思想和任务丰富的时代内容，确定了党的建设的总体部署。坚持贯彻"三个代表"重要思想，必须紧紧围绕新时期党的建设所面临的两大历史性课题，以加强党的执政能力建设为重点，不断提高党的创造力、凝聚力和战斗力，不断巩固党的阶级基础和扩大党的群众基础，永远保持党的先进性。

二、"三个代表"重要思想是我们党的立党之本、执政之基、力量之源

"三个代表"是我们的立党之本。我们党自成立之日起，就是走在

中国社会发展前列的先进政党。党章规定，中国共产党是中国工人阶级的先锋队。我们党的历史使命、历史地位、历史作用，始终是与党的先进性联系在一起的。如果坚持并做到了“三个代表”，我们党就兴旺发达，就得到人民群众的拥护，就经得起任何风浪的冲击。如果偏离或没有完全做到“三个代表”，就会出这样那样的问题，人民就会不满意，党就会遇到困难和曲折。

“三个代表”是我们的执政之基。我们党的执政地位是历史赋予的、人民赋予的。我们党能够执政并且能够执好政的基础，从根本上说，就在于能够代表中国先进生产力的发展要求，代表中国先进文化的前进方向，代表中国最广大人民的根本利益。我们党执政的内容和任务，就是要不断解放和发展中国社会的生产力，增强综合国力，推进社会发展；就是要不断建设和发展面向现代化、面向世界、面向未来的，民族的科学的大众的社会主义文化，培育“四有”公民，弘扬民族精神；就是要全心全意为人民服务，维护最广大人民的根本利益，不断满足人民群众日益增长的物质文化生活需要。面向新的世纪，我们党治国理政的任务更加艰巨，所要解决的问题也更多、更复杂。只有坚持“三个代表”，当好“三个代表”，我们才能始终用好人民赋予的执政权力，无愧于历史赋予的执政地位；才能不断提高我们的执政水平，巩固我们的执政基础。

“三个代表”是我们的力量之源。我们党建立之初，只有几十个党员。之所以能够不断发展壮大，能够战胜曾经比自己强大得多的国内外敌人，建立起社会主义的新中国，能够在一穷二白的基础上，取得经济和社会发展的巨大成就，能够经得起各种风浪、磨难的考验，得到人民群众的拥护和支持，就是因为我们党能够始终从根本上促进中国社会生产力的发展，推动中国文化的进步，切切实实地为人民办实事、谋利益。这是我们全部力量的源泉所在，也是我们不断成功和发展的奥秘所在。

资料小链接

十年求索路　创新映征程

杜　榕

一面鲜红的党旗，让全部的力量为之凝聚；一面鲜红的党旗，为发展的道路指明方向。

回首十年来党的建设，无论是理论上的不断创新，还是实践中的大力推进，可谓成就卓著，备受瞩目。而在党的建设新的伟大工程不断开创新局面的进程中，尤为让人印象深刻的，是我们党始终坚持马克思主义思想路线，与时俱进地开展各项重大活动——学习贯彻“三个代表”重要思想、先进性教育活动、建设学习型党组织、创先争优。今天，我们盘点这些重大活动，正是希望借此回顾我们党从十六大以来，如何通过不断的求索创新，让我们党的优势不断得到强化，同时也以此展望未来、坚定信心，让 8 200 多万党员和 13 亿各族人民更加紧密地团结在党旗下，奔向新的征程！

学习贯彻“三个代表”重要思想活动

2000 年 2 月，江泽民同志在广东考察工作时，从全面总结党的历史经验和如何适应新形势新任务的要求出发，首次对“三个代表”重要思想进行了比较全面的阐述。2002 年 11 月，江泽民同志在十六大报告中提出，始终做到“三个代表”，是中国共产党的立党之本、执政之基、力量之源。同年 11 月 14 日，十六大将“三个代表”重要思想和马列主义、毛泽东思想、邓小平理论一道确立为党的指导思想，实现了我们党指导思想上的又一次与时俱进。2003 年，中央下发通知，要求“兴起学习‘三个代表’重要思想新高潮”。

学习活动开展以后，各级党委中心组织认真研读十六大报告和党章，认真研读江泽民同志《论“三个代表”》、《论党的建设》和《江泽民论有中国特色社会主义（专题摘编）》等一系列重要著作，同时，各地各部门通过举办各种形式的研讨班、培训班、学习班抓好基层党员干部的学习贯彻。2003 年 7 月，中央组织宣讲团赴各地宣讲“三个代表”重要思想，各地也参照这一做法在基层组织了大量的宣讲活动。另外，各地各部门也特别注重创新方式方法，紧密结合实际开展学习实践活动。例如，各地组织部门把学习贯彻“三个代表”重要思想与干部培训工作结合起来，与加强领导班子建设和基层党组织建设结合起来，加强组织协调工作；宣传部门则通过宣传学习贯彻“三个代表”重要思想，联系实际、解决实际问题的新成效新进展，实践“三个代表”重要思想的先进人物和先进事迹，推动学习贯彻活动的落实。

【点评】

党的十六大的一个历史性决策和重要贡献，就是确立了“三个代表”重要思想的指导地位。我们党之所以作出这一历史性的重大决策，是因为这一重要思想反映了当代世界和中国的发展变化对党和国家工作的新要求，是面向21世纪的中国化马克思主义。所以，学习贯彻“三个代表”重要思想，具有重大的现实意义。

“三个代表”重要思想涵盖经济、政治、文化和党的建设各个领域，进一步回答了什么是社会主义、怎样建设社会主义和建设什么样的党、怎样建设党的问题。学习贯彻“三个代表”重要思想，最重要的就是使全党在思想上和行动上牢固确立“三个代表”重要思想的指导地位，切实把“三个代表”重要思想贯彻到社会主义现代化建设的各个领域，体现到党的建设的各个方面。

十六大以后，一个学习贯彻“三个代表”重要思想新高潮在全国兴起，这个新高潮对我国社会主义现代化建设和党的建设起到了有力的指导和极大的推动作用，同时也为亿万人民全面建设小康社会、开创中国特色社会主义事业新局面注入了澎湃热情和巨大力量。

保持共产党员先进性教育活动

保持共产党员先进性教育活动是中国共产党在新的历史条件下用发展着的马克思主义武装全党的一项重大举措，是加强党的执政能力建设和先进性建设的一次成功实践。2004年11月7日，中共中央下发了《中共中央关于在全党开展以实践“三个代表”重要思想为主要内容的保持共产党员先进性教育活动的意见》，决定从2005年1月开始，用一年半左右的时间，在全党开展以实践“三个代表”重要思想为主要内容的保持共产党员先进性教育活动。先进性教育活动历时一年半，到2006年6月基本结束。根据中央的统一部署和总体安排，全党的先进性教育活动共分三批进行，每批半年左右的时间。活动涉及全党7 000多万党员、350多万个基层组织，是新中国成立以来参加人数最多、规模最大的一次党内集中教育活动。

这次活动取得了显著成效：广大党员受到了一次深刻的马克思主义教育；基层党组织的创造力、凝聚力、战斗力进一步提高；党组织和党员服务群众的行动更加自觉，党员、干部的作风进一步改进；各地区各部门按照科学发展观的要求，进一步厘清了发展思路，努力解决影响改革、发展、稳定的一些主要问题，积极促进经济社会又快又好发展；各级党组织进一步推动了保持共产党员先进性长效机制建设；各级党组织认真总结先进性教育活动的成功实践和党的先进性建设的历史经验，深入研究党的先进性建设规律，丰富了党的先进性建设理论。

【点评】

先进性教育活动，是截至当时我们党参加人数最多、规模最大的一次党内集中教育活动，是我们党在改革开放和发展社会主义市场经济条件下用发展着的马克思主义武装全党的一项重大举措，是在全面建设小康社会、加快推进社会主义现代化的关键时期加强党的执政能力建设和先进性建设的一次成功实践，对推进党的建设新的伟大工程和中国特色社会主义伟大事业具有十分重大的意义。这场在全党范围开展的集中教育活动孕育出了丰硕的制度成果，这为全体党员长期受教育、永葆先进性提供了重要的制度支撑，同时也进一步引导和鼓舞全党上下胜利推进中国特色社会主义伟大事业和党的建设新的伟大工程。

建设学习型党组织活动

2009 年，党的十七届四中全会提出建设马克思主义学习型政党的重大战略任务，强调要把各级党组织建设成为学习型党组织。2010 年 2 月中共中央办公厅印发了《关于推进学习型党组织建设的意见》通知，要求各地区各部门结合实际认真贯彻执行。为推动这项工作落到实处，中央成立了由中宣部、中组部等中央 10 个部门负责同志组成的建设学习型党组织工作协调小组，以切实加强对这项工作的协调、指导和服务。

根据《意见》所强调的总体要求、学习原则以及明确指出的 5 个方面的学习内容，即坚持用中国特色社会主义理论体系武装头脑、深入学习实践科学发展观、学习践行社会主义核心价值体系、学习掌握现代化建设所必需的各方面知识、学习总结实践中的成功经验，各地各部门对建设学习型党组织高度重视，推动学习型党组织建设有序开展。近 3 年实践，各地各部门开展了推荐书目、中心组学习、品牌创建等活动，在创新方法、完善途径、拓展阵地、健全制度等方面涌现出大量的优秀典型案例。

【点评】

面对深刻变化的国际国内形势，面对改革深水区的各种矛盾和问题，面对“四大考验”和“四大危险”，我们党真切地认识到，党的执政地位不是与生俱来的，也不是一劳永逸的。因此，为了进一步巩固党的执政基础，迫切需要我们深入推进学习型党组织建设。活动中，各级领导干部以高度的政治责任感、强烈的求知欲和积极的进取精神，先学一步、多学一点、学深一些，努力成为学习型党组织建设的组织者、促进者、实践者，带动了全党全社会形成良好学习风气，为建设马克思主义学习型政党夯实基础。

创先争优活动

深入开展创先争优活动，是学习实践科学发展观活动的继续。2010年4月，胡锦涛同志向全党发出号召：广泛深入开展创先争优活动。活动开展两年多以来，各个行业、系统均结合自身业务和工作特点，制定了各具特色的实施办法。在实践中，党员干部带头、社会成员响应，人人都抱着创先争优的态度对待工作、学习，整个社会就会充满昂扬向上的锐气。公开承诺、领导点评、群众打分等一些好载体、好做法已经成为基层党组织建设的长效机制；同时，各地还涌现出一大批先进基层党组织和优秀共产党员。

【点评】

对一个政党来说，能不能保持先进和优秀，关系执政地位的巩固，关系事业兴衰成败；对每一个党员而言，先进和优秀也不是与生俱来的，唯有保持先进才能防止精神懈怠，争当优秀才能应对能力不足，牢记宗旨才能避免脱离群众，坚守信念才能远离消极腐败。在全面建设小康社会的关键时期，在深化改革开放、加快发展方式转变的攻坚阶段，更加需要广大党员将创先争优化为自觉行动。人们看到，在创先争优活动过程中，8 200多万共产党员率先垂范、勇挑重担，他们用实际行动凝聚起13亿人民的信心和力量，他们用共产党人坚定的理想信念和孜孜不倦的价值追求开启了中国特色社会主义事业的新篇章。

资料来源：《人民日报》，2012-10-29。

第六章　科学发展观的当代发展

第一节　科学发展观的提出及内涵

一、科学发展观的提出

世界观是人们对于世界的总的看法和基本观点，方法论是人们认识和改造世界所遵循的根本方法。世界观和方法论体现到发展问题上就是发展观，具体来说就是人们在对待发展问题上所持有的最基本的观念。关于发展的思考通常围绕“实现什么样的发展、通过什么途径来发展、为谁发展、发展的成果由谁共享”这样一些根本问题来展开。新中国成立之初，百废待兴，中国人民吃饱穿暖的基本生存需求成为当时发展的头等大事。在中国共产党的领导下，中国人民齐心协力种粮、炼钢解决了发展中最基础的问题。随着历史的进步，闭门造车已不能满足中国发展的需要，同时全球范围的经济繁荣也吸引了中国的目光。改革开放成为中国发展史上具有转折意义的一大步。从此，中国人民走出国门，在世界舞台上保持数十年遥遥领先的发展成绩。中国迅猛发展，但发展也带来了难以避免的副作用。追求经济的高效率高收益，带来了环境的高污染高破坏。中国人民也早已认识到环境问题的重要性、持续发展的重要性，因此，追求全面、协调、可持续的发展成为当代发展的重点和难点。

于是，这一时刻应当被历史铭记！2007年10月15日，庄严的人民大会堂华灯齐放，主席台上金色的中国共产党党徽熠熠生辉，2 200多名党代表心潮澎湃。热烈的掌声中，胡锦涛同志代表第十六届中央委员会向党的第十七次全国代表大会作报告。报告高屋建瓴地回答了在改革发展关键阶段中国共产党治国理政、带领中国继续发展进步的一系列重大问题，并特别阐明了我们的发展必须是以人为本、全面协调可持续的科学发展；必须是各方面事业有机统一、社会成员团结和睦的和谐发展；必须是既通过维护世界和平发展自己，又通过自身发展维护世界和平的和平发展。党的十七大报告全面深刻地集中反映了现时代我们党关于发展的基本理念。在大会随后通过的《中国共产党章程（修正案）》中，科学发展观作为同马克思列宁主义、毛泽东思想、邓小平理论和“三个代表”重要思想既一脉相承又与时俱进的科学理论被正式写进党章，成为我国经济社会发展的重要指导方针和发展中国特色社会主义必须坚持和贯彻的重大战略思想。

回忆中国共产党提出科学发展观的过程，历史的影像可以回放到11年前。进入21世纪，中国的发展也进入了新纪元，这不仅体现在GDP数字的变化上，更体现在人们的衣食住行上。与此同时，中国特色社会主义事业发展中长期积累的一些矛盾和问题逐渐显露出来，发展不平衡问题尤为突出。特别是2003年，中国发生了一件大事——“非典”，给处于抗击“非典”大潮的中国人敲响了警钟，可以说直接刺激了科学发展观的产生。这场突如其来的灾害，虽然前后只有两个多月，但是，对于经济发展特别是对于旅游业、商业服务业、交通运输业、对外贸易业等造成很大损失。当时，随着“非典”的蔓延，整个中国社会人心浮动，卫生资源严重不足，我国社会发展的滞后性暴露无遗。党中央把人民群众的身体健康和生命安全放在第一位，及时研究和部署防治工作，取得了抗击“非典”的重大胜利。同时，中央也深切体会到科学发展的重要性。因此，在抗击“非典”的斗争取得决定性胜利后不久，党中央就提出要贯彻经济社会协调发展、区域协调发展、人与自然和谐发展的方针。由此可见，“非典”事件是科学发展观提出的一个重要的直接的因素。中国共产党和中国人民对发展的未来方向、具体举措进行了深刻反思。在发展的同时，关注经济收益更要考虑发展中付出的难以弥补的代价。胡锦涛同志在全国防治“非典”的工作会议上提出：要更好地坚持全面发展、协调发展、可持续发展的发展观。这是“科学发展观”这一词语的首次出现。同年 10 月，党的十六届三中全会作出的《中共中央关于完善社会主义市场经济体制若干问题的决定》提出，“坚持以人为本，树立全面、协调、可持续的发展观，促进经济社会和人的全面发展”。较之前增加了“以人为本”的提法，形成了科学发展观的完整表述，这是党的文献中第一次提出科学发展观。之后，胡锦涛同志在多次会议中对科学发展观作出阐述。特别是在 2004 年 3 月召开的全国人口与资源环境工作会议上，胡锦涛同志发表了重要讲话，对科学发展观的概念逐字逐句地作了系统全面的阐发。此时，中国共产党和中国人民对于中国未来应该实现怎样的发展、如何发展等问题都有了基本把握和科学规划。于是诞生了 2007 年党的十七大上把科学发展观写入党章的光辉时刻。

在科学发展观提出的这 12 年，中国经历过繁荣发展，经历过挫折困境，也经历过教训反思。现在，我们提及科学发展观，可能只是简单的 5 个字。但回到中国进入新世纪新阶段的 2000 年，身临其境进行思考，这 5 个字是中国共产党智慧的结晶，是全体人民努力的结果，它包含的是当代人发展成果的体现，更是为后代人的发展提供保障，从而实现中国的长远发展。综合来看，新中国成立以来我党的指导思想随历史的发展与时俱进，在革命时期，毛泽东思想应运而生；在改革时期，邓小平理论势如破竹；在建设的新时期，“三个代表”重要思想和科学发展观指导了中国现代化建设的实践。

二、科学发展观的基本内涵

何为科学发展观？胡锦涛同志在党的十七大上对它的内涵作了科学阐述：科学发展观，第一要义是发展，核心是以人为本，基本要求是全面协调可持续，根本方法是统筹兼顾。具体说来，它主要包括以下四个方面的内容：

——必须坚持把发展作为党执政兴国的第一要务。发展，对于全面建设小康社会、加快推进社会主义现代化，具有决定性意义。要牢牢抓住经济建设这个中心，坚持聚精会神搞建设、一心一意谋发展，不断解放和发展社会生产力。更好实施科教兴国战略、人才强国战略、可持续发展战略，着力把握发展规律、创新发展理念、转变发展方式、破解发展难题，提高发展质量和效益，实现又好又快发展，为发展中国特色社会主义打下坚实基础。

科学发展观强调发展必须是科学发展，既合规律，又合目的，它是以经济建设为中心，经济、政治、文化、社会、生态全面进步，社会主义物质文明、政治文明、精神文明建设以及和谐社会建设整体推进的发展，是不断满足人民物质文化生活需要，切实保障人民群众的经济、文化、政治权益，不断提高人民群众整体素质的发展，是人与自然和谐相处，经济效益、社会效益和生态效益有机统一的可持续发展。科学发展观对于什么是发展，为什么发展作出了统一的安排。

——必须坚持以人为本。全心全意为人民服务是党的根本宗旨，党的一切奋斗和工作都是为了造福人民。要始终把实现好、维护好、发展好人民的根本利益作为党和国家一切工作的出发点和落脚点，尊重人民主体地位，发挥人民首创精神，保障人民各项权益，走共同富裕道路，促进人的全面发展，做到发展为了人民、发展依靠人民、发展成果由人民共享。

坚持以经济建设为中心，任何时候都不能动摇。但是，我们在发展的实践中也出现了把经济增长，特别是把 GDP 增长作为发展核心的现象。如果单纯追求经济增长，必然导致为生产而生产，忽视甚至损害人民群众的利益。科学发展观提出以人为本，就是要以实现人的全面发展为目标，从人民群众的根本利益出发谋发展、促发展，不断满足人民群众日益增长的物质文化需要，切实保障人民群众的经济、政治和文化权益，让发展的成果惠及全体人民。以经济建设为中心，根本目的是切实实现好、维护好、发展好最广大人民的根本利益。人是发展的目的，经济建设是达到实现人民群众根本利益、实现人的全面发展目的的手段。所以，以人为本不是对以经济建设为中心的否定，而是对以经济建设为中心的发展，是要把人本理念注入以经济建设为中心之中。人是生产力中最活跃的因素，无论是生产力的发展还是生产关系的变革，其主体都是人。科学发展观强调发展靠人民群众，也意味着要通过人的努力加快实现经济增长方式的转变。我国在经济增长方式上还存在着高投入、高消耗、高排放、不协调、难循环和低效率等一系列严重问题。转变经济增长方式是一个系统工程，需要从各个方面、各个环节进行不懈的努力，包括调整经济结构、发展循环经济、完善核算体系、推进科技进步、加快体制创新、强化企业管理、引导合理消费等诸多方面的工作。但是，转变经济增长方式，归根到底是要靠人，靠人的观念更新和全体人民素质的提高。坚持以人为本，要求我们辩证地看待物质财富的增长和人的全面发展的关系，要转变重物轻人的观念，要通过大力开发人力资源、加强人力资本投资和注重人力资源能力建设来推动经济发展。

——必须坚持全面协调可持续发展。要按照中国特色社会主义事业总体布局，全面推进经济建设、政治建设、文化建设、社会建设、生态建设，促进现代化建设各个环节、各个方面相协调，促进生产关系与生产力、上层建筑与经济基础相协调。坚持生产发展、生活富裕、生态良好的文明发展道路，建设资源节约型、环境友好型社会，实现速度和结构质量效益相统一、经济发展与人口资源环境相协调，使人民在良好生态环境中生产生活，实现经济社会永续发展。

科学发展观认为发展是政治、经济、文化、社会有机联系、全面进步、协调推进的总体运动过程。科学发展观强调全面发展，就是要以经济建设为中心，全面推进经济建设、政治建设、文化建设，实现经济发展和社会全面进步。在全面建设小康社会的今天，经济发展了，如果教育、科技、文化、医疗卫生、环境保护等社会事业没有相应发展，那么提高人民大众生活质量的目标就不能实现。强调全面发展，就要进一步明确发展绝不只是经济的范畴，更不能以 GDP 取代一切。GDP 是世界通用的重要的宏观经济指标，在我国整个现代化建设进程中，保持 GDP 的增长都是至关重要的。但它也有不能反映经济增长结构和质量、不能反映人们实有的福利水平等缺点。因此，坚持全面发展，就需要着力推进经济发展、社会发展、民主政治、依法治国、机会平等和生态环境的改善，实现经济与社会全面进步，城市与农村共同繁荣，东部、中部、西部平衡发展，国内发展与对外开放相互促进，人与自然和谐共生。

——必须坚持统筹兼顾。要正确认识和妥善处理中国特色社会主义事业中的重大关系，统筹城乡发展、区域发展、经济社会发展、人与自然和谐发展、国内发展和对外开放，统筹中央和地方关系，统筹个人利益和集体利益、局部利益和整体利益、当前利益和长远利益，充分调动各方面积极性。统筹国内国际两个大局，树立世界眼光，加强战略思维，善于从国际形势发展变化中把握发展机遇、应对风险挑战，营造良好国际环境。既要总揽全局、统筹规划，又要抓住牵动全局的主要工作、事关群众利益的突出问题，着力推进、重点突破。

统筹兼顾是我们党进行现代化建设的一个基本方针。“统”就是统揽、总揽，就是宏观调控，适时适当干预。“筹”就是筹划、协调。“兼顾”就是照顾到方方面面，协调好各种关系，发挥各方面的积极性。“统筹兼顾”，就是总揽全局，照顾各方，充分调动一切积极因素，妥善处理各种利益关系，注重实现良性互动，着力加强经济社会发展的薄弱环节。统筹兼顾的思想，为我们统筹经济社会发展提供了科学方法。

综上所述，科学发展观坚持辩证唯物主义和历史唯物主义的基本原理，用一系列新思想、新观点、新论断，深化了对社会主义发展规律的认识，指明了实现经济社会又快又好发展的科学道路，是马克思主义关于发展的世界观和方法论的集中体现。善于运用马克思主义的世界观和方法论解决党和人民事业发展面临的各种问题，制定科学的奋斗目标和选择正确的发展道路，并带领人民群众不断为之奋斗，这是我们党始终走在时代前列、永葆蓬勃生机的根本保证。科学发展观从根本上坚持了我们党实事求是的思想路线，是马克思主义基本原理与中国具体实际相结合的最新创造，是继毛泽东思想、邓小平理论、“三个代表”重要思想之后的马克思主义中国化的新成果。历史的经验表明，不同的发展观，往往导致不同的发展结果。

科学发展观是我们党在认识发展问题上形成的符合发展规律和客观实际的科学的真理性认识。科学发展观的提出经历了一个在实践中逐步丰富和发展的过程。伟大的实践，呼唤并产生伟大的理论；伟大的理论，验证并指导伟大的实践。80 多年来，在中国特色社会主义理论体系不断发展完善的过程中，毛泽东思想、邓小平理论、“三个代表”重要思想和科学发展观等一系列重大理论成果先后产生并指导中国走在全面建成小康社会、实现社会主义现代化的康庄大道上。

第二节 科学发展观产生的社会历史条件

一、我国社会主义初级阶段的基本国情是提出科学发展观的根本依据

我国在进入社会主义社会的时候，就生产力发展水平而言，远远落

后于发达国家，因此，必须经历一个相当长的实现工业化和现代化的历史阶段。党的十三大根据邓小平的思想，深刻阐述了社会主义初级阶段问题，强调我国社会已经是社会主义社会，我们必须坚持而不能离开社会主义；同时，我国社会主义社会还处于初级阶段，我们必须从这个实际出发而不能超越这个阶段。此后，党的十七大报告指出："经过新中国成立以来特别是改革开放以来的不懈努力，我国取得了举世瞩目的发展成就，从生产力到生产关系、从经济基础到上层建筑都发生了意义深远的重大变化，但我国仍处于并将长期处于社会主义初级阶段的基本国情没有变，人民日益增长的物质文化需要同落后的社会生产之间的矛盾这一社会主要矛盾没有变。"提出科学发展观，就是要求我们牢记社会主义初级阶段的基本国情，认清全面建设小康社会、基本实现现代化的长期性和艰巨性，提高想问题、办事情决不可脱离实际的自觉性。

二、我国在新世纪新阶段的阶段性特征是提出科学发展观的现实基础

进入新世纪新阶段，随着经济体制深刻改革、社会结构深刻变动、利益格局深刻调整、思想观念深刻变化，我国经济社会发展呈现出一系列新的阶段性特征。胡锦涛同志及时、深刻把握这些新变化，在党的十七大上从生产力发展状况、社会主义市场经济体制发展状况、人民群众生活水平发展状况、行业和区域协调发展状况、社会主义民主政治发展状况、社会主义文化发展状况、社会事业发展状况、对外开放与国际竞争力发展状况八个方面对新的阶段性特征进行了集中而全面的阐述。例如，我国社会主义市场经济体制在新世纪新阶段的特征主要表现为：社会主义市场经济体制初步建立，但影响发展的体制机制障碍依然存在；我国人民群众生活水平在新世纪新阶段的特征主要表现为：人民群众生活水平总体上达到小康，但分配收入差距拉大的趋势还未根本扭转，城乡贫困人口和低收入人口还有相当数量；等等。这些阶段性特征是社会主义初级阶段基本国情在新世纪新阶段的具体表现。它表明，我国已进入发展的关键时期、改革的攻坚时期和社会矛盾的凸显时期。我国发展既面临着前所未有的机遇，也面临着严峻的挑战。"理论在一个国家实现的程度，总是取决于理论满足这个

国家的需要的程度。"[①] 要适应当前我国发展的阶段性特征，奋力开拓中国特色社会主义更为广阔的发展前景，就必须形成科学发展的理论思维，必须坚持走科学发展的道路。

三、当代世界的发展实践和发展理念是提出科学发展观的重要借鉴

第二次世界大战结束以后，加快经济增长成为世界各国的共识，人类创造了前所未有的经济增长成就。但是，由于一些国家在社会制度方面存在的问题和弊端，由于单纯追求经济增长，不重视社会发展，不解决社会公平问题，忽视能源资源节约和生态环境保护，致使世界发展遇到了一系列严重的问题。有的国家走了一条先发展、后治理的路子，为解决生态环境严重恶化问题付出了高昂的代价；有的国家由于经济结构失衡、社会发展滞后，导致发展质量不高、后劲不足；有的国家则出现了贫富悬殊、失业增加、社会腐败、政治动荡等问题。世界各国的发展实践表明，发展绝不仅仅是经济增长，而应该是经济、政治、文化、社会、生态全面协调发展，应该是人与自然和谐的可持续发展。我国要完成工业化和信息化的双重任务，面临着促进经济发展和节约资源、保护环境的双重压力，这就决定了我们不能重复其他国家走过的老路，而必须走出一条中国特色发展道路。科学发展观正是在深刻总结世界发展经验教训的基础上提出的，它顺应了当今世界发展的潮流，吸收了当今世界各国在发展的认识和实践上取得的积极成果。

第三节　用科学发展观指导生态文明建设

生态文明是人类文明发展的新阶段，建设生态文明是中国共产党根据中国国情条件、顺应社会发展规律而进行理论创新的成果。面对资源约束趋紧、环境污染严重、生态系统退化的严峻形势，在科学发展观指导下建设生态文明是当代中国可持续发展的必然。因此，我们必须坚持

① 《马克思恩格斯选集》，3版，第1卷，11页，北京，人民出版社，2012。

在中国化马克思主义生态观——科学发展观——的指导下，走向生态安全型社会，建设生态文明。

一、科学发展观是对马克思主义生态观的继承与发展

在马克思、恩格斯生活的19世纪，资本主义生产方式造成的危害——环境恶化、资源枯竭以及社会不公等已经出现。虽然由于时代和历史原因，马克思、恩格斯并没有对生态环境问题做专门的系统研究，没有关于生态观的专门论述，没有形成完整的理论体系，但马克思主义生态观在其各个时期的主要著作中均有所体现。恩格斯在《在马克思墓前的讲话》一文中评价："正像达尔文发现有机界的发展规律一样，马克思发现了人类历史的发展规律"①。马克思正是在对人类历史发展规律的解读中阐释出马克思主义生态观。它主要包括以下几方面的内容：人与自然是辩证统一的关系，自然界是人类生存和发展的基础，同时人类对自然界又具有能动的反作用。劳动是人和自然的关联中介，劳动过程必须遵循自然规律。资本主义生产方式是人与自然之间对立即生态环境问题产生的根源。人与自然统一的最终归宿是和谐，人类同自然的和解必须以人类本身的和解为前提，而这一和解只有在共产主义社会才能实现。因此，马克思主义生态观强调人、自然与社会三者之间的关系，人类社会只有与自然保持和谐，才能实现共生共荣，实现永续发展。

新中国成立后，中国的现实需要迫使全国人民万众一心进行经济建设。为解决几亿人口吃饱肚子的问题，大量树木被砍伐，耕地被破坏；为解决工业落后的现状，大炼钢铁、建工厂、发展重工业，水污染、空气污染等席卷而来。勤劳的中国人民享受到经济发展的累累硕果，也饱受环境破坏带来的种种污染。日益严重的现实以及国际上曾有的残酷教训警醒着先进的中国共产党，中国不能走资本主义的老路。但中国有其特殊的国情和现实，照搬西方资本主义先污染、后治理的老路只有死路一条。于是，先进的中国人把马克思主义生态观的基本理论与当代中国的实际相结合，继承并创造性地发展了马克思主义的生态观。这一成果就是具有指导意义的中国化马克思主义生态观即科学发展观。现阶段贯

---

① 《马克思恩格斯选集》，2版，第3卷，776页，北京，人民出版社，1995。

彻落实科学发展观，建设生态文明和美丽中国，是当务之急也是明智之举。科学发展观就是以人为本，全面、协调、可持续的发展观。科学发展观的理论核心，紧密地围绕着两条基础主线：其一，努力把握人与自然之间的平衡；其二，努力实现人与人之间关系的和谐。① 贯彻落实科学发展观就是要努力解决好人与自然、人与社会之间的关系。这与马克思主义生态观是一致的，是马克思主义生态观在当代中国的运用。

生态文明，是指人类遵循人、自然、社会和谐发展这一客观规律而取得的物质与精神成果的总和，是指以人与自然、人与人、人与社会和谐共生、良性循环、全面发展、持续繁荣为基本宗旨的文化伦理形态。生态安全本质是要求自然资源在人口、社会经济和生态环境三个约束条件下稳定、协调、有序和永续利用。不同于其他国家安全，生态安全有其自身的特点：综合性、动态性、不可逆性、长期性以及全球性。这些特点大大提高了保障生态安全和建设生态文明的艰巨性和必要性。2007年，党的十七大第一次把建设生态文明作为实现全面建设小康社会奋斗目标的新要求，并对建设生态文明提出了新的具体要求。在对“实现全面建设小康社会奋斗目标的新要求”的论述中，庄严宣布要“建设生态文明，基本形成节约能源资源和保护生态环境的产业结构、增长方式、消费模式”，在“优化结构、提高效益、降低污染、保护环境”的基础上促进国民经济又好又快发展。强调坚持“节约资源和保护环境的基本国策”，必须把建设资源节约型、环境友好型社会放在工业化、现代化发展战略的突出位置。

建设生态文明，不同于传统意义上的污染控制和生态恢复，它的最终归宿是要实现社会经济与生态共同和谐发展。建设生态文明，要有效地克服当下严重的生态危机和人的发展危机，实现人类在社会进步和人的发展问题上的理智回归。如今，全党全社会都在践行生态文明。从大的方面来说，国家在制定发展规划时就把对环境的保护放到重要位置，并制定了相关法律法规，一旦违规就会受到严厉处罚。例如：工厂的废气废物排放必须经过严格的审核，只有达到相关规定的标准才能排放，如果违规，不仅会在经济上给予严重罚款，更会在媒

① 参见中国科学院可持续发展战略研究组编：《2004 中国可持续发展战略报告》，16页，北京，科学出版社，2004。

体上给予大量宣传报道和舆论谴责。从个人而言，提高环保意识，从小事做起，也是为生态文明建设贡献一份力量。外出时牢记低碳出行，尽量乘坐公共交通工具。车辆限号出行也是降低空气污染的重要举措。在建设生态文明中，发挥人的积极主动作用，实现经济社会和生态文明的和谐发展。

二、在科学发展观指导下建设生态文明

随着经济全球化和世界工业化进程的加快，人与自然关系出现了空前对立和全球生态危机，人类开始重新思考如何回归到与自然和谐相处的关系中。我国生态环境基础原本就脆弱，庞大的人口对生态环境又造成了重大的、持久的压力，加上以牺牲环境求发展的传统发展模式对生态环境造成很大冲击和破坏，所以在中国化马克思主义生态观指导下走向生态安全型社会成为我国发展的必然。

鉴于我国生态安全现状和存在的问题，现阶段中国要从全面建成小康社会的目标出发，站在循环经济的高度，以科学发展观为指导，建设生态文明，解决生态环境问题，确保生态安全，走向生态安全型社会。在科学发展观指导下建设生态文明具体措施如下：

1. 在思想上

（1）加大生态安全的宣传教育力度，增强全社会的生态安全意识。生态问题的根源在于人类自身，在于人类的发展。解决生态问题，建设生态文明，首先要从观念上加以重视。要树立尊重自然、顺应自然、保护自然的生态文明理念，在改造和利用自然的过程中，牢固树立科学发展观，把握人与自然之间的统一，追求人与自然关系的持续和谐。必须努力营造节约自然资源和保护生态环境的舆论氛围，提高全民保护生态安全的自觉性。在新闻媒体和随处可见的宣传栏里，对生态文明进行宣传，告诉人们什么是生态安全、要保持生态安全应该怎么办、如果生态遭到破坏会有什么不良后果。通过一系列宣传教育，人民群众会形成对生态的科学认识，从而在日常的生活生产中，提高防范意识，注重环境的保护和生态的恢复。

2. 在政策上

（2）建立健全生态安全法律法规，为国家生态安全提供法律保障。把生态安全保护和建设纳入国家法制化管理体系之中。加强生态法制建

设，依法行政，是推动生态安全保护工作的法律保证。必须严格执行国家环境保护和资源管理的各级法律法规，坚决禁止和取缔各种破坏自然资源和环境的非法开发建设活动，严厉打击破坏生态环境安全的违法犯罪行为。逐步完善地方生态环境保护法规体系，做到有法可依、依法行政，切实加强生态环境保护和管理；同时，也要做到执法必严、违法必究，对违法行为予以严厉打击。

(3) 制定和完善生态安全经济政策，将资源消耗、环境损害、生态效益纳入经济发展评价体系，建立资源有效使用制度和生态补偿制度。各级人民政府要制定各种经济政策，为生态安全提供制度保证。要按照"谁开发谁保护、谁利用谁补偿、谁破坏谁恢复"的原则，制定和完善有利于改善生态环境的环境经济政策。因经济发展带来的环境问题要用经济手段来解决。在开发政策制定之初就要明确责任，权衡资源开发利用的利与弊，对于那些弊大于利的开发项目要严格管理，不能因为一时的经济效益造成不能弥补的环境后果。对于那些已经遭到破坏的环境，要加强修复，退耕还林，退耕还牧，通过后天的努力来尽量减少先前造成的环境影响。

(4) 建立和完善生态安全监测预警和生态安全事故应急体制，完善国家生态安全的防范措施。凡事预则立，不预则废。一般而言，生态安全危机的爆发，都要经过一个孕育、累积的漫长过程。因此，处理好环境与生态安全问题，必须建立监测预警体系。首先，要摸清现有环境和资源状况，做好建立生态安全监测预警的基础性工作。其次，建立环境与生态安全的动态跟踪机制。除了国家环境保护部每年进行全国性环境资源状况调查检测并发布公报外，各省、市、县也要进行地方性环境资源状况调查检测并发布公报。再次，建立危机应急机制。各级政府都要相应地成立环境与生态危机应急指挥机构，并制定预案，为解决危机提供组织、技术、资金、设备保障。最后，对在建新建的项目适度提高环境准入标准，以便减少经济发展中的环境生态风险。

3. 在措施上

(5) 转变经济发展方式，发展可持续经济，从根源上处理好经济发展与环境保护的关系。劳动是人作用于自然的直接现实性活动，环境生态问题的产生说到底是由于人类违背自然规律，采取粗放型的生产方式和浪费式的生活方式引起的。过去中国发展的现实印证了马克思曾告诫过我们的："我们不要过分陶醉于我们人类对自然界的胜利。对于每一次这样的胜利，自然界都对我们进行报复。每一次胜利，起初确实取得了我们预期的结果，但是往后和再往后却发生完全不同的、出乎预料的影响，常常把最初的结果又消除了。"① 为此，在发展社会生产力，促进经济发展的过程中，需要统筹人与自然之间的关系，实现经济发展与资源、人口、环境的协调。坚定不移地贯彻落实科学发展观，实现改善生活、保护环境、生态平衡三者有机统一。

（6）加大生态安全保护和建设的投入。"良好的生态环境是人和社会持续发展的根本基础。"由于过去中国的发展造成了众多的环境污染和生态破坏，今天需要"坚持以预防为主、综合治理，以解决损害群众健康的突出环境问题为重点"，实施重大生态修复工程。没有必要的投资，治理只是一句空话。在生态安全建设资金上，要拓宽资金渠道。经济的发展不同程度上造成了环境的破坏，通过发展经济带来的金钱收益理应用在对环境的保护上，而这种投入，在今天应该有计划循序渐进地加大，这种投资可以说是"稳赚不赔"。它惠及的不仅是当代人，更是千千万万的子孙后代。

（7）大力开展国际间的生态安全建设交流与合作，积极引进吸收国外资金、先进技术与管理经验，提高中国保护生态安全的技术和管理水平，积极参与相关国际公约，履行相应的国际义务，维护国家环境与发展权益。由资本的影响力所推动的经济全球化，使环境问题的全球性日益严重，我们必须"坚持共同但有区别的责任原则、公平原则、各自能力原则"，同国际社会一道积极应对环境问题。作为后发国家，我们具有积极借鉴和吸收其他国家经验的优势。要积极引进国外先进技术和经验，提高我国生态治理与环境保护的装备水平和管理水平。要采取有效措施，防范危险废物非法进入、有害外来物种入侵和生物遗传资源流失。中国应以更加积极主动的姿态参与国际环境与发展事务，认真履行国际环境公约，广泛开展双边和多边环境合作，共同研究解决危及生态安全的世界难题，为维护全球生态安全作出积极贡献。

---

① 《马克思恩格斯选集》，2版，第4卷，383页。

4. 在行动上

（8）生态文明建设是全民族的事业，应动员全社会力量共同参与保护生态环境、建设生态文明。必须紧紧依靠人民群众，充分调动一切积极因素，齐心协力确保生态安全。引导和动员广大群众参与生态建设，使每个公民在享受环境权益的同时，自觉履行保护环境的法定义务。只有这样，我们才能更好地在中国化马克思主义生态观的指导下，为人民创造良好的生产生活环境，走向生态安全型社会，建设中国特色社会主义生态文明，为全球生态安全作出贡献。

今天，虽然我们离理想的生态社会还很遥远，但是，只要我们共同努力，“坚持节约资源和保护环境的基本国策，坚持节约优先、保护优先、自然恢复为主的方针，着力推进绿色发展、循环发展、低碳发展，形成节约资源和保护环境的空间格局、产业结构、生产方式、生活方式，从源头上扭转生态环境恶化趋势”①，人与自然的和谐相处就是有可能的。在我国全面建设小康社会重要的战略机遇期，在马克思主义生态观的指导下走向生态安全型社会，对于构建社会主义和谐社会、夺取全面建成小康社会新胜利的伟大实践，必将产生重大而深远的影响。

第四节　青年要成为学习实践科学发展观的生力军

深入学习实践科学发展观活动是在党中央部署下，在全体党员干部参与下开展的一项阶段性的主题学习实践活动，是一次对科学发展观更全面认识、更深入领会、更娴熟运用的“普及行动”，它不仅是每个党员干部在工作中要遵循的具体要求，更是当代青年武装头脑、提升个人整体素质、实现个人奋斗目标的思想法宝。青年是推动社会发展与进步的重要力量。学习实践科学发展观，是青年武装头脑，提升个人整体素质，实现个人奋斗目标的思想法宝。

做学习实践科学发展观的生力军，要求青年准确把握以人为本的本质和核心。以人为本就是以人民的利益为一切工作的出发点和落脚点，

---

① 胡锦涛：《坚定不移沿着中国特色社会主义道路前进　为全面建成小康社会而奋斗——在中国共产党第十八次全国代表大会上的报告》，39页。

改变旧的人生观、价值观、世界观，以强烈的责任感和使命感，时刻关注国家命运，积极响应国家号召，顽强拼搏，艰苦创业，勇于在最艰苦的地方干起，在最平凡的岗位上奉献，实现与国家、民族共同发展、共同进步、共同辉煌的目标。只有这样，青年才能为全社会树立和落实科学发展观起到示范与带动作用，也才能无愧于时代所赋予的神圣使命。

做学习实践科学发展观的生力军，要求青年认真领会全面、协调、可持续发展基本要求的精神和要义。青年的思想、技能、事业都处在快速上升期，这就要求青年以科学发展观为指导，运用全面、发展的眼光，既要脚踏实地，干事创业，又要眼光长远，审视未来。青年不但要关注物质文明的发展，还要注重精神文明和政治文明的建设，形成物质文明、政治文明、精神文明相互促进、共同发展的格局；不但要关注经济建设和技术进步，还要关注人与社会的和谐、人与自然的和谐，在工作生活中，勇于实践，注重创新，努力开拓崭新局面。

做学习实践科学发展观的生力军，要求青年把握好统筹兼顾的根本方法。统筹兼顾是一种突出新时代又好又快发展内涵的新的发展观，是一种以人的全面发展和实现社会全面进步为要求的新的改革观，是一种体现民主和人性化的新的稳定观。青年要以统筹兼顾为指导，进一步统筹好自身的生活、工作、学习，兼顾好个人与集体的关系、学习与工作的关系、个人发展与奉献社会的关系等，时时处处体现科学发展观统筹兼顾观念，以实际行动促进国家方针政策的实现，只有全体青年行动起来，社会主义事业才会取得不断进步。

资料小链接

准确把握科学发展观的基本要求

——三论树立和落实科学发展观

《人民日报》评论员

科学发展观的内涵极为丰富，是个重大的理论问题，也是个重大的实践问题。牢固树立和认真落实科学发展观，就要全面准确地把握科学发展观的基本要求。

党中央提出的科学发展观的基本要求，主要有这样几个方面。一是坚持以经济建设为中心，抓住机遇加快经济发展，保持较快的发展速度。在优化结构、提高质量和效益的基础上，转变经济增长方式，调整经济结构，实现速度、结构、质量、效益的统一。二是坚持经济社会协调发展，在大力推进经济发展的同时，更加注重加快社会发展。三是坚持城乡协调发展，站在经济社会发展全局的高度研究和解决“三农”问题，实行以城带乡、以工促农、城乡互动、协调发展。四是坚持区域协调发展，继续发挥各个地区的优势和积极性，推进西部大开发，振兴东北地区等老工业基地，促进中部地区崛起，鼓励东部地区加快发展，形成东中西互动、优势互补、相互促进、共同发展的新格局。五是坚持可持续发展，高度重视资源和生态环境问题，增强可持续发展的能力。统筹人与自然和谐发展，处理好经济建设、人口增长与资源利用、生态环境保护的关系，推动整个社会走上生产发展、生活富裕、生态良好的文明发展道路。六是坚持改革开放，统筹国内发展和对外开放，解放思想，开拓创新，统筹推进各方面的改革，使各方面改革相互促进。适应全球化深入发展和我国加入世贸组织的新形势，在更大范围、更广领域和更高层次上参与国际经济技术合作和竞争，提高对外开放水平。七是坚持以人为本，把人民的利益作为一切工作的出发点和落脚点，一切为了人民，一切依靠人民，不断满足人们的多方面需求和实现人的全面发展。

以上几个方面，既是科学发展观的基本要求，也是落实科学发展观的工作部署，对于我们做好当前和今后的各项工作，全面建设小康社会，更好地把改革开放和现代化建设各项事业不断推向前进，具有重要的现实意义和深远的历史意义。准确把握科学发展观的基本要求，在改革和建设的各项工作中，更加注重搞好宏观调控，更加注重统筹兼顾，更加注重以人为本，更加注重改革创新，着力解决经济社会发展中的突出矛盾，着力解决关系人民群众切身利益的突出问题，正确处理改革发展稳定的关系，我们就能贯彻落实好科学发展观，推动经济社会全面、协调、可持续发展，实现社会主义物质文明、政治文明和精神文明共同进步。树立和落实科学发展观，必须坚持理论和实际相结合，因地制宜、因时制宜地把科学发展观的要求贯穿于各方面的工作。科学发展观揭示的是发展的普遍规律，对全国都有重要的指导意义，各地区各部门一定要认真贯彻落实。同时，又要充分考虑地区之间、部门之间的发展差异和不同情况，坚持一切从实际出发，根据实际条件和发展需要有重点、有步骤地采取措施，不能强求一律，搞齐步走、一刀切。这里的关键就是要结合自己的实际情况来落实科学发展观，注重解决自身发展中存在的突出矛盾和问题，更快更好地推动各项事业发展。

资料来源：《人民日报》，2004-03-26。

第七章　十八大以来马克思主义中国化的历史进程

第一节　五位一体社会主义新布局

党的十八大报告强调，“全面落实经济建设、政治建设、文化建设、社会建设、生态文明建设五位一体总体布局”。经过改革开放 30 多年的伟大实践，我国已经形成包括经济建设、政治建设、文化建设、社会建设、生态文明建设在内的中国特色社会主义事业五位一体总体布局。五位一体总体布局的形成，适应我国经济社会发展的新要求，顺应人民群众的新期待，标志着中国特色社会主义事业进入一个新的发展阶段。

党的十八大报告强调指出：“建设中国特色社会主义，总依据是社会主义初级阶段，总布局是五位一体，总任务是实现社会主义现代化和中华民族伟大复兴。”“必须更加自觉地把全面协调可持续作为深入贯彻落实科学发展观的基本要求，全面落实经济建设、政治建设、文化建设、社会建设、生态文明建设五位一体总体布局，促进现代化建设各方面相协调，促进生产关系与生产力、上层建筑与经济基础相协调，不断开拓生产发展、生活富裕、生态良好的文明发展道路。”

一、五位一体新布局的内涵

中国特色社会主义事业总布局是经济建设、政治建设、文化建设、社会建设、生态文明建设五位一体。作为这一总体布局有机组成部分的五大建设各自发挥着重要作用。在建设中国特色社会主义新形势下，必须深刻把握五位一体总体布局的基本内涵和内在联系。

中国特色社会主义经济建设是指从中国实际出发，对中国经济发展的基本性质、基本方向、基本宗旨以及由此决定的所必须采取的基本经济制度、经济体制、分配方式、发展方略等一系列重大问题的确定。它包括四个方面的内容：坚持和完善社会主义市场经济体制，坚持和完善社会主义初级阶段的基本经济制度，坚持和完善社会主义初级阶段的收入分配制度，坚持和完善中国特色社会主义经济发展战略。

中国特色社会主义政治建设，就是坚持党的领导、人民当家作主和依法治国的有机统一，建立和完善人民民主专政、人民代表大会制度、中国共产党领导的多党合作和政治协商制度、民族区域自治制度和基层群众自治制度。

中国特色社会主义文化建设，就是以马克思主义为指导，以培育有理想、有道德、有文化、有纪律的公民为目标，发展面向现代化、面向世界、面向未来的，民族的科学的大众的社会主义文化。

中国特色社会主义社会建设，就是以保障和改善民生为重点，通过发展社会事业、完善社会政策、改进社会管理、增强社会创造活力、促进社会公平正义、维护社会秩序等来推动社会的发展和进步。

中国特色社会主义生态文明建设是指以把握自然规律、尊重自然为前提，以人与自然、环境与经济、人与社会和谐共生为宗旨，以资源环境承载力为基础，以建立可持续的产业结构、生产方式、消费模式以及增强可持续发展能力为着眼点，以建设资源节约型、环境友好型社会为本质要求的建设。

中国特色社会主义事业五位一体总体布局是一个相互联系、相互促进的有机整体。在五位一体总体布局中，经济建设是根本，政治建设是保障，文化建设是灵魂，社会建设是条件，生态文明建设是基础。五位一体，使中国特色社会主义事业的发展方略更加完善，发展目的更加明确，发展内涵更加丰富，发展道路更加广阔。只有坚持五位一体建设全面推进、协调发展，才能形成经济富裕、政治民主、文化繁荣、社会公平、生态良好的发展格局，把我国建设成为富强民主文明和谐的社会主义现代化国家。

二、五位一体新布局的形成过程

中国特色社会主义事业五位一体总体布局首次完整阐述是在 2012 年 7 月 23 日胡锦涛同志在省部级主要领导干部专题研讨班开班式上发表的重要讲话中。胡锦涛同志重要讲话对我国当前的经济建设、政治建设、文化建设、社会建设以及生态文明建设方面的问题进行了深入而具体的阐述，这表明中国特色社会主义事业的总体布局由“四位一体”发展成为“五位一体”，丰富了中国特色社会主义的科学内涵。党的十八大报告将生态文明建设与经济建设、政治建设、文化建设、社会建设并列，提出五位一体地建设中国特色社会主义。这是总揽国内外大局、贯彻落实科学发展观的一个新部署。五位一体总体布局将经济建设、政治建设、文化建设、社会建设、生态文明建设作为一个有机整体，共同推动中国特色社会主义事业发展。

从“两个文明”建设到经济建设、政治建设、文化建设“三位一体”，到经济建设、政治建设、文化建设、社会建设“四位一体”，再到现在的经济建设、政治建设、文化建设、社会建设、生态文明建设“五位一体”，表明中国共产党对中国特色社会主义的认识不断深化。

改革开放初期，作为党的第二代中央领导集体核心的邓小平，敏锐地意识到物质文明和精神文明协调发展的重要性。他在深刻反思新中国成立 30 年成败得失的基础上，根据改革开放实践中出现的新问题，明确提出要坚持“两个文明”一起抓，社会主义不但要有高度的物质文明，还要有高度的精神文明。党的十二届六中全会把我国社会主义现代化建设的总体布局明确表述为：“以经济建设为中心，坚定不移地进行经济体制改革，坚定不移地进行政治体制改革，坚定不移地加强精神文明建设，并且使这几个方面互相配合，互相促进。”

党的十三届四中全会后，以江泽民同志为核心的党的第三代中央领导集体在领导我国改革开放和现代化建设的实践中，进一步提出在建设社会主义物质文明和精神文明的同时，要建设中国特色的社会主义政治文明。党的十五大围绕社会主义现代化建设的总目标，设计了建设中国特色社会主义经济、政治、文化的基本纲领，从而使“三位一体”的现代化建设格局更加明晰。党的十六大报告明确地确立了社会主义现代化建设“三位一体”的目标。

党的十六大以来，以胡锦涛同志为总书记的党中央，以马克思列宁主义、毛泽东思想、邓小平理论、“三个代表”重要思想为指导，勇于推进实践基础上的理论创新，形成和贯彻了科学发展观，提出构建社会主义和谐社会的战略思想，对总体布局进行了新的探索和思考。党的十六届六中全会把和谐社会建设作为中国特色社会主义事业总体布局的一项重要内容确立下来，使总体布局发展为包括经济建设、政治建设、文化建设、社会建设在内的四位一体。

党的十七大在此基础上指出，“建设生态文明，基本形成节约能源资源和保护生态环境的产业结构、增长方式、消费模式”，提出了生态文明的理念和建设生态文明的目标。这是中国共产党首次把“生态文明”这一理念写进党的行动纲领。

党的十八大报告再次论及“生态文明建设”，并将其提升到更高的战略层面。首次将“生态文明建设”写入总布局中，形成中国特色社会主义事业五位一体总体布局。

三、五位一体新布局形成的社会历史必然

五位一体总体布局的形成是中国特色社会主义实践不断丰富发展的结果，是中国共产党对中国特色社会主义认识不断深化的结果。

1. 中国特色社会主义实践不断丰富发展的结果

中国特色社会主义是一项前无古人的伟大创造性实践，是没有现成蓝本可以照搬的。用毛泽东主席的话讲是“草鞋没样，边打边像”，用邓小平同志的话讲是“摸着石头过河”。中国特色社会主义需要在实践中不断探索，不断发展。它所面临的一系列重大问题都是历史上不曾有过的，需要在实践中不断加以创造性解决。中国共产党以马克思主义为指导，在实践中不断发现新问题、解决新问题，从而使中国特色社会主义不断得到完善和发展，中国特色社会主义事业的内涵也越来越丰富。

2. 中国共产党对中国特色社会主义认识不断深化的结果

从“两个文明”建设到“三位一体”，到“四位一体”，再到现在的“五位一体”，对中国特色社会主义事业总体布局的认识，我们党经历了一个初步探索、逐步深化和趋于完善的过程。

党的十八大报告强调，“把生态文明建设放在突出地位，融入经济建设、政治建设、文化建设、社会建设各方面和全过程”。五位一体的

总体布局，对应着全国老百姓的经济、政治、社会、文化、生态五大权益。

改革开放30多年来，我国经济社会发展取得巨大成就，但也付出能源资源消耗过大、生态环境恶化的代价，加快推进生态文明建设成为我国经济社会发展的迫切要求。生态文明体现了人类文明发展的新趋势，是人类价值观念、生产方式、生活方式的重大变革。我们党和国家将在实现当代人利益的同时，“给自然留下更多修复空间，给农业留下更多良田，给子孙后代留下天蓝、地绿、水净的美好家园”，“努力建设美丽中国，实现中华民族永续发展”。

党的十八大将生态文明建设纳入中国特色社会主义事业五位一体总体布局，体现了我们党对中国特色社会主义发展战略的深刻认识和全面把握。推进生态文明建设，不仅对于深入贯彻落实科学发展观、实现经济社会又好又快发展具有重大现实意义，而且对于保障全球生态安全、推动人类文明进步具有深远意义。

党的十八大报告回答了当今中国最核心的两个问题——建设什么样的现代化和如何建设现代化。报告中“五位一体”的新提法大大丰富了原有的现代化理论体系，这个总体布局意味着中国进入21世纪后，从局部现代化逐步走向全面现代化，从不大协调的现代化逐步走向全面协调的现代化。

四、五位一体新布局的全面落实

我们必须清醒地认识到，我国仍处于并将长期处于社会主义初级阶段的基本国情没有变，人民日益增长的物质文化需要同落后的社会生产之间的矛盾这一社会主要矛盾没有变，我国是世界最大的发展中国家的国际地位没有变。全面落实五位一体总体布局，要牢牢把握社会主义初级阶段这个最大国情，要牢牢立足社会主义初级阶段这个最大实际。

在经济建设方面，要加快完善社会主义市场经济体制，加快转变经济发展方式。只有推动经济持续健康发展，才能筑牢国家繁荣富强、人民幸福安康、社会和谐稳定的物质基础。必须坚持发展是硬道理的战略思想，决不能有丝毫动摇。在当代中国，也就是坚持以科学发展为主题，以加快转变经济发展方式为主线，这是关系到我国发展全局的战略抉择。全面深化经济体制改革，实施创新驱动发展战略，推进经济结构战略性调整，推动城乡发展一体化，全面提高开放型经济水平。坚定信心，打赢全面深化经济体制改革和加快转变经济发展方式这场硬仗，把我国经济发展活力和竞争力提高到新的水平。

在政治建设方面，坚持走中国特色社会主义政治发展道路和推进政治体制改革。人民民主是社会主义的生命，是我们党始终高扬的光辉旗帜。坚持走中国特色社会主义政治发展道路为实现最广泛的人民民主确立了正确方向。继续积极稳妥地推进政治体制改革，发展更加广泛、更加充分、更加健全的人民民主。支持和保证人民通过人民代表大会行使国家权力，健全社会主义协商民主制度，完善基层民主制度，全面推进依法治国，深化行政体制改革，健全权力运行制约和监督体系，巩固和发展最广泛的爱国统一战线。坚定不移地沿着中国特色社会主义政治发展道路前进，使我国社会主义民主政治展现出更加旺盛的生命力。

在文化建设方面，应扎实推进社会主义文化强国战略。建设社会主义文化强国，必须走中国特色社会主义文化发展道路，关键是增强全民族文化创造活力。加强社会主义核心价值体系建设，全面提高公民道德素质，丰富人民精神文化生活，增强文化整体实力和竞争力。坚持社会主义先进文化前进方向，树立高度的文化自觉和文化自信，向着建设社会主义文化强国宏伟目标阔步前进。

在社会建设方面，在改善民生和创新管理中加强社会建设。加强社会建设，是社会和谐稳定的重要保证。必须从维护广大人民根本利益的高度，加快健全基本公共服务体系，加强和创新社会管理，推动社会主义和谐社会建设。必须以保障和改善民生为重点。必须加快推进社会体制改革。努力办好人民满意的教育，推动实现更高质量的就业，千方百计增加居民收入，统筹推进城乡社会保障体系建设，提高人民健康水平，加强和创新社会管理。全党全国人民行动起来，就一定能开创社会和谐人人有责、社会和谐人人共享的生动局面。

在生态文明建设方面，大力推进生态文明建设。建设生态文明是关系人民福祉、关乎民族未来的长远大计。面对资源约束趋紧、环境污染严重、生态系统退化的严峻形势，必须树立尊重自然、顺应自然、保护自然的生态文明理念，坚持节约资源和保护环境的基本国策，坚持节约优先、保护优先、自然恢复为主的方针，着力推进绿色发展、循环发展、低碳发展，形成节约资源和保护环境的空间格局、产业结构、生产方式、生活方式。优化国土空间开发格局，全面促进资源节约，加大自然生态系统和环境保护力度，加强生态文明制度建设。努力建设美丽中国，实现中华民族永续发展。更加自觉地珍爱自然，更加积极地保护生态，努力走向社会主义生态文明新时代。从源头上扭转生态环境恶化趋势，为人民创造良好的生产生活环境，为全球生态安全作出贡献。

五位一体的构成，是一个相互联系、相互促进的有机整体。坚持以经济建设为中心，各方面建设全面推进、协调发展，才能形成经济富裕、政治民主、文化繁荣、社会公平、生态良好的发展格局，把我国建设成为富强民主文明和谐的社会主义现代化国家。在推进社会主义民主政治建设的过程中，必须不断巩固社会主义公有制的主体地位，毫不动摇地坚持以公有制为主体、多种所有制共同发展的基本经济制度。同时，不断完善的社会主义民主政治正在成为经济发展重要的支撑力量。同样，只要我们不断推进生态文明建设，把生态文明建设的理念、原则、目标等深刻融入和全面贯彻到我国经济建设、政治建设、文化建设、社会建设的各方面和全过程中，着力推进绿色发展、循环发展、低碳发展，为人民创造良好的生产生活环境，就会更加顺利地推进和谐社会建设。

五、五位一体新布局的现实意义

中国共产党在不断开创中国特色社会主义事业新局面的过程中逐渐认识到：中国特色社会主义是全面发展的社会主义，社会的发展进步不仅包括经济的发展，也包括民主法制的健全、文化艺术的繁荣、社会的和谐稳定、生态环境的优美等，五者相辅相成。五位一体总体布局的形成，为到建党 100 年时建成惠及十几亿人口的更高水平的小康社会打下了坚实基础，为到新中国成立 100 年时建成富强民主文明和谐的社会主义现代化国家打下了坚实基础。五位一体总体布局的形成，对于全面建成小康社会、加快推进社会主义现代化具有重大意义。

首先，它体现人的全面发展的客观要求。马克思认为人的全面发展就是“人以一种全面的方式，就是说，作为一个完整的人，占有自己的全面的本质”。每个人全面自由发展的客观需求，必然包含在人与人之间的经济、政治、文化、社会活动以及人与自然的活动中，直接体现在“五位一体”的总体框架内。这“五位一体”的总体格局，正好对应着人的经济、政治、社会、文化、生态五大权益。它就是对人民全面发展需求的集中回应。

其次，它彰显了社会主义事业与时俱进的特色。从改革开放初期的物质文明建设、精神文明建设“两个文明”建设到党的十二届六中全会首次提出以经济建设、政治建设、精神文明建设“三位一体”的总体布局，这一总体布局从党的十三大一直延续到十六大。再到党的十六届六中全会提出构建社会主义和谐社会的重大任务，总体布局拓展为“四位一体”。党的十八大提出生态文明建设，总体布局又拓展为“五位一体”。这“五位一体”的升级体现了社会主义事业与时俱进的特点。

最后，它是科学发展观的题中应有之义。科学发展观是胡锦涛同志在 2003 年 7 月 28 日的讲话中提出的，它要求坚持以人为本，树立全面、协调、可持续的发展观，促进经济社会和人的全面发展，它应该包括经济、政治、文化、社会和生态文明在内的全方位可持续性的发展。

党的十八大是一次继往开来的大会，十八大报告中强调的中国特色社会主义事业五位一体总体布局，是对中国特色社会主义从理论到实践的发展，对于全面建成小康社会、加快推进社会主义现代化具有重大意义。

第二节　社会主义核心价值观的坚守与弘扬

一、社会主义核心价值观的提出与科学内涵

社会主义核心价值观是党的十八大以来着重强调和践行的价值体系的内核。它是社会主义核心价值体系的高度凝练和集中表达。习近平总书记在同北大师生座谈时指出：“人类社会发展的历史表明，对一个民族、一个国家来说，最持久、最深层的力量是全社会共同认可的核心价值观。核心价值观，承载着一个民族、一个国家的精神追求，体现着一个社会评判是非曲直的价值标准。”

1. 社会主义核心价值观提出的历史进程

社会主义核心价值观的形成不是一蹴而就的，它有一个漫长的历史发展过程。新中国成立时，逐步确立的以马克思主义为指导的社会意识形态，为社会主义核心价值观的确立奠定了思想基调。改革开放以来，

思想文化有了进一步的发展和创新，提出了从建设社会主义核心价值体系到以“三个倡导”为内容，积极培育和践行社会主义核心价值观的重要论断和战略任务。直至后来，胡锦涛同志提出“八荣八耻”的社会主义荣辱观，继承和发展了荣辱文化传统，同时又赋予了其新的内涵。党的十六届六中全会第一次明确提出了“建设社会主义核心价值体系”的重大命题和战略任务，明确提出了社会主义核心价值体系的内容，并指出社会主义核心价值观是社会主义核心价值体系的内核。由此，学界开始了对社会主义核心价值观的概括和深入探讨。

2012 年，党的十八大报告明确提出社会主义核心价值观的基本内涵：倡导富强、民主、文明、和谐，倡导自由、平等、公正、法治，倡导爱国、敬业、诚信、友善，积极培育和践行社会主义核心价值观。这是对社会主义核心价值观的最新概括。2013 年 12 月，中共中央办公厅印发《关于培育和践行社会主义核心价值观的意见》，明确提出，以“三个倡导”为基本内容的社会主义核心价值观，与中国特色社会主义发展要求相契合，与中华优秀传统文化和人类文明优秀成果相承接，是我们党凝聚全党全社会价值共识作出的重要论断。

2. 社会主义核心价值观的科学内涵

党的十八大报告对核心价值观进行了 24 个字的概括。对于这 24 个字、12 组词语，可以看作三个层面的价值目标和追求。富强、民主、文明、和谐是国家层面的价值目标，自由、平等、公正、法治是社会层面的价值取向，爱国、敬业、诚信、友善是公民个人层面的价值准则。

富强、民主、文明、和谐，是我国社会主义现代化国家的建设目标。在社会主义核心价值观中，它是最高层次的价值追求，对其他层次的价值理念具有统领作用。富强即国富民强，是我国大力推进经济建设的最终目标，也是我国顺利进行其他建设的物质基础。民主是我国政治建设的目标。我们追求的民主是人民民主，其实质和核心是人民当家作主。它为社会主义的经济、文化、社会建设提供政治保障。文明是社会进步的重要标志，也是社会主义现代化国家的重要特征。它是对面向现代化、面向世界、面向未来的，民族的科学的大众的社会主义文化的概括。和谐是中国传统文化的题中应有之义，也是中国特色社会主义社会建设的价值诉求。

自由、平等、公正、法治，是对未来美好社会的生动表述。自由是指人的意志自由、存在和发展的自由，是人类社会的美好向往，也是马克思主义追求的社会价值目标。平等指的是公民在法律面前一律平等，其价值取向是不断实现实质平等。公正即社会公平和正义，它以人的解放、人的自由平等权利的获得为前提，是国家、社会应然的根本价值理念。法治是治国理政的基本方式，依法治国是社会主义民主政治的基本要求，是实现自由、平等、公正的制度保证。

爱国、敬业、诚信、友善，是公民基本道德规范，是从个人行为层面对社会主义核心价值观基本理念的凝练。它是公民必须遵守的基本道德准则，也是评价公民道德行为选择的基本价值标准。爱国要求人们以振兴中华为己任，促进民族团结，维护祖国统一。敬业是对公民职业行为准则的价值评价，要求公民忠于职守、克己奉公、服务社会，充分体现了社会主义职业精神。诚信即诚实守信，它是中华传统美德中的精髓，也是社会主义道德建设的重点内容，它强调诚实劳动、信守承诺、诚恳待人。友善强调公民之间应互相尊重、互相关心、互相帮助、和睦友好，努力形成社会主义的新型人际关系。

二、社会主义核心价值观的指导意义

中国是一个有着13亿多人口、56个民族的大国，确立反映全国各族人民共同认同的价值观的“最大公约数”，使全体人民同心同德、团结奋进，关乎国家前途命运，关乎人民幸福安康。

1. 核心价值观是中国特色社会主义建设的目标和标尺

富强、民主、文明、和谐，对我们要建设的社会主义现代化国家进行了科学的概括。坚守和弘扬社会主义核心价值观，有效整合社会意识，是国家治理体系和治理能力现代化的重要内容。自由、平等、公正、法治，对我们要建设的社会主义社会进行了简练的总结。坚守和弘扬社会主义核心价值观，有效进行社会治理和管理，是社会建设的题中应有之义。爱国、敬业、诚信、友善，对中华儿女提出了现实的要求。坚守和弘扬社会主义核心价值观，使每一位公民都以此为准绳，要求自己，规范自己，是提高国民素质和加强自身建设的重要方面。

2. 核心价值观是党加强意识形态领域指导的途径和内容

面对世界范围思想文化交流、交融、交锋形势下价值观较量的新态势，面对改革开放和发展社会主义市场经济条件下思想意识多元、多样、多变的新特点，积极坚守和弘扬社会主义核心价值观，对于巩固马克思主义在意识形态领域的指导地位、巩固全党全国人民团结奋斗的共同思想基础，对于促进人的全面发展、引领社会全面进步，对于扩大主流价值观念的影响力、提高国家文化软实力，对于全面建成小康社会、实现中华民族伟大复兴中国梦，具有重要现实意义和深远历史意义。

2014 年 2 月，习近平总书记在中共中央政治局第十三次集体学习时指出："我们要从巩固全党全国各族人民团结奋斗的共同思想基础、巩固党的执政地位的战略高度，持续加强社会主义核心价值体系建设，把培育和弘扬社会主义核心价值观作为凝魂聚气、强基固本的基础工程，作为一项根本任务，切实抓紧抓好。"要通过教育引导、舆论宣传、文化熏陶、实践养成、制度保障等，使社会主义核心价值观内化为人们的精神追求，外化为人们的自觉行动。

第三节　实现祖国完全统一的历史重任

一、维护祖国统一是中华民族的爱国主义传统

1. 民族团结和国家统一始终是中华民族历史发展的主流

统一是中国历史发展的主流。反对分裂，坚持统一，是中华民族自古以来就有的光荣传统。实现祖国的完全统一，是祖国繁荣富强和民族伟大复兴的基础，是海内外中华儿女的共同心愿，是中华民族的根本利益所在。实现祖国完全统一，必须实行"和平统一、一国两制"的基本方针。

爱国主义是在长期的历史发展过程中形成的对自己祖国的一种最深厚的感情，是一个国家民族意识和民族觉悟的集中反映。中华民族富有爱国主义光荣传统，爱国主义是动员和鼓舞中国人民团结奋斗的一面旗帜，是维护民族团结和国家统一、推动我国社会历史前进的巨大力量，是各族人民共同的精神支柱。悠久的中华文化，成为维系民族团结和国家统一的牢固纽带。民族团结和国家统一始终是中华民族历史发展的主流。中华民族维护祖国统一的爱国主义传统，在中国共产党的领导下，得到了更好的保持和发扬。

2. 中华民族爱国传统的主要表现

维护统一、反对分裂是中华民族爱国主义传统的重要体现。民族团

结与和睦，始终是各族人民的共同心愿，维护民族团结和祖国统一，始终是各族人民的最高利益和神圣职责。在中国历史上，尽管发生过民族之间的战争，也出现过分裂和内乱，但是民族团结和祖国统一始终是人心所向，是中国历史发展的主流。

实现祖国完全统一，是中华民族伟大复兴的重要内容和基本任务。国家的完全统一是民族复兴的重要标志，没有国家的完全统一，就没有完全意义上的民族复兴。中华民族的伟大复兴既是一个走向现代化、实现繁荣强盛的过程，同时也是一个实现祖国完全统一的过程。只有实现祖国的完全统一，才能更好地凝聚整个民族的力量加快国家建设的步伐，更好地在国际上展现中华民族团结奋进、朝气蓬勃的雄姿，使中华民族真正立于世界民族之林。

3. 中国共产党是维护祖国统一的中坚力量

在实现祖国完全统一的历史进程中，代表先进社会生产力、先进文化前进方向、代表人民根本利益的中国共产党，完全有能力领导人民完成这一宏伟而又艰巨的历史使命，实现几代人的梦想。

第一，我们党有代表先进文化最高成果的科学理论的指导。在改革开放和现代化建设实践中，我们党继承和发展马克思列宁主义、毛泽东思想，形成了邓小平理论这一当代中国的马克思主义，表明党对中国社会主义建设规律的认识达到了一个新的高度。邓小平理论一经群众掌握，就能够变成改造客观世界的巨大物质力量，推动建设中国特色社会主义伟大事业胜利前进。

第二，我们党有促进生产力发展和社会全面进步的正确的路线、方针、政策。这些路线、方针、政策，体现了先进生产力的发展要求，为我们正确认识和解决改革开放中各种复杂矛盾，提供了有力的武器。只要我们坚持基本路线和基本纲领不动摇，认真贯彻执行并在实践中不断完善各项方针、政策，就一定能顺利实现我们的奋斗目标。

第三，我们党有最大多数人民群众的广泛支持和拥护。由于党在长期斗争中同人民群众形成血肉联系，党领导的改革开放和现代化建设事业反映了人民的意愿，给人民群众带来了实实在在的利益，因而广大人民群众拥护党的领导，拥护党的路线、方针、政策，积极投身改革开放和现代化建设，自觉贡献聪明才智。对当前的困难和问题，人民群众是理解的，是支持党去克服困难的。人民群众的信任和支持，是我们党能够领导改革开放和现代化建设事业最根本的力量源泉。

第四，我们党有一支总体上适应新形势要求的干部队伍。在中国，从来没有任何一个政治组织像我们党这样集中了那么多先进分子。改革开放以来，党从现代化建设的要求出发，确立了干部队伍的“四化”方针，坚持德才兼备的用人原则，努力造就高素质的干部队伍。我们党的各级干部以党的基本理论、基本路线为指导，在改革和建设的实践中开阔了眼界，得到了锻炼，增长了才干，总体上是能够胜任各个方面工作的，是能够同人民群众一道艰苦奋斗的。这是我们党领导人民顺利地进行改革开放和现代化建设的重要保证。

二、台湾问题的由来及现状

台湾自古以来就是中国领土不可分割的组成部分。历史上，台湾曾被西班牙、荷兰、日本先后占领过。抗日战争胜利后，台湾重归中国的版图。1949 年后，由于解放战争，台湾与祖国大陆处于分离的状态。60 多年来，台湾的政治、经济、文化、社会等发生了巨大变化。台湾岛是中国的第一大岛，位于祖国东南沿海的大陆架上。全岛总面积为 35 989.76 平方公里，其中包括台湾本岛、澎湖列岛、钓鱼岛、赤尾屿、兰屿、火烧岛和其他附属岛屿共 88 个，为中国的“多岛之省”。台湾本岛南北长而东西狭，南北最长达 394 公里，东西最宽为 144 公里，呈纺锤形。

台湾东临太平洋，西隔台湾海峡与福建相望，南靠巴士海峡与菲律宾群岛相邻，北向东海。台湾海峡为中国南北方之间的海上交通要道，是著名的远东海上走廊。与庙岛群岛、舟山群岛、海南岛构成一条海上“长城”，为中国东南沿海的天然屏障，素有“东南锁钥”、“七省藩篱”之称。

1. 台湾问题的由来

台湾自古以来就是中国领土不可分割的组成部分。台湾人民同大陆人民同根、同宗、同源，承继的是相同的文化传统。台湾问题是中国解放战争遗留下来的问题。1949 年，中国人民取得了新民主主义革命的伟大胜利，国民党统治集团退踞台湾后，抗拒统一，图谋反攻大陆。朝鲜战争爆发后，美国军队进入台湾和台湾海峡地区，阻挠中国人民解放军解放台湾，从政治上、经济上、军事上扶持国民党政权，形成台湾与大陆长期分裂对峙的局面，台湾问题由此产生。

台湾问题实质是中国的内政问题。1895 年日本通过侵略战争从中国割占台湾、澎湖列岛，第二次世界大战期间的《开罗宣言》、《波茨坦公告》等有关国际条约明确规定将台湾、澎湖列岛归还中国。1945 年日本无条件投降后，台湾回归中国，中国政府恢复对台湾行使主权。1949 年 10 月 1 日，中华人民共和国中央人民政府宣告成立，取代中华民国政府成为全中国的唯一合法政府和在国际上的唯一合法代表。这是在同一国际法主体没有发生变化的情况下新政权取代旧政权，中国的主权和固有领土疆域并未由此而改变，中华人民共和国政府理所当然地完全享有和行使中国的主权，其中包括对台湾的主权。

1949 年 3 月，新华社发表题为《中国人民一定要解放台湾》的时评，首次提出“解放台湾”的口号。朝鲜战争爆发后，中国人民解放军的战略重点由东南转向东北，“解放台湾”的计划被迫搁置。1953 年 7 月，朝鲜停战，台湾当局加紧推动与美国签订“共同防御条约”。1954 年 7 月，中国共产党和中国政府再次提出“解放台湾”的任务，表示不能承认美国军事干涉和占领台湾，并于 9 月 3 日开始炮击金门，向国际社会，特别是向美国表明中国人民“解放台湾”的决心和立场。美国政府于 12 月与蒋介石集团签订“共同防御条约”，把台湾、澎湖列岛置于美国的“保护伞”下，阻挠中国统一。1955 年 1—2 月中国人民解放军发动渡海战役，解放了一江山岛和大陈岛。

2. 胡锦涛同志对台湾问题的四点意见

从 1987 年起至今，海峡两岸交流大体经历了单向交流、双向交流和两岸交流持续、稳定、有序地向前发展三个阶段。其间，1992 年，海峡两岸关系协会和台湾海峡交流基金会达成了各自以口头方式表述的“海峡两岸均坚持一个中国原则”的“九二共识”。这是在一个中国原则基础上，暂时搁置某些政治争议，以灵活方式求同存异而取得的重要成果，对推动两岸关系的发展起着十分重要的作用。根据台湾局势、两岸关系和国际形势的发展变化，1995 年 1 月 30 日，江泽民同志发表题为《为促进祖国统一大业的完成而继续奋斗》的重要讲话，进一步阐述了邓小平关于“和平统一、一国两制”思想的精髓，提出了现阶段发展两岸关系、推动祖国和平统一进程的八项主张。

党的十六大以后，胡锦涛同志根据台湾问题出现的新的动向和情况，发表了关于处理台湾问题的四点意见：坚持一个中国原则绝不动摇；争取和平统一的努力绝不放弃；贯彻寄希望于台湾人民的方针绝不改变；反对“台独”分裂活动绝不妥协。2005年，十届全国人大三次会议审议通过了《反分裂国家法》，这是一部促进两岸关系发展、推进两岸和平统一的法律，是一部维护国家主权和领土完整、反对和遏制“台独”势力分裂国家、维护台湾海峡地区和平稳定的法律，是一部符合中华民族根本利益的法律。这部法律明确了处理台湾问题的立场和方针。概括起来，主要体现在以下几个方面：

(1) 坚持一个中国的原则。坚持一个中国的原则，是“一国两制”的基础和前提；没有一个统一的中国，也就无所谓“两制”。坚持一个中国的原则，核心的问题是坚持中华人民共和国政府是中国唯一的合法政府，只有它能够在国际上代表中国；台湾作为中华人民共和国不可分割的一部分，其行政当局是地方政府，对外不能代表中国。(2) 力争和平统一，但不承诺放弃使用武力。坚持用和平方法实现祖国统一，是我们党和国家的既定方针。(3) 信守诺言，保证长期不变。“一国两制”的政策在特别行政区成立以后，将至少保持50年不变。(4) 加强双方往来，促进繁荣稳定。实行“一国两制”有利于各方，有利于促进两岸的共同繁荣和稳定。

中国共产党还注意加强与反对“台独”、主张发展两岸关系的台湾各党派的对话和交流。在中国共产党的努力推动下，2005年4—7月，中国国民党、亲民党、新党的领导人先后冲破“台独”势力的重重阻力，率团访问大陆。胡锦涛同志亲切会见他们，并就促进两岸关系改善和发展的重大问题及党际交往事宜广泛而深入地交换了意见。其间阐述了发展两岸关系的主张，其主要内容是：第一，建立政治上的互信，相互尊重，求同存异。坚持体现一个中国原则的“九二共识”，确立两岸关系和平稳定发展的政治基础。第二，加强经济上的交流合作，互利互惠，共同发展。推进两岸“三通”，开创两岸交流与合作的新局面。第三，早日恢复在“九二共识”基础上的两岸对话和谈判，开展平等协商，加强沟通，求同存异，扩大共识。第四，鼓励两岸同胞加强交往，增进相互理解，密切两岸同胞的感情，融合亲情。

台湾的前途系于祖国统一，分裂是绝对没有出路的。党的十六大指出，维护祖国统一事关中华民族的根本利益，中国人民将义无反顾地捍卫国家主权和领土完整，绝不允许任何人以任何方式把台湾从中国分割出去。通过全体中华儿女共同努力，祖国的完全统一和民族的全面振兴一定能够早日实现。

2007年10月，党的十七大报告强调要牢牢把握两岸关系和平发展的主题，真诚为两岸同胞谋福祉、为台海地区谋和平，维护国家主权和领土完整，维护中华民族根本利益，再次表明了我们党对实现祖国统一的真诚愿望和坚定原则。

2008年3月26日，胡锦涛主席在与美国总统布什热线通话中，提出“在‘九二共识’基础上恢复两岸协商谈判是大陆的一贯立场”。4月12日，胡锦涛同志在博鳌会见萧万长时说：“在新的形势下，我们将继续推动两岸经济文化等各领域交流合作，继续推动两岸周末包机和大陆居民赴台旅游的磋商，继续关心台湾同胞福祉并切实维护台湾同胞的正当权益，继续促进恢复两岸协商谈判。”这就是“四个继续”的思想。5月28日，胡锦涛同志在会见国民党主席吴伯雄时提出国共两党和两岸双方应该共同努力：“建立互信、搁置争议、求同存异、共创双赢。”他进一步指出首先要建立互信，这对推动两岸关系和平发展至关重要。反对“台独”、坚持“九二共识”，是双方建立互信的根本基础。只要在这个核心问题上立场一致，其他事情都好商量。其次要搁置争议。必须看到两岸关系发展中还存在一些历史遗留问题，也还可能遇到一些新情况新问题，其中一些症结问题一时不易解决。我们应该以实事求是的态度，务实面对，妥善处理。搁置争议需要政治智慧。希望双方都能够从两岸关系和平发展大局出发，把握好这一点。有了互信，再加上搁置争议，双方就能够求同存异，也就能够通过交流和协商不断积累共识、共创双赢。

3. 对台动武的底线

所谓底线，是指中国政府于2000年2月21日发表的关于台湾问题的白皮书——《一个中国的原则与台湾问题》。这份白皮书引人注目地指出：“如果出现台湾被以任何名义从中国分割出去的重大事变，如果出现外国侵占台湾，如果台湾当局无限期地拒绝通过谈判和平解决两岸统一问题，中国政府只能被迫采取一切可能的断然措施，包括使用武力，来维护中国的主权和领土完整，完成中国的统一大业。”此外，还包括对这“三个如果”原则的条文化说明，即台湾以政府文告、就职演说、政策声明形式宣布“台湾独立”，进行“统独公投”，“两国论”入宪、入法，改变现有“国号”、“国旗”等政治符号。一旦冲撞这些“线”，战争将不可避免。这“三个如果”申明了大陆对台动武的前提。“三个如果”符合维护中国国家主权和领土完整的要求，符合“和平统一、一国两制”的基本方针，反映了全中国人民和全世界希望实现祖国统一大业的华人的心声。“三个如果”其实是大陆的一贯政策主张，与坚持和平统一的方针并不矛盾。

不承诺放弃使用武力及提出动武的前提，并非表明一定要动武。在能够不使用武力的前提下完成祖国的统一，是一切爱好和平的人们都希望看到的。然而总是有人图谋把台湾从中国分裂出去，所以中国政府不可能承诺放弃使用武力。

十届全国人大三次会议审议通过的《反分裂国家法》第八条规定：“台独”分裂势力以任何名义、任何方式造成台湾从中国分裂出去的事实，或者发生将会导致台湾从中国分裂出去的重大事变，或者和平统一的可能性完全丧失，国家得采取非和平方式及其他必要措施，捍卫国家主权和领土完整。这项立法是以《中华人民共和国宪法》为依据，集中中华民族的智慧，以立法确定中国人民决心维护国家领土主权完整的重大战略举措。祖国大陆将实现两岸统一的大政方针，转化为国家立法，集中体现了全国各族人民不可动摇的反对分裂国家的坚强意志，具有最高的权威性。

第四节　中国梦的历史与现实

> 实现中华民族伟大复兴，就是中华民族近代以来最伟大的梦想。这个梦想，凝聚了几代中国人的夙愿，体现了中华民族和中国人民的整体利益，是每一个中华儿女的共同期盼。
>
> ——习近平

一、中国梦的提出及科学内涵

中国梦是党的十八大以来，习近平总书记提出的指导思想和执政理念。中国梦就是中华民族伟大复兴的梦想。中国梦的核心目标可以概括为“两个一百年”的目标，即到中国共产党成立100年时，实现全面建成小康社会的目标；到新中国成立100年时，实现中华民族伟大复兴的目标。

1. 中国梦的提出

2012年11月29日，在国家博物馆，习近平总书记在参观“复兴之路”展览时，第一次阐释了“中国梦”的概念。关于中国梦，他说：“大家都在讨论中国梦，我以为，实现中华民族伟大复兴，就是中华民族近代以来最伟大的梦想。”“到中国共产党成立100年时全面建成小康社会的目标一定能实现，到新中国成立100年时建成富强民主文明和谐的社会主义现代化国家的目标一定能实现，中华民族伟大复兴的梦想一定能实现。”

2013年3月17日，习近平同志在十二届全国人大一次会议闭幕会上，向全国人大代表发表自己的就任宣言。据有关媒体报道，在将近25分钟的讲话中，习近平同志9次提及“中国梦”，44次提到“人民”，共获得了10余次掌声，有关“中国梦”的论述更一度被掌声打断。

2. 中国梦的科学内涵

中华民族的伟大复兴既是一个走向现代化、实现繁荣强盛的过程，同时也是一个实现祖国完全统一的过程。实现中华民族伟大复兴，一直是近现代一代又一代中国人共同追求的目标。回顾百余年来中国发展的历程，可以看到这样一条基本历史线索：无论是革命、建设和改革，也无论是各民族、各党派和社会各界别，所致力于的事业归根到底都是为了实现中华民族伟大复兴这个大目标。这也是亿万中华儿女不分地域不分民族不分界别，始终共同团结奋斗的突出主题和精神纽带。

第一，大力发展社会生产力，进一步增强以经济、科技、文化力量为主的综合国力。加快现代化建设的步伐，健全和完善社会主义市场经济体制，实现经济社会的可持续发展，使我国的经济总量和发展水平有更大的提高，到21世纪中叶，争取进入世界中等发达国家水平，使人民生活水平基本达到现代化的程度。

第二，大力推进社会进步，实现社会各个领域的整体协调发展。坚持科教兴国，使中国的科技、教育水平进入世界先进行列。全国提高国民素质，满足人民群众日益增长的精神文化生活需求。加强民主法制建设，实现依法治国，建设社会主义法治国家的目标，提高人民政治生活的民主化水平。巩固和完善我们的各项基本制度，巩固和发展中华民族的大团结。

第三，大力建设和弘扬新时代的中华文明。继承中华民族的优秀文化传统，摒弃糟粕，吸收精华，在新的更高的层次上建设面向现代化、面向世界、面向未来的，民族的科学的大众的中华文明。立足中国现实，正确处理与世界其他文明的关系，以海纳百川的胸怀，科学地鉴别和吸收世界优秀的文明成果。使中华文明立足于世界，跟上时代，在新的世纪焕发出更加夺目的光彩。

第四，解决台湾问题，实现祖国的完全统一。中华民族是一个统一的大家庭，中华民族的领土和主权不容分割。没有祖国的完全统一，就不会有完全意义上的民族复兴。坚持统一，是炎黄子孙的共同愿望，是我们长期追求的目标。我们期望着，在中华民族海内外同胞、包括两岸人民的共同努力下，早日实现祖国统一的目标。

第五，屹立于世界先进民族之林，为世界的和平与发展作出更大的贡献。维护和保持国家主权独立与领土完整，以及在国际舞台上的民族尊严，积极发展与世界上所有国家的友好合作关系。高举和平的旗帜、发展的旗帜，树立中国维护世界和平和致力于共同发展的形象，推动建立公正合理的国际政治经济和文明新秩序，与世界人民一道，共同建设一个和平、安宁、繁荣和昌盛的新世界。

二、中国共产党领导实现中国梦的历史过程

中华民族的自觉意识是19世纪末20世纪初，特别是鸦片战争和中日甲午战争以后兴起的。辛亥革命后，“中华民族”的称谓被国民广泛使用，中华民族的自觉意识高涨，中华民族复兴成为时代潮流的突出主题。

毛泽东在他的《新民主主义论》等著作中就对这段救国救亡历程进行了概括：中国社会的性质既然是半殖民地半封建的性质，它就决定了中国革命必须分两个步骤：第一步是求得民族独立，变成一个独立的民主主义社会；第二步是使革命向前发展，建立一个社会主义社会，实现国家的复兴。在第一步“准备阶段”，辛亥革命是在比较完全的意义上开始了这个革命。但是，辛亥革命并未完成其历史使命。中华民族复兴的历史重任落在中国共产党人的身上。新中国成立前夕，毛泽东指出，

“自从中国人学会了马克思列宁主义以后，中国人在精神上就由被动转入主动。从这时起，近代世界历史上那种看不起中国人，看不起中国文化的时代应当完结了。伟大的胜利的中国人民解放战争和人民大革命，已经复兴了并正在复兴着伟大的中国人民的文化”，并提出了建设“中华民族的新政治”、“中华民族的新经济”、“中华民族的新文化”等一系列中华民族复兴的主张。

新中国的成立跨出了实现中华民族伟大复兴的第一步。新中国成立后，面对迅速医治战争创伤和恢复发展经济的繁重任务，中国共产党人以民族复兴为己任，实现了社会制度的根本性变革，初步探索了中国自己的社会主义建设道路。毛泽东提出：“我国人民应该有一个远大的规划，要在几十年内，努力改变我国在经济上和科学文化上的落后状况，迅速达到世界上的先进水平。”他还设想，“大概经过五十年即十个五年计划”，中国的社会主义“就像个样子了”。为此，他多次提出，“我们信奉马克思主义是正确的思想方法，这并不意味着我们忽视中国文化遗产和非马克思主义的外国思想的价值”；“一切民族、一切国家的长处都要学，政治、经济、科学、技术、文学、艺术的一切真正好的东西都要学。但是，必须有分析有批判地学，不能盲目地学，不能一切照抄，机械搬用”。他反复强调，“必须把这些遗产变成自己的东西”，“创造中国独特的新东西”。此后，我国提出了“向科学进军”的号召和实现“四个现代化”的宏伟目标，提出“中国应当对于人类有较大的贡献”等主张，我国自行研制的第一颗原子弹和氢弹爆炸成功，第一颗人造地球卫星成功发射，中华人民共和国在联合国的合法席位恢复。这就是这个时期中华民族伟大复兴的时代内涵，体现在核心精神上至今仍具有时代意义。

改革开放开启了实现中华民族伟大复兴的新时期。历史是充满艰辛和曲折的。“文化大革命”的十年动乱给中华民族带来了灾难，面对与发达国家经济上差距拉大的严峻形势，以邓小平为核心的党的第二代中央领导集体，果断地把工作重心转移到经济建设上来，走有中国特色的社会主义现代化道路。邓小平曾说过：“没有‘文化大革命’的教训，就不可能制定十一届三中全会以来的思想、政治、组织路线和一系列政策。”从此，在邓小平建设中国特色社会主义理论指引下，改革开放和社会主义现代化成为中华民族伟大复兴的时代内涵。1979 年，邓小平在解释“中国式的现代化”概念时，提出到20世纪末把我国建成“小康社会”。此后，经过反复思考和论证，提出了从20世纪80年代到21世纪中叶分“三步走”实现中国现代化的战略目标，这个战略目标成了凝聚中华民族奋发图强的雄心壮志。邓小平反复说：“我们就是要有这个雄心壮志！”这个时期，邓小平还提出了以“一国两制”解决香港、澳门问题的基本方针和科学推进东部沿海地区与中西部地区发展的“两个大局”的战略思想，国家制定实施了我国第一部民族区域自治法。这些都赋予了中华民族伟大复兴新的强大生机。

进入世纪之交，以江泽民同志为核心的党的第三代中央领导集体，从我们党对中华民族的命运担负着崇高历史责任的高度，深入阐述了中华民族伟大复兴的历史内涵和时代内涵，提出“三个代表”重要思想，团结带领全党全国各族人民跨入中华民族伟大复兴的新里程。1997年实现香港顺利回归，1999年顺利恢复对澳门行使主权。提出“汉族离不开少数民族、少数民族离不开汉族、各少数民族之间也相互离不开”等思想，做出实施西部大开发战略、全国对口支援西藏等重大决策。到2001年，我国经济总量居世界第六位，人民生活总体上实现了由温饱到小康的历史性跨越，胜利实现了现代化建设“三步走”战略的第一步、第二步目标。党的十六大确定了在21世纪头20年，全面建设惠及十几亿人口的更高水平的小康社会的战略目标。自党的十六大以来，以胡锦涛同志为总书记的党中央，着眼新世纪新阶段全面建设小康社会的历史任务，提出并贯彻科学发展观等重大战略思想，团结带领全党全国各族人民继续探索实现中华民族伟大复兴的科学途径；提出各民族“共同团结奋斗、共同繁荣发展”的民族工作主题，制定实施了一系列加快少数民族和民族地区经济社会发展的政策措施；提出两岸统一是中华民族走向伟大复兴的历史必然，努力构建两岸关系和平发展框架。党的十七大提出了实现全面建设小康社会的新要求，对到2020年我国将成为一个什么样的国家、以什么样的国家形象展现在世界面前作了精辟描绘。目前，我国经济总量已跃居世界第二位，中国特色社会主义焕发出新的勃勃生机，中华民族实现伟大复兴的光明前景在望。

回顾百年巨变特别是改革开放30多年来中华民族伟大复兴历史征程，我们可以得到这样的启示：中华民族伟大复兴的过程是自觉把握中华民族命运的过程，只有在中国共产党领导下才能取得民族独立和人民解放，实现国家繁荣富强、人民共同富裕和共同幸福；中华民族伟大复兴的过程是自觉把握世界历史进程的过程，只有放眼世界，常怀忧患之心，把握世界发展大势，增强自我创新能力，才能在世界民族之林站稳脚跟；中华民族伟大复兴的过程是自觉把握当代时代精神的过程，只有坚持解放思想、实事求是、与时俱进，永不僵化、永不停滞，科学认识把握时代的本质和发展方向，才能始终站在时代前列，不断开拓出前进的新道路。

三、实现祖国完全统一是实现中国梦的重要标志和条件

党的十五届五中全会确定，完成祖国统一，是中国人民进入 21 世纪的三大任务之一。这是为实现中华民族伟大复兴做出的战略决策，充分反映了所有中国人的共同意志和崇高愿望，充分体现了中国共产党不可动摇的决心和强烈的历史使命。

实现祖国完全统一，是中华民族伟大复兴的重要内容和基本任务。国家的完全统一是民族复兴的重要标志，没有国家的完全统一，就没有完全意义上的民族复兴。中华民族的伟大复兴既是一个走向现代化、实现繁荣强盛的过程，同时也是一个实现祖国完全统一的过程。我们坚信，在中国人民迈着坚定的步伐，向着实现现代化建设第三步战略目标前进的过程中，台湾问题不可能被无限期地拖延下去，祖国的完全统一一定能实现。两岸同胞都是中国人，大陆和台湾都是中国的领土，是我们共同的家园。祖国统一是我们的责任，和平统一是我们的追求，共同发展、振兴中华是我们的目标。争取和平统一，谋求共同发展，理应成为两岸人民共同奋斗的方向。只有实现祖国的完全统一，才能更好地凝聚整个民族的力量，加快国家建设的步伐，更好地在国际上展现中华民族团结奋进、朝气蓬勃的雄姿，使中华民族真正立于世界民族之林。

资料小链接

论“中国梦”的内涵特征

王向明

党的十八大以来，习近平总书记提出了以实现中华民族伟大复兴为目标的“中国梦”的理论概念，并在一系列讲话中全面系统地阐述了中国梦的内涵和特征。今天，中国梦已成为亿万中华儿女为实现党的十八大提出的奋斗目标、追求美好幸福生活的强大精神动力。深刻认识中国

梦思想的内在逻辑，对于我们把握其精神实质，同心协力为实现中国梦而奋斗具有重要的理论和现实意义。

一、中国梦具有深厚的历史底蕴

习近平总书记在2012年11月29日参观国家博物馆“复兴之路”展览时，首次明确表达了中国梦的基本概念。他指出：“实现中华民族伟大复兴，就是中华民族近代以来最伟大的梦想。这个梦想，凝聚了几代中国人的夙愿，体现了中华民族和中国人民的整体利益，是每一个中华儿女的共同期盼。”这就清楚地表明了中国梦的提出绝不是凭空而来，它有着深厚的历史底蕴。

中国梦首先是历史的。恩格斯曾经说过，“历史从哪里开始，思想进程也应当从哪里开始，而思想进程的进一步发展不过是历史过程在抽象的、理论上前后一贯的形式上的反映”[1]。什么叫民族复兴？从“复兴”一词的基本逻辑来认识，没有民族昔日的辉煌和曾经的衰落就无所谓民族今日的复兴。

在五千多年的历史传承中，中华民族曾经创造了长期领先于世界的文明成果。巍峨蜿蜒的万里长城、堪称奇迹的秦兵马俑，向世人展示着中国人的巧夺天工；改变世界进程的四大发明，意蕴深刻的“四书五经”，向世人展现了中国人的聪明才智；汉唐盛世的大略雄风，向世人标示着中国政治经济文明执牛耳于世界民族之林的领先地位。中国历史的车轮在这一时期狂飙猛进，以其排山倒海之势引领了人类的进步与发展！尤为突出的是，中华文明在其五千年的传承中，尽管经历了种种历史的变迁，却始终一脉相承，积淀着中华民族最深层的精神追求，代表着中华民族独特的精神标识。同时，中华文明又在与世界各种文明的交流中兼收并蓄，以各种文明成果滋养着自身的发展。因此，19世纪德国古典哲学家黑格尔在他的《历史哲学》中说，只有黄河长江流过的那个中华帝国才是世界上唯一持久的国家。黑格尔以后100年，又一位英国哲学家罗素也发出惊叹，自孔子以来，埃及、波斯、马其顿，包括罗马的帝国都消亡了，只有中国在持续的进化中生存下来了。中华民族这一独特的历史进程，使得中国人有着强烈的民族自尊心和民族自豪感。

但在近代以来，由于帝国主义列强的侵略和清朝统治者的腐朽，中国却一度沦为任人宰割和欺凌的对象，经历了备受屈辱的惨痛历史。这种对比强烈的巨大反差，使得每一个爱国的中国人在想起这段历史时都会感到心痛，从而总有一种强烈的民族复兴的心结和劲头。1840 年鸦片战争后，中国逐渐沦为半殖民地半封建的社会，开始了屈辱的历史，也由此开始了民族复兴即实现中国梦的历史。近代以来，从太平天国到洋务运动，从戊戌维新到中山先生提出“振兴中华”，无数的仁人志士前赴后继，以感天动地的无畏奋斗，为中国梦的实现努力拼搏。1921 年中国共产党的成立，开创了历史的新篇章。1949 年新中国的成立，则终于使中国梦的实现真正成为可能。

正是中华民族五千年来的历史传承，特别是近代以来的惨痛历史，注入了中国梦独特的民族性和历史性，也为中国梦奠定了深厚的历史逻辑基础。

二、中国梦具有最切实的现实可能

在很长一段时间里，中国人真的是在做梦，找不到出路。正如毛泽东诗曰：长夜难明赤县天，百年魔怪舞翩跹。但在经历了 170 多年奋斗后的今天，中国梦终于如此清晰而现实地展现在中国的天际。

中国梦是现实的。从井冈山的星星之火到天安门广场的“风展红旗如画”，从甲午战争的惨败到抗日战争的全面胜利，从“小米加步枪”的艰辛到“两弹一星”的辉煌……在中国共产党领导下，中国人民经过近百年的奋斗，使中国梦愈加成为现实。尤为重要的是，我们终于找到了一条重新走上民族复兴的光辉大道——中国特色社会主义道路。正是以改革开放为特征的中国特色社会主义道路，才使中国真正地活跃起来、发展起来、繁荣起来。正如党的十八大报告所指出的：“十年来，我们取得一系列新的历史性成就，为全面建成小康社会打下了坚实基础。我国经济总量从世界第六位跃升到第二位，社会生产力、经济实力、科技实力迈上一个大台阶，人民生活水平、居民收入水平、社会保障水平迈上一个大台阶，综合国力、国际竞争力、国际影响力迈上一个大台阶，国家面貌发生新的历史性变化。”

自 1978 年以来，中国经济长期保持了高达两位数的年均快速增长，远高于世界经济年均增速，属于全球经济增长最快的国家。中国的国内生产总值从 1978 年的 3 645 亿元增长到 2013 年的 57 万亿元左右；人均 GDP 则由 230 美元左右提高到已经突破 6 000 美元，开始了从总体小康向全面小康的历史性跨越。2002 年以来的短短数年间，我国的经济总量从全球排名第六位一跃提升到全球第二位。我国人民的政治权益、文化权益和社会权益也得到进一步发展和保障，是新中国历史上最好的发展阶段。在短短30多年里取得如此巨大的成就，堪称“中国奇迹”。

中国改革开放取得了举世瞩目的成就，使得西方社会也不得不对中国的经济和政治持重新审视的态度。随着对中国关注度的增长，对中国特色社会主义理论的关注度也大大增加，在西方理论界出现大量关于中国问题的研究和讨论。2004年5月，英国著名思想库伦敦外交政策中心发表了乔舒亚·库珀的一篇论文，题为《北京共识：提供新模式》。该文指出，中国通过艰苦努力、主动创新和大胆实践，摸索出一个适合本国国情的发展模式。他认为，中国的经济发展模式不仅适合中国，也是适于追求经济增长和改善人民生活的发展中国家效仿的榜样。此后，美国著名经济学家、诺贝尔经济学奖获得者斯蒂格利茨、前联合国秘书长科菲·安南、法国前总理拉法兰、俄罗斯共产党主席久加诺夫、联合国贸发会议官员德特勒夫·科特、法国前总统雅克·希拉克、印度国大党主席索尼娅·甘地、约旦国王阿卜杜拉二世等在不同场合，均对中国发展成就给予了高度评价。而反观外部世界，自20世纪90年代以来，许多国家盲目地引进西方的“民主”制度，结果反而激发了更多的混乱与冲突。被迫接受了布什政府用战争送来“民主礼物”的伊拉克，在十年后的今天，当地的百姓们已经用“人间地狱”来形容他们的悲惨处境。开启了所谓“颜色革命”的乌克兰，自食恶果，使国家陷于内战和分裂的边缘。阿富汗、利比亚、埃及……几乎所有被西方“民主潮流”席卷的国家和地区，无一不是充满着混乱与灾难。这种现实的反差，进一步为我们提供了建设中国特色社会主义的道路自信、理论自信和制度自信。中国特色社会主义的伟大成就，不仅为实现中华民族伟大复兴提供了坚实的现实基础，也为世界社会主义的复兴开辟了广阔前景。

不可否认，中国在前进道路上还面临许多困难和挑战，但同样不可否认的是我们取得的举世瞩目的伟大成就。站在新的历史起点上，我们相信，只要我们坚定不移地沿着中国特色社会主义道路走下去，我们就一定能够实现中华民族伟大复兴的中国梦。正如习近平总书记所指出的：“我们比历史上任何时期都更接近中华民族伟大复兴的目标，比历史上任何时期都更有信心、有能力实现这个目标。”

三、中国梦具有最广泛的群众基础

中国梦是人民的。中国特色社会主义的伟大事业，需要亿万人民群众的共同奋斗，需要形成一个能够凝聚和团结最广大人民力量的思想武器。习近平同志当选总书记以来多次在国内外多个场合，深刻阐述了实现中华民族伟大复兴的“中国梦”包括国家富强、民族振兴、人民幸福三个层面。其中，落脚点是“人民幸福”。全国各族人民是实现中国梦的主体力量，也是实现中国梦的直接受益者。因此，中国梦归根到底是人民的。中国梦不仅仅是理想、是目标，也是现实，反映在每个中国人的生活中。实现中国梦，就是实现老百姓的梦。这就从本质上反映了马克思主义历史唯物主义的基本立场，体现了坚持以人民为主体的价值取向，是坚持党的群众路线的必然要求。所以，习近平同志代表党中央庄严承诺：“人民对美好生活的向往，就是我们的奋斗目标。”

当前，中国正面临着日趋激烈的国际竞争特别是少数西方国家对中国的遏制和打压，同时也面临着复杂多变的国内形势。我们不但要牢牢把握国家富强、民族振兴的大局目标，更要关注老百姓日常的民生。从根本上讲，国家富强、民族振兴最终必须以人民幸福为标准。也只有这样，才能从根本上动员起最广泛的社会力量为国家富强和民族振兴而奋斗。事实上，习近平总书记之所以使用“中国梦”的概念，本质上是对建设中国特色社会主义共同理想的通俗表达。他强调，实现中国梦必须坚持中国道路、弘扬中国精神、凝聚中国力量。中国梦是国家的梦、民族的梦，归根到底是人民的梦，必须紧紧依靠人民来实现，必须不断为人民造福。中国梦的理论把民族复兴、实现现代化与社会主义的振兴联系在一起，把党的最高纲领和最低纲领统一起来，把党在社会主义初级阶段的目标、国家的发展、民族的振兴与个人的幸福紧密联系在一起，把各个阶层、各个群体的共同愿望有机结合在一起，有着广泛的社会共识，具有强大的感召力、亲和力和凝聚力，是引领、激励我们团结奋斗的巨大精神力量。它用最简洁、最生动、最直观的语言表达了中华民族百年奋斗的光荣与梦想，以一种直击人心的力量来最大限度地凝聚人民、激励人民，最大限度地调动一切积极因素，最大限度地获取社会公约数，团结社会各个阶层的力量共同推动国家进步发展并在这一历史进程中实现个人的价值。

中国梦拥有科学的内涵，就是实现中华民族的伟大复兴，坚持国家富强、民族振兴与人民幸福的统一。中国梦拥有科学的实现路径，就是必须始终走中国道路，必须始终弘扬中国精神，必须始终凝聚中国力量。中国梦拥有坚实的实践基础，其根源在于中国人民的伟大实践。中国梦不是海市蜃楼，不是空中楼阁，其成功实现的根本在于中国人民的真抓实干。“空谈误国，实干兴邦。”中国梦拥有清晰的层次性。国家富强是根本要求，是使中国不受侵略、人民不受欺压的重要保证；民族振兴是重要前提，是使中华民族继续延续、创造、繁荣中华文明的重要条件；人民幸福是基本诉求，是使中国人民实现自由而全面发展的必备要素。中国梦拥有明确的阶段性。它的完全实现不是一朝一夕、一蹴而就的事情，需要党带领全国人民依次扎实完成全面建成小康社会、基本建成富强民主文明和谐的社会主义现代化国家、实现中华民族伟大复兴三大阶段性目标。中国梦所拥有的严密的逻辑内涵，使得它具有了理论性与实践性的统一，极大地丰富了中国特色社会主义理论体系，为中国特色社会主义道路增添了更为亮丽的色彩。

[1]《马克思恩格斯文集》，第2卷，603页，北京，人民出版社，2009。

资料来源：《前线》，2014（9）。

论中国梦的时代价值

国防大学中国特色社会主义理论体系研究中心
执笔　林培雄　刘光明

梦想有多远，决定我们能走多远。

习近平同志主持中央工作以来，多次强调并系统阐述中国梦，充分体现了肩负国家和民族重任的使命担当，完整展示了统筹中国和时代发展全局的战略智慧。中国梦系列观点提出以来，在我们党治国理政各方面凸显强大推动力，已经成为凝聚全党全国各族人民团结奋斗的一面旗帜，彰显出推进中国特色社会主义事业发展、实现中华民族伟大复兴、为人类作出较大贡献的时代价值。

为坚持和发展中国特色社会主义打开了新视野

习总书记在十二届全国人大一次会议闭幕式上强调：“实现全面建成小康社会，建成富强民主文明和谐的社会主义现代化国家的奋斗目标，实现中华民族伟大复兴的中国梦，就是要实现国家富强、民族振兴、人民幸福。”这就告诉我们，民族复兴的中国梦，与社会主义现代化的奋斗目标是高度统一的。这种统一性，为坚持和发展中国特色社会主义进一步打开了新视野。

拓展了马克思主义中国化、时代化、大众化的新空间。理论在一个国家实现的程度，总是决定于理论满足这个国家需要的程度。马克思主义之所以在中国显示出蓬勃生机和旺盛活力，关键是它始终与中国革命、建设、改革和发展的需要相适应，并不断实现中国化、时代化、大众化。中国梦，彰显了当代中国发展的客观需要，是推进马克思主义中国化、时代化、大众化的新引擎。一方面，中国梦是当代中国各族人民共同的理想追求，从根本上规定了马克思主义中国化、时代化、大众化的前进方向。另一方面，实现中国梦也需要克服当代中国发展面临的一系列时代课题，为马克思主义在当代中国引领实践、攻坚克难，提供大有作为的空间。历史上，马克思主义中国化的每一次历史性飞跃，都是以马克思主义之“矢”射中国实际问题之“的”的结果。习总书记在全面建成小康社会的新阶段，在中国经济总量达到世界第二位并继续向前跃升的特殊时期强调中国梦，回应了中国如何实现从大国向强国迈进的时代课题。从中国实际出发，运用马克思主义基本原理来解决这一时代课题，必将开辟马克思主义在中国发展的新境界。

确立了中国道路、中国精神、中国力量的新导向。习总书记强调，实现中国梦必须走中国道路，必须弘扬中国精神，必须凝聚中国力量，彰显了中国梦是拓展中国道路、弘扬中国精神、凝聚中国力量的目标导向，彰显了中国梦的实现途径和强大支撑。“梦在前方，路在脚下”，这是中国梦与中国道路相互关系的生动写照，进一步指明了坚持和拓展中国特色社会主义道路的前进方向。中国梦内蕴着富强、民主、文明、和谐的核心价值，标明了弘扬中国精神的价值理想。只有向着实现中国梦的方向大力弘扬以爱国主义为核心的民族精神和以改革创新为核心的时代精神，才能展现中国精神推动历史前进的强大能量。中国梦是中国各族人民利益的汇合点，是中国力量的着力点、聚焦点、落脚点，各族人民只有向着中国梦的目标共同奋斗，才能真正形成大团结的磅礴力量。在中国梦这一目标导向的引领下，必将演绎中国道路、中国精神、中国力量“三足鼎立”的时代活剧，推出更加精彩绝伦、叹为观止的“中国故事”新篇章。

明确了在中国特色社会主义总布局下推进改革和建设的新要求。党的十八大确定了经济、政治、文化、社会和生态文明建设“五位一体”的中国特色社会主义建设总布局。在这个总布局下科学统筹我国各项改革和建设，促进现代化建设各方面相协调，促进生产关系与生产力、上层建筑与经济基础相协调，是坚持和发展中国特色社会主义的必然要求。中国梦集中体现了“富强中国”、“民主中国”、“文明中国”、“和谐中国”和“美丽中国”的有机统一，体现了在中国特色社会主义总布局下推进各项建设、改革和发展的必然要求。与此同时，习总书记还强调：实现中华民族伟大复兴是强国梦，对军队来说也是强军梦。这就进一步明确了国防和军队建设是中国特色社会主义总体布局的重要组成部分，明确了强军梦也是中国梦的内在组成和强大支撑，只有将富国与强军这两大中华民族复兴的“基石”结合得更为紧密，将安全与发展统筹得更加科学，才能使中国特色社会主义发展进程在强军的保障下顺利推进。因此，实现中国梦的历史进程，既是我国经济、政治、文化、社会和生态文明建设全面协调可持续发展的历史进程，也是富国与强军有机融合、相互推动的历史进程。

为凝聚全国人民智慧和力量攻坚克难提供了新坐标

“为山九仞，功亏一篑”，说的是离目标越近，前进阻力就越大，道路也越艰辛，越要警惕功败垂成。

当代中国面临的机遇前所未有，我们离民族复兴从未如此之近；面临的挑战也前所未有，民族复兴遇到的阻力从未如此之大。这种阻力来自国内国际两个方面。从国内看，我们处于全面建成小康社会和全面深化改革开放的进程之中，人民日益增长的物质文化需要同落后的社会生产之间的矛盾处于质变的关键节点，改革遇到的都是“硬骨头”和“险滩”。解决社会主要矛盾必须取得根本性突破，深化改革必须克服重重难关，化解种种风险。从国际看，我们处于赶超世界发达国家的特殊跨越时期，对全球战略格局正在产生深远影响，导致遏制我国发展的阻力空前增大，我国受到国际社会越来越多的关注。克服错综复杂的矛盾和困难，只能依靠全国各族人民团结奋斗的伟力。而真正能够凝聚人民团结奋斗、攻坚克难的，唯有中国梦。

中国梦内蕴着攻坚克难的强劲动力。人民群众对自己利益的追求是创造历史的强大动力。中国梦描绘了民族复兴的光明前景，描绘了实现好维护好发展好最广大人民根本利益的宏伟蓝图，最大限度地兼顾和包容了各族人民的根本利益，有利于把全国人民更好地凝结成“利益共同体”、“命运共同体”。实现中国梦，就能充分保障人民享有的经济、政治、文化、社会等各方面权益，让发展成果为广大人民所共享。这样，无论哪个阶层、哪个领域、哪个方面的群众，都能从民族复兴的光明前景中看到自身利益所在，都能从国家富强、民族振兴中真切品尝自身利益的果实，从而紧密团结起来，共同推进民族复兴的伟大历史进程。因此，中国梦归根到底是人民的梦，是“使群众认识自己的利益，并且团结起来，为自己的利益而奋斗”的梦。共圆中国梦，必将焕发出共同理想、共同目标、共同事业所具有的强大凝聚力。

中国梦内蕴着攻坚克难的价值支撑。富强民主文明和谐的灿烂图景，只有让人民公平共享，才能真正体现其价值。习总书记强调：“生活在我们伟大祖国和伟大时代的中国人民，共同享有人生出彩的机会，共同享有梦想成真的机会，共同享有同祖国和时代一起成长与进步的机会。”这“三个共同享有”，充分彰显了公平正义尤其是机会公平的价值理念。过去的岁月，个人的创业梦、宜居梦、小康梦与国家的民族独立梦、两弹一星梦、奥运世博梦、航天潜海梦交相辉映、互动交融，从根本上讲，这是与公平正义的核心价值在全社会的伸张紧密相连的。但也要看到，一些地方、一些领域，人民群众对公平正义的渴求从未如此强烈。在一个社会，如果某种特殊利益群体既垄断了现有利益，又垄断了追求未来利益的机会，堵塞了人民群众向上正常流动的渠道，那么，这个社会就是不稳定的社会。“三个共同享有”所倡导的公平正义理念，为全体人民共享机会公平和改革红利，提供了最佳道义支撑，必将引领当代中国突破利益固化藩篱，走向共同富裕与和谐稳定。

中国梦内蕴着攻坚克难的广阔路径。中国梦与中国特色社会主义目标追求的高度统一，决定了中国梦是目标与手段、理想与路径的统一。中国特色社会主义回答和解决了民族复兴的一系列重大理论和实际问题，展示了民族复兴的光明前景。解放思想、实事求是、改革开放，犹如一根系着一串又一串破解民族复兴难题金钥匙的红线，贯穿中国梦的全部篇章。党中央基于解放思想、实事求是、改革开放提出的关于民族复兴的一系列重大理论观点和战略思想，已经并正在直接或间接地转化为实现中国梦的重大决策、战略部署、政策法规、制度机制、工作思路、精神动力等，为中国梦筑起坚实而广阔的具体道路。新时期以来，人民群众在这样的复兴之路上已经创造了“中国奇迹”、“中国震撼”。面向未来，党和人民必将在破解民族复兴的一个又一个时代课题中铸就新的更大辉煌。

为推动中国与世界和谐发展注入了新动能

中国梦与世界梦是辩证的统一，是中华民族利用自身特有优势推进中国与世界和谐发展的新范式。中国共产党人在领导中国人民实现中国梦的历史进程中，也丰富和拓展着推进人类文明发展的新途径，必将为世界各国推动人类文明跃升提供有益借鉴。

中国梦是发展自己与为人类文明作贡献的统一。当今时代，任何国家都是与世界紧密相连、密不可分的。自身的发展往往与世界的发展具有联动性，呈现同频共振、互动发展的态势。如果以自我为中心，只考虑本国的发展，甚至以牺牲别国的利益为代价谋求自我发展，人类就会陷于纷争与冲突之中，最终也会危及自身发展。因此，追求自身发展必须同时着眼于推进世界和平和人类共同进步。中国梦，把发展自己与为人类文明作贡献统一起来，把发展的基点放在立足本国实际上，既不搞对外掠夺扩张，也不把国内矛盾转嫁到国外；既不搞冷战对抗，也不依赖所谓西方“扶持”，而是依靠自身力量解决自己的问题。这本身就是对世界发展的巨大贡献。我们在有效利用国际和平环境和经济全球化带来的机遇发展自己的同时，也以自身繁荣稳定回馈世界，不仅为世界经济逐步走出危机低谷发挥了强大引擎的作用，而且通过互利共赢、多元平衡、安全高效的开放型经济体系进一步深化与外部世界的联系、互动和合作，给世界各国发展带来更多“红利”，注入了更多富于建设性的能量。

中国梦是推进中华文明与丰富社会主义文明的统一。中国梦是国际共产主义运动在当代中国的现实展开，是科学社会主义基本原则在当代中国结下的实践之果，体现了中华文明与社会主义文明的高度统一。我们在科学总结社会主义建设正反两方面历史经验的基础上，深刻认识到社会主义没有一个统一的模式，而必须与本国实际结合起来，与本国那些最具包容性、开放性、进取性的优秀民族传统结合起来，从而找到了丰富和发展社会主义文明的“密钥”。我们打破“一大二公三纯”的僵化模式，引入市场经济，把多种所有制与公有制主体结合起来，把多种分配方式与按劳分配主体结合起来，使一切积极因素为发展社会主义竞相释放潜能。我们把附加在社会主义名下的错误的东西剥离开来，在解放和发展社会生产力的同时，更加重视人的全面发展，推动社会主义文明向着“自由人的联合体”方向跃升。从这个意义上说，中国梦在探索、开辟中国特色社会主义道路的伟大历史进程中，必将进一步焕发社会主义的独特优势和内在生命力。

中国梦是与世界各国共享战略机遇与共同应对挑战的统一。随着经济全球化和科技信息化深入发展，各国利益相互交织，你中有我，我中有你，对一个国家发展的机遇往往也会惠及他国，任何国家在抢抓战略机遇的过程中，都应摒弃“独占”、“独有”、“独霸”思维，树立“共有”、“共享”、“共赢”理念，与其他国家一起共享战略机遇，分享全球红利。同时也要看到，一个国家或地区的发展面临的风险，往往也会波及其他国家或地区。因此，各国在应对全球性危机的过程中，都应树立团结协作意识，彼此分担相应的国际责任。而中国梦，就是把共享战略机遇与共同应对挑战统一起来的伟大梦想。它作出了“坚持把中国人民利益同各国人民共同利益结合起来”的庄严承诺，体现了惠济天下的大国胸襟和分担全球责任的铁肩道义。中国梦的大力倡导和实践，促进世界各国取长补短、互惠互利，站在全人类共同利益的战略高度携手应对共同面临的危机和挑战，必将使人类文明之花绽放得更加光彩夺目。

资料来源：《光明日报》，2013-05-02。

第八章　马克思主义中国化的基本规律

一、坚持实事求是的思想路线

1. 实事求是思想路线的形成和确立

思想路线，也叫作认识路线，指的是人们的认识所遵循的方向、道路途径、原则和方法。一个政党的思想路线，是指这个政党确定自己的指导思想并支配自己行动的认识路线。正确的思想路线是确定正确的政治路线以及各项方针政策的思想基础。

第二次国内革命战争时期，具有严重教条主义倾向的党的领导人，生吞活剥马克思主义的只言片语，或唯共产国际的指示是从，使中国革命遭受了严重挫折。为了揭露主观主义，特别是教条主义错误的思想根源，1937 年，毛泽东在《实践论》和《矛盾论》等著作中，深刻阐述了理论对于实践的依赖关系，以及矛盾的普遍性和特殊性的关系，对党的思想路线作了系统的哲学论证。1938 年，他在党的六届六中全会所作的政治报告中，借用我国古代成语“实事求是”来提倡马克思主义同中国实际相结合的科学态度。

为了统一全党思想并为制定新民主主义革命的总路线奠定思想基础，在延安整风期间，毛泽东从思想路线的角度，系统地阐述了坚持实事求是的重要性。1941 年 5 月，他在《改造我们的学习》的报告中，对实事求是的科学含义作了马克思主义的界定。1943 年，毛泽东为中共中央党校题写了“实事求是”四个字作为校训。经过延安整风和党的七大，实事求是的思想路线在全党得到了确立。

2. 实事求是思想路线的重新确立和发展

2011年，胡锦涛同志在“七一讲话”中指出，我们党能够依靠自己和人民的力量纠正错误，在挫折中奋起，继续胜利前进，根本原因就在于重新恢复和坚持贯彻了实事求是。

新中国成立后，毛泽东继续强调实事求是。他通过《论十大关系》、《关于正确处理人民内部矛盾的问题》等著作，初步总结了我国社会主义建设的经验，提出了探索适合中国国情的社会主义建设道路的任务，号召全党“大兴调查研究之风”，强调人的正确思想只能从社会实践中来，等等。但是，1957年下半年以后，毛泽东却在实际工作的指导中不同程度地背离了他所倡导的实事求是的思想路线，使社会主义建设遭到了严重挫折。

“文化大革命”结束后，在中国向何处去的重大历史关头，邓小平首先抓住思想路线的拨乱反正这一关键环节，大力提倡实事求是。

在党的十一届三中全会之前，邓小平就以马克思主义者的非凡胆略和科学态度，批评“两个凡是”的错误观点，指出它既不符合马克思列宁主义，也不符合毛泽东思想。1978年12月，邓小平在为党的十一届三中全会做准备的中央工作会议上的讲话中，特别强调解放思想、实事求是的重要意义。以这一讲话精神为指导的党的十一届三中全会，重新确立了实事求是的思想路线。

邓小平特别强调解放思想的极端重要性。他指出：“一个党，一个国家，一个民族，如果一切从本本出发，思想僵化，迷信盛行，那它就不能前进，它的生机就停止了，就要亡党亡国。”

1992年，江泽民同志在党的十四大报告中指出，解放思想、实事求是，是邓小平创立的“建设有中国特色社会主义理论”的精髓，是保证我们党永葆蓬勃生机的法宝。进入21世纪，江泽民同志对新形势下坚持实事求是的思想路线又提出了新的要求。他强调，马克思主义最重要的理论品质是与时俱进。要通过理论创新推动制度创新、科技创新、文化创新以及其他各方面的创新，不断在实践中探索前进，永不自满，永不懈怠，这是我们要长期坚持的治党治国之道。坚持党的思想路线，解放思想、实事求是、与时俱进，是我们党坚持先进性和增强创造力的决定性因素。

在贯彻“三个代表”重要思想和落实科学发展观的过程中，2004年1月，胡锦涛同志在中央纪委第三次全体会议上的一次讲话中强调：要贯彻落实好“三个代表”重要思想和十六大精神，必须大力弘扬求真务实精神、大兴求真务实之风。把求真务实提高到马克思主义哲学辩证唯物主义和历史唯物主义一以贯之的科学精神和党的优良传统，以及共产党人应该具备的政治品格的高度，进一步深化了对实事求是的思想路线的认识。

3. 实事求是思想路线的基本内容

党的十二大通过的《中国共产党章程》把党的思想路线的基本内容完整地表述为：“一切从实际出发，理论联系实际，实事求是，在实践中检验真理和发展真理。”

（1）一切从实际出发是党的思想路线的前提和基础。

一切从实际出发，指的是人们在认识事物、解决问题时，从不以人的主观意志为转移的客观实际出发，尊重和承认客观事实。我们讲一切从实际出发，对于指导中国革命和建设的中国共产党人来说，就是要从中国的具体国情出发。一切从实际出发，其中最大的实际就是中国目前正处于并将长期处于社会主义初级阶段。从实际出发，就是应该全面地、发展地看问题，透过现象看本质。

（2）理论联系实际是党的思想路线的根本途径和方法。

在理论和实践的关系上，中国共产党在历史上曾存在着教条主义和经验主义两种错误倾向。理论联系实际，就是要把马克思主义的基本原理同中国具体实际结合起来，既要吃透理论，注重把握马克思主义的立场、观点和方法，又要搞清实际，把对中国实际的感性认识上升到对其本质的理性认识，并使二者紧密结合起来。

（3）实事求是是党的思想路线的核心和实质。

毛泽东在《改造我们的学习》一文中，深刻揭示了实事求是的科学内涵：“‘实事’就是客观存在着的一切事物，‘是’就是客观事物的内部联系，即规律性，‘求’就是我们去研究。我们要从国内外、省内外、县内外、区内外的实际情况出发，从其中引出其固有的而不是臆造的规律性，即找出周围事变的内部联系，作为我们行动的向导。”新的历史条件下，邓小平强调，坚持实事求是，就是坚持马克思主义同中国实践相结合。

实事求是在党的思想路线中的地位与其他三个方面并不是等同、并列的，它是党的思想路线的核心和实质。实事求是内在地包含了“一切从实际出发”、“理论联系实际”以及“在实践中检验真理和发展真理”的内容。一切从实际出发、理论联系实际、在实践中检验真理和发展真理这三个方面都可以用实事求是加以解释和说明。实事求是还蕴含着解放思想、与时俱进、求真务实等内容。要做到实事求是，必须坚持解放思想、与时俱进、求真务实。由于实事求是是党的思想路线的实质和核心，所以我们通常把党的思想路线概括为“实事求是”，称作“党的实事求是的思想路线”。

（4）在实践中检验真理和发展真理是党的思想路线的验证条件和目的。

邓小平坚决反对“两个凡是”的错误观点，明确提出，实践是检验真理的唯一标准，实践是检验路线、方针、政策是否正确的唯一标准。结合新的历史条件，他对真理标准问题作了新的发挥，把实践标准具体化为生产力标准和群众利益标准。在实践中检验和发展真理，需要大力弘扬与时俱进的精神。与时俱进是马克思主义的理论品质，实践基础上的理论创新是社会发展和变革的先导。

概括来说，一切从实际出发是实事求是思想路线的前提和基础；理论联系实际是实事求是思想路线的根本途径和方法；实事求是是党的思想路线的核心和实质；在实践中检验真理和发展真理是实事求是思想路线的验证条件和目的。这四者密不可分，却又有所侧重。

4. 实事求是思想路线的重要意义

实事求是思想路线具有重要的理论意义和实践意义。

第一，它是马克思主义认识论在马克思主义中国化实践过程中的运用、丰富和发展，体现了马克思主义的理论品质。马克思以科学的实践观为基础，将思维的客观性和能动性统一了起来，从而论证阐明了人类意识和社会生活的本质：人类意识是社会生活的反映，社会生活在本质上是实践的，人类思维的真理性应该由实践来证明，等等，从而实现了唯物论和辩证法的结合。

实事求是的思想路线强调从实际出发，用全面的观点和发展的观点看问题；强调使思想和实际相结合，使主观和客观相结合，使理论和实践相结合；强调认识是从实践到理论，再从理论到实践的飞跃的没有止境的过程；强调没有调查就没有发言权、解放思想和实事求是的有机统一、民主是解放思想和实事求是的重要条件、与时俱进是马克思主义的理论品质、实践基础上的理论创新是社会发展和变革的先导；等等。这充分体现并进一步丰富和发展了马克思主义认识论。

第二，它是制定并贯彻执行正确的政治路线的思想基础。政治路线是党为实现一定历史时期的奋斗目标而制定的总路线和总政策，它的正确与否直接关系到人民的根本利益。然而，正确的政治路线不是凭空产生的，它必须建立在对客观情况的深刻了解和科学分析的基础上，换言之，必须以正确的思想路线为基础进行指导。

纵观新中国成立后中国的政治路线或者说党的纲领的变化，可以明确地看出它随实践和实际的变化所做出的科学调整。在党的一大上，我们确立了实现共产主义的最高纲领，以此为指导，党的最低纲领则根据革或建设的发展阶段的客观实际不同而有所不同。在党的十八大以后，我党致力于沿着中国特色社会主义道路，全面建成小康社会。从政治、经济、文化、社会、生态文明五个方面布局，争取早日实现中华民族的伟大复兴。

第三，它是加强党的思想作风建设和提高领导能力的重要内容。毛泽东把理论和实践相结合的作风、和人民群众紧密联系在一起的作风，以及自我批评的作风，概括为中国共产党新的工作作风。在这三大作风中，理论和实践相结合是最根本的，强调的就是实事求是的思想路线。随着中国共产党的发展成熟，党员领导队伍的执政能力、领导能力也面临新的考验和危险，包括执政考验、改革开放考验、市场经济考验、外部环境考验，精神懈怠的危险、能力不足的危险、脱离群众的危险、消极腐败的危险。四大考验、四大危险的紧迫与严重，使我们党不得不思考重视，而能否坚持实事求是就是我们党克服危险、经受考验的灵丹妙药。

习近平总书记在反腐防腐方面做出巨大努力，一大批贪腐老百姓血汗钱的贪官污吏被依法惩治，让老百姓交口称赞。党中央为人民做实事、好事，得到了人民的支持和拥护，也给贪官造成杀一儆百的震慑效果。这样一来，全党全国上下就形成官民一家、其乐融融的良好氛围。人民努力工作，官员勤于政务，56 个民族亲如一家。想想这些美好的画面，不能不说是在实事求是思想指导下，我们一步一步走来所取得的骄人成绩。

二、坚持马克思主义立场、观点、方法

马克思主义立场、观点、方法，是马克思主义科学思想体系的精髓，贯穿于马克思列宁主义、毛泽东思想和中国特色社会主义理论体系之中。掌握和坚持马克思主义，最根本的是坚持和运用其立场、观点、方法研究解决实际问题。划清马克思主义同反马克思主义的界限，基本前提是澄清在马克思主义立场、观点、方法上的模糊认识。

马克思主义始终具有鲜明的政治立场，这就是始终站在人民大众立场上，诚心诚意为人民谋利益。胡锦涛同志强调，相信谁、为了谁、依靠谁，是否站在最广大人民的立场上，是区分唯物史观和唯心史观的分水岭，也是判断马克思主义政党的试金石。《共产党宣言》庄严宣布："过去的一切运动都是少数人的，或者为少数人谋利益的运动。无产阶级的运动是绝大多数人的，为绝大多数人谋利益的独立的运动。"马克思主义的全部理论都立足于实现和维护最广大人民的根本利益，把全人类解放和人的全面发展作为最高价值追求。正因为这样，马克思主义理论才成为对人民大众最有吸引力的强大思想武器。

坚持马克思主义立场，就是要坚持一切为了人民、一切相信人民、一切依靠人民。站在人民大众立场上，首先是对人民群众有真挚的感情，关键是诚心诚意为人民谋利益，根本是为人民掌好权用好权。毛泽东曾深刻指出，要站在最大多数劳动人民的一边，如果不帮助人民，就是背叛马克思主义。人们常说，延安革命根据地政权"是陕北人民用小米哺育出来的"，淮海战役"是人民用独轮小车推出来的"，改革开放"是适应人民愿望、根据群众创造搞起来的"。历史一再启示我们，人民是历史的创造者，只有始终坚持人民利益高于一切，切实做到权为民所用、情为民所系、利为民所谋，才能获得人民群众的衷心拥护，才能拥有取之不尽、用之不竭的力量源泉。

马克思主义观点是马克思主义关于自然、人类社会和思维规律的科学认识，体现在马克思主义哲学、政治经济学和科学社会主义三个主要组成部分之中。马克思主义包含一系列相互联系的基本观点，比如，关于世界观、人生观、价值观的基本观点，关于辩证唯物主义和历史唯物

主义的基本观点，关于社会形态和社会基本矛盾运动规律的基本观点，关于社会主义必然代替资本主义的基本观点，关于劳动价值论和剩余价值论的基本观点，关于社会主义革命和无产阶级专政的基本观点，关于无产阶级政党的基本观点，关于社会主义本质和社会主义建设的基本观点，等等。这些基本观点，贯穿于马克思主义科学思想体系之中。

坚持马克思主义观点，一个重要方面就是要学习和掌握马克思主义关于人类社会发展规律及其历史趋势的基本观点，始终坚定中国特色社会主义信念和共产主义理想。邓小平曾指出："我们这么大一个国家，怎样才能团结起来、组织起来呢？一靠理想，二靠纪律。""有了共同的理想，也就有了铁的纪律。无论过去、现在和将来，这都是我们的真正优势。"有理想信念的支撑，方志敏"愿把牢底坐穿"，雷锋甘做"螺丝钉"，焦裕禄全心全意当人民的"公仆"。中国特色社会主义共同理想，是共产主义最高理想在我国社会主义初级阶段的现实体现。这一共同理想，把党的奋斗目标、国家的发展、民族的振兴与个人的幸福紧密联系在一起，集中体现了全体人民的根本利益和共同愿望。现阶段，坚定理想信念，就要高举中国特色社会主义伟大旗帜，继续解放思想，坚持改革开放，推动科学发展，促进社会和谐，自觉践行党的理论路线和方针政策，自觉维护改革发展稳定的大局，为实现中华民族伟大复兴的中国梦而努力。

马克思主义方法，是指导我们正确认识和改造世界的根本思想方法和工作方法。世界观中包含方法论，方法论中渗透着世界观，马克思主义的世界观和方法论是有机统一的。毛泽东就强调过："要把马克思主义当作工具看待，没有什么神秘，因为它合用，别的工具不合用。"①在马克思、恩格斯创立的辩证唯物主义和历史唯物主义的基础上，毛泽东用中国语言加以概括，形成了党的实事求是的思想路线。尽管时代在不断前进，形势在不断变化，但马克思主义仍然是观察和解决当代人类社会发展问题的思想武器，是我们的"望远镜"和"显微镜"。

把握马克思主义方法，关键是要把握唯物辩证、实事求是、群众路线的思想方法和工作方法。坚持唯物辩证，要求我们按照世界的本来面貌认识世界，客观地而不是主观地、发展地而不是静止地、全面地而不

---

①《毛泽东文集》，第8卷，263～264页，北京，人民出版社，1999。

是片面地、系统地而不是零散地、普遍联系地而不是孤立地观察事物、分析问题、解决问题，在矛盾对立统一过程中把握事物发展规律。坚持实事求是，要求我们一切从实际出发，理论联系实际，不断研究新情况、解决新问题，使思想认识跟着客观实际的变化而变化，在解放思想、与时俱进中坚持真理、纠正错误，做到不唯上、不唯书、只唯实。坚持群众路线，要求我们做到一切依靠群众，从群众中来、到群众中去，充分调动各方面群众的积极性、主动性、创造性。当前，改革发展进入新的历史阶段，各种问题和矛盾集中凸显，更要始终牢记，真正的英雄是群众，真正的力量在群众。"拜人民为师，这就灵了。"

马克思主义的立场、观点、方法是相互联系、不可分割的，统一和贯穿于马克思主义的科学理论体系。只有从立场、观点、方法的统一中把握马克思主义的精髓和实质，才能完整准确地掌握和运用马克思主义。在马克思主义中国化的过程中，坚持马克思主义的立场、观点、方法，尤为重要。可以说，这是马克思主义中国化的基础和保障。

三、坚持党的领导

实现马克思主义中国化，不仅需要成熟的客观历史条件，而且需要充足的主观条件，需要杰出领袖人物作为时代精神、民族精神的代表。他们能够尊重实践、尊重群众，敏锐地把握时代发展的脉搏和契机，时刻关注最广大人民的利益和愿望，善于概括群众的经验和创造。既继承前人又突破陈规，表现出开辟新道路的巨大政治勇气和开拓马克思主义中国化新成果的理论勇气。马克思主义中国化第一个成果的提出者毛泽东，第二个成果的提出者邓小平、江泽民、胡锦涛都是中国共产党的领导核心。马克思主义中国化是党成立以来最具有决定性意义的历史任务，党的各届领导核心势必处于马克思主义中国化的前沿和中心位置。由于他们在党内所处的核心领导地位，从毛泽东到邓小平、江泽民、胡锦涛、习近平，都必然成为马克思主义中国化的最主要推手和实践者。

马克思主义基本原理与中国具体实际相结合，进行马克思主义中国化，在实践和理论方面产生重大开创性成果，仅仅依靠党的领导核心的个人主观努力和主观条件是不够的，还必须依靠中央的集体智慧。毛泽东思想就是党的第一代中央领导集体的智慧结晶。其中，刘少奇、周恩来、朱德、邓小平、陈云、张闻天、王稼祥等人，都对马克思主义中国化、对毛泽东思想的形成作出了重要贡献。同样，邓小平理论的形成也与党的第二代中央领导集体的智慧分不开。当然，马克思主义中国化作为党的集体事业，是继往开来、薪火相传的，这一点也体现在后一个党的中央领导集体对前一个党的中央领导集体的理论贡献的系统总结、深刻阐述和全面发展中。

四、立足于中国国情和实际，走自己的路

坚持实事求是的思想路线，在中国革命、建设和改革问题上，最根本的就是要坚持一切从本国实际出发，敢于和善于走自己的路。“走自己的路”是我们总结长期历史经验得出的基本结论，是一个关系党和国家生死存亡、兴衰成败的大问题。

对“走自己的路”的含义，可能会有不同的理解，主要包括三个基本方面。

其一，根据中国的国情确定自己的道路。这是“走自己的路”的基本意思。对此，邓小平有许多论述。“现在搞建设，也要适合中国情况，走出一条中国式的现代化道路。”“中国式的现代化，必须从中国的特点出发。”“我们多次重申，要坚持马克思主义，坚持走社会主义道路。但是，马克思主义必须是同中国实际相结合的马克思主义，社会主义必须是切合中国实际的有中国特色的社会主义。”“中国革命的成功，是毛泽东同志把马克思列宁主义同中国的实际相结合，走自己的路。现在中国搞建设，也要把马克思列宁主义同中国的实际相结合，走自己的路。……中国农村就是根据这样的原则，走自己的路，取得成功的。……以城市为重点的改革的决定，也是把马克思列宁主义的基本原理同中国实际相结合，走自己的路。”可见，“走自己的路”，首先是从中国实际出发，走有中国特色的社会主义道路。如果细分一下，这里又包括三层意思：

——从中国实际出发，中国只能走社会主义道路，不能走资本主义道路。这是“走俄国人的路”这一命题的基本含义，也是“走自己的路”这个命题的题中应有之义。为什么中国只能走社会主义的路，毛泽东对此有许多论述，邓小平对此又作了进一步阐明。他说：“如果不搞社会主义，而走资本主义道路，中国的混乱状态就不能结束，贫困落后的状态就不能改变。”他还指出：“在中国现在落后的状态下，走什么道

路才能发展生产力，才能改善人民生活？这就又回到是坚持社会主义还是走资本主义道路的问题上来了。如果走资本主义道路，可以使中国百分之几的人富裕起来，但是绝对解决不了百分之九十几的人生活富裕的问题。而坚持社会主义，实行按劳分配的原则，就不会产生贫富过大的差距。再过二十年、三十年，我国生产力发展起来了，也不会两极分化。”从中国生产力落后的实际出发，“走自己的路”，就是要走能“不断发展社会生产力的社会主义”道路。

——从中国实际出发，中国必须建立具有中国特色的社会主义模式，不能照搬别国的社会主义模式。这种有中国特色的社会主义模式，从经济体制上看，就是在坚持以公有制和按劳分配为主体、其他经济成分和分配方式为补充的基础上，建立和完善社会主义市场经济体制；从政治体制上看，就是以完善人民代表大会制度、中国共产党领导的多党合作和政治协商制度为主要内容，发展社会主义民主政治；从精神文明上看，就是要同经济、政治体制改革相适应，以“有理想、有道德、有文化、有纪律”为目标，建设社会主义精神文明；从社会建设上看，就是要从维护最广大人民根本利益的高度，加快健全基本公共服务体系，加强和创新社会管理，推动社会主义和谐社会建设。从生态文明建设上看，就是要建立以资源环境承载力为基础，以自然规律为准则，以可持续发展为目标的资源节约型和环境友好型社会，大力推进生态文明建设。很明显，这种社会主义模式，既不同于毛泽东的“一大二公三纯”的社会主义模式，也不同于苏联的高度集中的社会主义模式，更不同于西方资本主义国家三权分立的模式，而是符合中国实际的有自己特色的社会主义模式。

——从中国实际出发，中国必须选择符合自己国情的政策，不能照搬过去或他人的政策。邓小平认为：各国情况不同，政策也应该有区别。就是同一国家，不同时期政策也应该有区别。1985 年 8 月，他在回答那种认为改革会使中国放弃社会主义的外国评论时说，在第一次伟大革命建立了社会主义经济基础以后，多年来没有制定符合中国实际、促进生产力发展的好政策，这种情况迫使我们改革。改革的总的原则是四个坚持，问题在于怎样坚持。“是坚持那种不能摆脱贫穷落后状态的政策，还是在坚持四项原则的基础上选择好的政策”。邓小平选择政策的结果，最根本的就是实行“三大转变”，“中心点是从以阶级斗争为纲转到以发展生产力为中心，从封闭转到开放，从固守成规转到各方面的改革”。这种选择是完全符合中国国情的，是“走自己的路”的又一重要表现。

综上所述，所谓“走自己的路”，就是从方向、模式和政策上，走建设有中国特色的社会主义的道路，不能走资本主义道路，也不能照搬别国的社会主义模式和政策。

其二，依靠中国的力量建设自己的国家。这是“走自己的路”的另一层含义。邓小平指出：“中国的事情要按照中国的情况来办，要依靠中国人自己的力量来办。独立自主，自力更生，无论过去、现在和将来，都是我们的立足点。”

所谓依靠中国的力量建设自己的国家，就是在中国办各种事情，不论是经济建设还是政治建设、文化建设还是思想建设、民用建设还是国防建设等等，都要依靠自己的物力、人力、财力，依靠自己的聪明、智慧、才干，按照自己的方式方法，自主地、独立地去办，不能把希望寄托在外国人身上，不能把立足点放在外援上。邓小平讲：“中国这样的社会主义大国，不可能走‘捷径’。我们要利用外国的资金和技术，也要大力发展对外贸易，但是必然要以自力更生为主。”我们要靠自己的力量建设有中国特色的社会主义。

中国的事情之所以要依靠自己的力量来办，第一，因中国人最了解中国、熟悉中国，也最热爱中国、关心中国。中国的事情，哪些应该办，哪些不应办，哪些应先办，哪些应缓办，哪些应重点办，哪些一般办以及如何办等，中国最清楚，也最乐意去办，所以邓小平讲：“任何国家的革命道路问题，都要由本国的共产党人自己去思考和解决，别国的人对情况不熟悉，指手画脚，是要犯错误的。”第二，中国不仅地域广阔、资源丰富、环境良好，而且人口众多、勤劳勇敢、聪明能干，加之经过几代人特别是新中国两三代人的努力，在经济、政治、科技、军事、外交等方面，都具有相当的实力，中国人完全有能力把自己的事情办好。“我们很多东西是靠自己搞出来的”，包括原子弹、氢弹、导弹、人造卫星等。第三，外国人是很吝啬的，“越是富裕的国家越不慷慨，归根到底，我们要靠自己来摆脱贫困，靠自己发展起来”。退一步说，就算他们很慷慨，世界上也没有哪一个国家能慷慨地援助中国这样地广人多的大国使之富裕起来。因此，我们只能“主要靠自己，同时不要闭关自守，可以多方面找朋友”。

其三，顶住外部压力维护自己的主权和独立。当今的世界，虽然和平与发展已成为主题，但是，各种政治力量相互争斗，各种矛盾错综复杂，世界并不安宁。特别是某些国家或集团推行霸权主义和强权政治，企图干涉别国内政，践踏别国主权。在这种情况下，中国要坚持“走自己的路”，坚持建设有中国特色的社会主义，就必须顶住外来压力，维护自己的主权和独立。否则，只能做别国的附庸，谈何“走自己的路”。

邓小平指出：“中国人民珍惜同其他国家和人民的友谊和合作，更加珍惜自己经过长期奋斗而得来的独立自主权利。任何外国不要指望中国做他们的附庸，不要指望中国会吞下损害我国利益的苦果。”过去，我们在非常困难的时候，敢于正视现实，用弱小的力量顶住外来的强大压力；今天，中国人民站立起来了，各方面都不同于过去了，更不怕任何外来的压力了。对于外来压力，“我们泰然处之，不受他们挑动”。

“走自己的路”和维护自己的主权与独立，是同一个问题的两个方面。只有坚持“走自己的路”，才能使中国在世界上站起来，独立于世界民族之林；也只有坚持维护自己的主权与独立，才能更好地“走自己的路”。正如邓小平所说的：“中国本来是个穷国，为什么有中美苏‘大三角’的说法？就是因为中国是独立自主的国家。为什么说我们是独立自主的？就是因为我们坚持有中国特色的社会主义道路。否则，只能是看着美国人的脸色行事，看着发达国家的脸色行事，或者看着苏联人的脸色行事，那还有什么独立性啊！”可见，“走自己的路”本身就包含着维护国家的主权和独立的问题。

总之，立足于中国国情和实际，“走自己的路”在思想方法上体现了矛盾的普遍性和特殊性的统一，在基本立场上体现了独立自主和对外开放的统一，在理论原则上体现了理论与实践的具体的历史的统一。

五、加强与中国传统文化相结合

马克思主义是发展的理论。世界历史进入现代化阶段，马克思主义的理论也势必走向现代化。中国传统文化历史悠久、内涵丰富。随着历史的发展，传统文化也进行了扬弃。马克思主义在中国与中国传统文化的碰撞，摩擦出重重火花。也正是这种火花照耀了马克思主义中国化的光明大道。马克思主义理论本身与中国传统文化的结合是马克思主义得以在中国传播、得以中国化的必要条件和重要体现。

从马克思主义和中国传统文化本身来看，两者虽然所处时间、地点不同，但却惊人一致。两者关于未来社会构想、实践、创新等方面，尽管语言表述存在差异，但是内涵一致。在对未来社会的构想上，共产主义社会是马克思和恩格斯的构想。在那里财富平均、按需分配、阶级剥削被消灭。天下为公的大同构想在古代中国由来已久。如此看来，“中国本有一种社会主义的学说”①。在对实践的态度上，马克思主义在批判继承黑格尔和费尔巴哈观点的基础上，强调实践是认识的来源。中国历来讲求具体问题具体分析，实事求是。在创新意识上，马克思主义坚持创新，理论本身处于不断完善之中，正因为如此，在中国才有了中国化的马克思主义。在中国，创新是时代精神，是民族进步的灵魂。从两者结合的已有成果看，马克思主义中国化的两大理论成果都是两者结合的产物。实践也已经证明了成果的科学性和有效性。在中国化理论成果的指导下，中国走过革命、改革，正在建设社会主义的道路上顺利前行。

今后，马克思主义中国化要重视中国传统文化与马克思主义理论现代化的结合，创新马克思主义理论与实践。以生态思想为例。中国传统文化中强调万物一体、人与自然统一的和谐思想。马克思主义虽没有关于生态思想的专门论述，但在马克思的多篇著作中，可总结一二。马克思认为人与自然是辩证统一的，统一的结局就是和谐。由此可见，在生态思想上，马克思主义与中国传统文化也有相似之处。我们可以通过马克思主义与中国传统文化的结合，推动社会主义生态文明建设。这样，既利于马克思主义理论作用的发挥，又适合于中国的实际情况。

习近平总书记在讲话中多次强调传统文化的重要价值，倡导要汲取中国传统文化的精华。他强调：“中华文明源远流长，孕育了中华民族的宝贵精神品格，培育了中国人民的崇高价值追求。自强不息、厚德载物的思想，支撑着中华民族生生不息、薪火相传，今天依然是我们推进

---

①　林代昭、潘国华编：《马克思主义在中国——从影响的传入到传播》（下册），98 页，北京，清华大学出版社，1983。

改革开放和社会主义现代化建设的强大精神力量。”“一个国家、一个民族的强盛，总是以文化兴盛为支撑的，中华民族伟大复兴需要以中华文化发展繁荣为条件。对历史文化特别是先人传承下来的道德规范，要坚持古为今用、推陈出新，有鉴别地加以对待，有扬弃地予以继承。”中华民族五千多年悠久的历史形成了中国人为人民服务的意识，张思德、雷锋的故事我们耳熟能详；培养了中国人吃苦耐劳的精神，焦裕禄、王进喜等光荣榜样的事迹我们如数家珍；练就了中国人勇于创新的本领，毛泽东、邓小平等领袖人物的成就我们至今受益。可以说，没有中华民族优秀的传统文化或者抛弃这些文化，中华民族的未来就令人担忧。

六、不断进行理论创新和实践创新

在今天，进行马克思主义中国化需要大力弘扬与时俱进精神，推进理论创新，不断开拓马克思主义新境界。

与时俱进，就是党的全部理论和工作要体现时代性，把握规律性，富于创造性。体现时代性，就要用宽广的眼界观察当代中国和世界，把握和平与发展的时代主题与国际局势新变化的关系，把握经济全球化的利弊和科技革命日新月异的趋势，为坚定地走和平发展道路提供依据，为社会主义的长治久安提供借鉴。把握规律性，就要把尊重社会发展的规律与尊重人民的历史主体地位统一起来，把坚持为崇高理想奋斗与为最广大人民谋利益统一起来，把坚持完成党的各项工作与实现人民利益统一起来，深化对共产党执政规律、社会主义建设规律以及人类社会发展规律的认识。富于创造性，就要直面现实的矛盾，依据对时代、形势的科学分析和对客观规律的正确把握，适时地进行实践创新和理论创新。这三性之间是一种辩证统一的关系，体现时代性是前提，把握规律性是核心，富于创造性是目的。

党的全部理论和工作的与时俱进，要特别重视理论创新。2011 年，胡锦涛同志在“七一讲话”中指出，在新的历史条件下坚持马克思主义，关键是要及时回答实践提出的课题，为实践提供科学指导。我们要准确把握世界发展大势，准确把握社会主义初级阶段基本国情，深入研究我国发展的阶段性特征，及时总结党领导人民创造的新鲜经验，重点抓住经济社会重大问题，作出新的理论概括，永葆科学理论的旺盛生命力。习近平总书记在提及创新时也讲："明者因时而变，知者随事而制"，"惟创新者胜"；"生活从来不眷顾因循守旧、满足现状者，从不等待不思进取、坐享其成者，而是将更多机遇留给善于和勇于创新的人们"。提高创新能力，要有逢山开路、遇河架桥的意识，有探索真知、务实求真的态度，为了创新创造而百折不挠、勇往直前，不断积累经验、取得成果。

实践基础上的理论创新是社会发展和变革的先导，要通过理论创新推动制度创新、科技创新、文化创新以及其他各方面的创新，为各个方面的创新提供指导。要使党和国家的事业不停顿，首先理论上不能停顿。实现理论创新，必须自觉地把思想认识从那些不合时宜的观念、做法和体制中解放出来，从对马克思主义的错误和教条式的理解中解放出来，从主观主义和形而上学的桎梏中解放出来，使我们的思想和行动更加符合社会主义初级阶段的国情和时代发展的要求。

在理论创新问题上要坚持正确的方向和思想方法。与此同时，理论创新必须服务于、落脚于实践创新。离开了对实践过程中出现的新情况、新问题的研究，理论创新就无从谈起。理论创新是为了研究新情况，解决新问题。

理论创新和一切工作的创新，都要大力弘扬求真务实精神、大兴求真务实之风。求真务实，就是不断求我国社会主义初级阶段基本国情之真，务坚持长期艰苦奋斗之实；求社会主义建设规律和人类社会发展规律之真，务抓好发展党执政兴国的第一要务之实；求人民群众的历史地位之真，务发展最广大人民根本利益之实；求共产党执政规律之真，务全面加强和改进党的建设之实。

七、加强马克思主义理论在青年中的教育

马克思主义中国化的过程也是马克思主义理论的教育过程。马克思主义理论教育主要是指用马克思主义观教育人民，使他们树立马克思主义信仰，掌握马克思主义方法，运用马克思主义进行实践。马克思主义理论传播和理论教育两者关系密切，相辅相成。

通过对马克思主义中国化历史进行考察，不难看出，不管是资产阶级改良派、革命派中，还是早期马克思主义者中，青年都是传播的骨干力量，在传播中起着主导和支配作用。梁启超在宣传马克思主义时年仅

20多岁，李大钊当时也是20岁出头的青年，早期留日学生李达、李汉俊等，也才刚刚20岁。他们在积极传播马克思主义时都是年轻的热血青年，就是这些青年最先开始在中国传播马克思主义。通过他们，更多的青年了解认同马克思主义。这样，更多的人加入传播马克思主义的队伍中。马克思主义理论的传播促进了马克思主义的理论教育，而理论教育也有助于马克思主义的传播。

青年处于人生的最好时期，接受新知识的速度快，学习新知识的能力强。青年处于价值观形成时期，正确三观的确立，使人受益匪浅。相较老年人、壮年人，青年学成后，对社会的贡献率也是最大的。但今天的青年存在的问题也是最多的，拜金、攀比、懒惰、心理承受能力差等问题层出不穷。更有甚者，部分青年对马克思主义信仰产生了质疑。

马克思主义中国化在今天，需要加强青年的马克思主义理论教育，重视培养青年马克思主义者的力量。中国共产党自成立以来，一代代年轻的马克思主义者前赴后继，把社会主义建设推向更高阶段。历史的经验告诉我们：青年是中国共产党的后备军，是中华民族伟大复兴和社会主义现代化建设的主导力量，与中国梦的实现息息相关。

对青年进行马克思主义理论教育工程浩大，需要较长的时间才能完成。首先，为保证青年学习的主动性和积极性，要加强理论自身建设，形成马克思主义中国化发展新成果。用发展的理论教育青年。其次，加强青年经典理论的学习。研读经典，从经典中吸取智慧的精华，使青年把马克思主义转化为内在信仰。最后，理论的学习必须落实到实践中。青年要养成乐于实践的习惯，把书本中学到的知识，通过自己的实践应用，进行验证，从而得出自己的新理论。从理论到实践再到理论，形成良性循环。

马克思主义中国化是中国共产党人的伟大创造。马克思主义中国化也是一个不断发展的过程，顺应新的时代、新的实际和新的考验进一步推进马克思主义中国化，是中国共产党人重大而长期的神圣使命。中国共产党在长期的革命斗争中形成了善于经验总结和理论创新的优良传统。总结马克思主义中国化的规律与启示，有助于推进党的领导下马克思主义的传播及其与中国实践的结合，有助于加强新形势下中国化马克思主义的发展，有助于加速中华民族伟大复兴中国梦的实现。

资料小链接

马克思主义中国化的基本规律与当代走向

包心鉴

马克思主义中国化是中国共产党人的伟大创造。马克思主义中国化研究，是社会科学研究的根本任务，深入研究马克思主义中国化的基本规律与当代走向，必须以马克思主义中国化的科学内涵为前提，以马克思主义中国化的历史经验为基础，以马克思主义中国化的现实任务为关照。这几个方面是相互联系、有机统一的。马克思主义中国化的科学内涵和基本特征，突出表现为时代性和实践性。依据时代性和实践性的统一，马克思主义中国化经历了不同内容和特点的两次历史性飞跃，形成了相互承接的两大发展阶段，产生了既一脉相承又与时俱进的两大理论体系。在20世纪90年代的马克思主义中国化历史进程中，我们形成了三条基本经验，即坚持马克思主义基本原理同时代特征和中国实际相结合是马克思主义中国化的基本原则，实现这一基本原则，关键在于从时代要求和社会实际出发，把实践作为“结合”的逻辑起点；坚持以与时俱进的科学态度探索客观规律是马克思主义中国化的活力源泉，永葆这一活力源泉，关键在于全面把握革命、建设与改革的基本规律；坚持马克思主义的群众观点和群众路线是马克思主义中国化的根本特征，强固这一根本特征，关键在于把人民群众的利益需求与创造精神紧密结合起来。

依据马克思主义中国化的科学内涵、历史进程和基本经验，可以把马克思主义中国化的基本规律提炼概括为以下八个方面：第一，“继承坚持”与“发展创新”互为条件的规律。马克思主义中国化，是对马克思主义基本原理和基本原则继承坚持与发展创新有机统一的过程。继承坚持是前提，发展创新是关键，只有在坚持中发展、在发展中创新，才能创造既适应时代要求又符合中国实际的生动活泼的马克思主义，将马克思主义中国化不断推向前进。第二，“基本原理”与“文化传统”交互作用的规律。马克思主义基本原理、中国基本国情、中华民族优秀文化传统，这三者是实现马克思主义中国化的基本要素。只有立足中华优秀文化这一文化沃土，才能创造出具有中国风格和中国气派的中国化的马克思主义。第三，“时代潮流”与“中国国情”融为一体的规律。马克思主义中国化是时代性与实践性的有机统一。科学把握时代潮流是马克思主义中国化的基本前提，正确认识中国国情是马克思主义中国化的现实基础，只有既顺应时代潮流又适应中国国情，才能将马克思主义中国化不断推向前进。第四，“本质统一性”与“形式多样性”有机统一的规律。本质决定形式，形式体现本质。坚持马克思主义的本质特性是马克思主义中国化的首要前提，创新马克思主义中国化的实现形式是马克思主义中国化的必由之路，在坚持本质统一性的基础上创造多样形式，是不断推进马克思主义中国化的内在要求。第五，“客观要求”与“主观创造”相互促进的规律。客观要求是马克思主义中国化的现实依据，主观创造是马克思主义中国化的内在条件，只有将客观要求与主观创造融为一体，才能正确地开辟马克思主义中国化的历史进程。第六，“思想解放”与“思想统一”有机结合的规律。解放思想是中国共产党人的根本法宝，是推进马克思主义中国化的强大动力，解放思想是为了更好地统一思想，思想统一是马克思主义中国化的价值指向。只有将思想解放与思想统一有机结合起来，才能确保马克思主义中国化的正确方向和实现路径。第七，反对“教条主义”与反对“经验主义”同时并举的规律。马克思主义中国化的历史进程，贯穿着与各种错误倾向的斗争。教条主义是马克思主义中国化之大敌，经验主义是马克思主义中国化之大碍。坚持马克思主义中国化的前进方向，必须同时克服与防止这两种错误倾向的干扰。第八，“党的领导”与“党的建设”相互支撑的规律。实现马克思主义中国化与加强中国共产党自身建设不可分割地结合在一起。党的领导是实现马克思主义中国化的根本前提，党的建设是实现马克思主义中国化的根本保证，党的领导与党的建设统一于马克思主义中国化的伟大实践。

把握科学内涵、总结历史经验、揭示基本规律，是为了更科学地将马克思主义中国化推向前进。在当今时代条件下和当代中国，继续推进马克思主义中国化，必须着重关注三大基本问题：一是必须密切适应时代的新变化，紧紧围绕和平与发展的时代主题，紧扣和平、发展、合作的时代潮流，深入研究在经济全球化、政治多极化、文化多元化、科技信息化大背景下马克思主义中国化的发展走向，回答和解决时代新变化提出的新问题。二是必须适应国情的新发展，紧紧围绕社会主义初级阶段这一基本国情和全面建设小康社会这一战略目标，紧扣人民群众在新的发展过程中的新期待，深入研究在当前全面建设小康社会关键时期马克思主义中国化的发展走向，回答和解决围绕新发展提出的新问题。三是必须密切适应执政的新要求，紧紧围绕如何提高党的执政能力和保持党的先进性这两大主题，紧扣党在新的历史条件下面临的各种新考验，深入研究在长期执政条件下马克思主义中国化的发展走向，回答和解决执政新要求提出的新问题。

总之，马克思主义中国化是一个不断发展的过程，顺应新的时代、新的实际和新的考验进一步推进马克思主义中国化，是中国共产党人重大而长期的神圣使命。

资料来源：《光明日报》，2011-08-10。

图书在版编目（CIP）数据

雄关漫道：马克思主义中国化的历史进程及其理论成果/王向明著. —北京：中国人民大学出版社，2015.6
（马克思主义研究论库. 第1辑）
ISBN 978-7-300-21461-0

Ⅰ.①雄… Ⅱ.①王… Ⅲ.①马克思主义-发展-研究-中国 Ⅳ.①D61

中国版本图书馆CIP数据核字（2015）第125171号

国家出版基金项目
马克思主义研究论库·第一辑
雄关漫道：马克思主义中国化的历史进程及其理论成果
王向明 著
Xiongguan Mandao：Makesizhuyi Zhongguohua de Lishi Jincheng Jiqi Lilun Chengguo

出版发行	中国人民大学出版社		
社　　址	北京中关村大街31号	**邮政编码**	100080
电　　话	010－62511242（总编室）		010－62511770（质管部）
	010－82501766（邮购部）		010－62514148（门市部）
	010－62515195（发行公司）		010－62515275（盗版举报）
网　　址	http://www.crup.com.cn		
经　　销	新华书店		
印　　刷	涿州市星河印刷有限公司		
开　　本	720 mm×1000 mm　1/16	**版　　次**	2015年7月第1版
印　　张	14 插页1	**印　　次**	2024年6月第9次印刷
字　　数	217 000	**定　　价**	78.00元